Rosemarie Schuder
**Hochverrat
oder
Seltsame Wege zu
Ferdinand Freiligrath**
edition 8

Rosemarie Schuder

Hochverrat
oder
Seltsame Wege zu Ferdinand Freiligrath

Ein historischer Roman

Besuchen Sie uns im Internet. Informationen zu uns, unseren Büchern und AutorInnen sowie Rezensionen und Veranstaltungshinweise finden Sie unter www.edition8.ch.

Die Deutsche Bibliothek – CIP-Einheitsaufnahme
Schuder, Rosemarie:
Hochverrat oder: Seltsame Wege zu Ferdinand Freiligrath :
Ein historischer Roman /
Rosemarie Schuder. - 1. Aufl. - Zürich : Ed. 8, 2001
ISBN 3-85990-029-3

März 2001, 1. Auflage. Copyright bei edition 8. Alle Rechte vorbehalten –
Lektorat: Walter Nowojski; Korrektorat: Verena Stettler; Typografie: Heinz Scheidegger; Umschlag: Brigitte Walz-Richter; Pre-Press-Produktion: Typo-Vision AG, Zürich; Druck und Bindung: Wiener Verlag, Himberg
Verlagsadresse: edition 8, Postfach 3522, CH-8021 Zürich, Tel. 01/271 80 22, Fax 01/273 03 02, E-mail: info@edition8.ch, Internet: www.edition8.ch
ISBN 3-85990-029-3

Inhalt

Erster Teil

Im Weissen Saal   7
Und abends bei Schatz   23
Der Geschäftsführer   37
»Der Platz am Tische der Gesellschaft«   45
»Die hohe, die himmlische Göttin«   58

Zweiter Teil

Die Liebe der Mary Eastman   65
Vision   71
»Theologische Gärten«   76
»Eröffnungen über das innere Leben
des Menschen und über das Hereinragen
einer Geisterwelt in die unsere«   84
Eine halbe Hochzeit   96
»Der alte Spuk«   107
Der Engel des Dichters   121
Er und ich   127

Dritter Teil

Ein Kölner Requiem   137
»Geheimer Vorbehalt«   150
An einem trüben Tag   159
»Nun ade – doch nicht für immer ade!«   169
»In meinen Grenzen und Bereich«   184
»Der Nebel senkt sich düster auf das Land«   189
»Vorläufig zum Schluss«   196

Anhang

Ferdinand Freiligrath – Daten zu Leben und Werk   203
Benutzte Werke   211
Danksagung   213

Erster Teil

Im Weissen Saal

Was Gott so zusammengefügt hat, das soll der Mensch nicht scheiden.

Wer wollte jetzt noch mit diesem einen kleinen Wort aus zwei Buchstaben, mit diesem So, an dem, was endlich befördert war, herummäkeln. Vielleicht aber auch andrerseits könnte dieses So aus der Feder eines Journalisten eine gewisse Genugtuung über die neue Einheit bedeuten. Eine »Allgemeine Zeitung« aus dem Tal der Saar, wo der Fluss seine wunderbare Schleife zieht, berichtete im politischen Teil über das bedeutende Ereignis. Endlich hatte der Erste Reichstag in Berlin getagt, in der zur Reichshauptstadt aufgestiegenen Ansiedlung an der Spree. Eingeladen waren vor allem *diejenigen deutschen Heerführer und Staatsmänner, die in hervorragender Weise zur Erlangung des jetzt Erreichten beigetragen haben,* auch diesen Fingerzeig erhielten die Leser der »Allgemeinen Zeitung«.

Wir müssen im Weissen Saal beginnen. Hier im preussischen Königsschloss geschah es, dass am 23. März 1871 zur Festversammlung Eingeladene manierlich gruppiert wurden nach Zugehörigkeit zu Landsmannschaften. Bayer zu Bayer, Sachse zu Sachse, Schwabe zu Schwabe und so die ganze Landesliste weiter. Die Reihe der Anwesenden sollte für den »hochgebietenden« Reichskanzler, den durchlauchtigsten Fürsten Bismarck, übersichtlich sein. Ein kleiner Hinweis des begleitenden Geheimen Sekretärs mochte dann genügen, Exzellenz unmerklich dorthin zu lenken, wo es dienlich schien, dem einen oder anderen Herrn aus der Menge ein persönliches Wort zukommen zu lassen.

Nicht weit von der sächsischen Gruppe standen Herren aus Berlin in Zivil und in Uniform. Einige von ihnen gehörten zur engsten Umgebung des Kanzlers. Unter diesen wenigen sind im Grunde nur zwei wichtig. Jeder kennt sie, weiss ihre Namen. Heute haben sie es nicht nötig, auf ihre Bedeutung im Reichsgefüge hinzuweisen, sie sind bedeutend. Wenn sie miteinander ihre Gespräche führen, reden sie sich nur mit ihren Titeln an.

Der General Hugo Ewald von Kirchbach – mein Gott, wer wollte das vergessen, war doch auf seine Veranlassung das Eiserne Kreuz neu gestiftet – zeichnete sich durch einen höflichen, fast leisen Umgangston aus. Gewöhnlich genügte ein Blick von ihm oder eine Handbewegung, dann geschah, was er wünschte. Heute erfüllte es ihn mit besonderer Genugtuung, dass es ihm gelingen konnte, diesen Orden zu erneuern. Im Gedenken an Königin Luise. Ganz im Sinne der Tradition, so wie ihn der preussische König Wilhelm III. vor fast sechzig Jahren, am 10. März 1813, in Breslau gestiftet hatte. Die Überlegung von damals galt auch in diesen Tagen: Männer auszuzeichnen, die Grosses im Krieg gegen Frankreich, gegen den welschen Erbfeind, geleistet haben. Mit Stolz trug der General das unveränderte Emblem, das auf die Härte der Zeit in höchster Bescheidenheit hinweisen sollte: dieses geschweifte Kreuz aus eigentlich fast wertlosem, aber doch schwerem Eisen, zart in Silber gefasst. Auf der Vorderseite eingraviert das W mit der Krone für den jetzt regierenden Preussenkönig Wilhelm I., dazu das Jahr des Kriegsbeginns 1870. Hugo Ewald von Kirchbach, wie einigen wenigen anderen von militärischem Rang, kam das Eiserne Kreuz in doppelter Grösse zu, am schwarzen Band mit weisser Einfassung am Halse zu tragen. Nun war er Ritter der Ersten Klasse. Tatsächlich, so hatte er sich sagen lassen, mussten wohl bei diesem jetzt so siegreich beendeten Feldzug gegen Frankreich fast neunundvierzigtausend Kreuze Erster und Zweiter Klasse verteilt worden sein. Männer bis hinab zum Feldwebel und gemeinen Soldaten durften die kleinere Version im Knopfloch tragen, auch verdiente Zivilisten. Für diese, die nicht mit der Waffe in der Hand gekämpft hatten, reichte ein weisses Band, schwarz eingefasst.

Er, der General, war leicht zu rühren, etwa bei einem romantischen Musikstück oder einem vaterländischen Lied. Und jetzt: Welch ein Fest, der feierliche Empfang anlässlich der Eröffnung des Ersten deutschen Reichstags.

Leider verzögerte sich die Ankunft des Fürsten noch etwas, man musste die Eingeladenen beschwichtigen und beschäftigen. Und so geschah es auch hier: Diener schwirrten mit Champagner umher. Ohne dieses Getränk kein festliches Ereignis in deutschen

Landen. Und ohne weisse Handschuhe kein ordentlicher Bediensteter.

Mit dem Glas in der Hand ging der General auf Graf Paul Melchior Hubert Gustav von Hatzfeldt zu. Wer wollte es in diesen glorreichen Tagen den Sohn entgelten lassen, dass seine Mutter, die schöne Gräfin Sophie von Hatzfeldt, sich nicht geschämt hatte, ihren Mann Graf Edmund, ihren Stand vom Adel, wegen eines Herrn Ferdinand Lassalle endgültig zu verlassen. Sohn eines wohlhabenden Seidenhändlers aus jüdischem Hause. Durch das Einwirken dieses Mannes, den manche einen begnadeten Redner nannten, hatte sie sich in einer der vielen Versammlungen der »kleinen Leute«, die sie nun mit ihm gemeinsam besuchte, tatsächlich zu dem Ausspruch hinreissen lassen: *Ich bin Proletarierin wie ihr.* Heute fragte niemand mehr die betagte Dame, ob sie das wirklich so gewünscht hatte als Ziel aller menschlichen Bemühungen, eine sozialistische Gesellschaft ohne Privateigentum an den Produktionsmitteln. Nehmen wir in dieser feierlichen Stunde das Wort Sozialismus doch nicht in den Mund. Genug ist davon geredet worden. Sind darüber nicht schon viele Jahre vergangen? Vergessen wir alle Leute, auch Seidenhändlersöhne, die Aufruhr gegen die althergebrachte Ordnung stiften wollten.

Zwar war der Scheidungsprozess der Gräfin von ihrem Mann Edmund bereits vor der Bekanntschaft mit Ferdinand Lassalle im Gange, doch dieser Mensch mischte sich ein, behauptete: Auch aus Liebe zur Gerechtigkeit müsse er den Rechtsstreit führen. Gerechtigkeit für eine verlassene und verarmende Frau. Verlassen von ihrem Mann, dem Grafen, wegen einer Mätresse. Selbst die ärgsten Feinde von Lassalle mussten zugestehen, wie glanzvoll er seine Verteidigungsrede im Jahre 1846 gehalten hatte, als er ihretwegen angeklagt war. Er habe, war der Vorwurf, die Herren Assessor Oppenheim und Dr. Mendelssohn angestiftet, der Geliebten des Grafen Edmund, der Baronin Meyendorf, eine Kassette, in der er belastende Urkunden vermutete, zu entwenden. Lassalle klagte nun in der Person des Grafen Edmund »die alte Welt« an, mit ihrem Standesdünkel und dem Missbrauch der Macht und des Geldes. Aber dann – lange nach diesem Rechtsstreit, sehr viel später, da war er schon zum Präsidenten des Allgemeinen Deutschen Arbeitervereins gewählt worden –, am 31. August 1864, starb er in Genf an den Folgen eines Duells.

Vier Tage später schrieb Friedrich Engels aus Manchester an Karl Marx in London: *Aber was ist das für eine sonderbare Art ums Leben zu kommen... Das konnte nur Lassalle passieren bei dem sonderbaren Gemisch von Frivolität und Sentimentalität, Judentum und Chevaleresktuerei, das ihm ganz eigen war. Wie kann ein politischer Mann sich mit einem walachischen Abenteurer schiessen!*

Vergessen wir das heute hier im Weissen Saal. Sie prosten sich zu, die beiden unter den Eingeladenen, der General von Kirchbach und der Graf von Hatzfeldt, Sohn der Gräfin Sophie, der Freundin von Ferdinand Lassalle. Sie trinken schnell und entschieden. Diener eilen hinzu, tauschen die leeren Gläser gegen gefüllte.

Der General sagte zum Grafen: »Diesen Tag, Graf, haben wir vor etwa einem Jahr an den Weissenburger Linien mit eingeläutet.« Wie er so redete, hörte es sich wie Glockenklingen an: »Im nördlichen Elsass rückte mein Armeekorps vom rechten Flügel voran auf den Geisberg, das waren meine Leute aus Bayern, Hessen, Nassau, Thüringen, Schlesien und Posen. Und wir hatten unten in der Stadt Weissenburg Haus um Haus erobert. Uns ist es zu danken, wir haben die afrikanischen Turkos niedergerungen, diese von den Franzosen eingesetzten Untermenschen. Und ich sage Ihnen, Graf, Sie können Gott danken, dass diese wilden Horden aus der Wüste Afrikas nicht als Sieger den Rhein überschritten haben. Nicht auszudenken, dass diese Tirailleures aus Algerien mit ihren Turbanen und in ihren hellblauen Jacken jetzt hier im Schloss ständen, und nicht wir.« Er redete gern und viel, er bemerkte, nicht ohne Genugtuung, wie die Umstehenden aufmerksam wurden: »Wir haben da vorn an der Front ein wunderbares Gedicht auf unseren Lippen gehabt: Es hiess ›Hurrah Germania‹. Ich habe mir den Namen des Dichters eingeprägt: Ferdinand Freiligrath. Er muss die Worte gleich in den ersten Kriegstagen geschrieben haben. Welch ein Einfall, Germania uns als eine Frau in einem Kornfeld vorzustellen, die aber ihre Sichel nun nicht mehr für die Ernte einsetzen kann. Ich fühlte mich an die Bibel erinnert. Nicht an das für uns ungeeignete Wort von Jesaja: *Da werden sie ihre Schwerter zu Pflugscharen und ihre Spiesse zu Sicheln machen.* Und ich dachte auch nicht an den nächsten Satz des Propheten: *Denn es wird kein Volk wider das andere sein Schwert aufheben.* Wo wären wir da hingekommen gegen den Übermut der Welschen, die uns immer wieder Elsass und Lothringen streitig machen wollen. Ich dachte an die männlichen anderen Worte, die ja auch im grossen Buch der Menschheit stehen. Der Prophet Joel sagt uns in der trefflichen Übersetzung von Martin Luther: *Machet aus euren Pflugscharen Schwerter, und aus euren Sicheln Spiesse.*«

Mit einer gewissen Unruhe hörte der Angeredete zu, er fühlte sich herausgefordert. Er hätte jetzt sagen müssen: Ich kenne auch den anderen Freiligrath. Als er, Graf Paul, dreizehn Jahre alt war, da hatte ihm die Mutter aus dem »Glaubensbekenntnis« des Dichters von 1844 vorgelesen. Auch sein Vorwort mit der Bestätigung: Ja, er ist, wie es ihm vorgeworfen wurde, von einer *höheren Warte* auf die *Zinnen der Partei* herabgestiegen. Und Gräfin Sophie von Hatzfeldt hatte versucht, ihrem wissbegierigen Jüngsten seine Frage nach dieser Partei zu beantworten. Sie wollen einen Volksstaat, eine Regierung ohne Vorrechte von Leuten, deren einziges Verdienst es ist, von Eltern aus adligem Stand geboren zu sein. Er hätte jetzt dem General sagen müssen: Ich kenne Freiligraths Worte aus dem Munde meiner Mutter. Sie liebte seine Gedichte und kannte viele auswendig. Und sie konnte weinen bei diesem Lied:

O lieb', so lang du lieben kannst!
O lieb', so lang du lieben magst!
Die Stunde kommt, die Stunde kommt,
Wo du an Gräbern stehst und klagst!

Damals, damals war er das einzige ihrer Kinder, das nach der Trennung von ihrem Mann bei ihr bleiben durfte. Das Abgeschnittensein von seinen älteren Geschwistern, Alfred und Melanie, die beim Vater lebten, hatte ihn oft gequält. Aber Mutter teilte alles mit ihm, den Kummer, die Armut und auch den Stolz auf die eigene Kraft, sich aus den Grenzen des Standes zu lösen. Und als sie ihm eines Tages Freiligraths »Von unten auf!« mit ihrer tiefen, singenden Stimme vorgetragen hatte, da war ihm am Ende so, als sei er der *Proletarier-Maschinist*, der Heizer auf dem Dampfer, der von Biebrich kam, auf dem *Spiegel des Rheins*. Oben auf dem Verdeck der preussische König *auf den Dielen fast, als wie auf Sanssoucis Parkett* und er, Paul, nun nicht mehr ein Kind, steigt von unten auf und sagt dem Fürsten:

»Wie mahnt dies Boot mich an den Staat! Licht auf den Höhen wandelst Du!
Tief unten aber, in der Nacht und in der Arbeit dunkelm Schooss,
Tief unten von der Noth gespornt, da schür' und schmied' ich mir mein Loos!
Nicht meines nur, auch Deines, Herr! Wer hält die Räder Dir im Takt,
Wenn nicht mit schwielenharter Faust der Heizer seine Eisen packt?...

Wir aber steigen feuerfest aufwärts an's Licht aus uns'rer Gruft!
Wir sind die Kraft! Wir hämmern jung das alte morsche Ding, den Staat...«

Den Stolz des Geknechteten hatte er in sich aufgenommen als Teil seines Selbst. Jetzt im Weissen Saal davon zu sprechen, müsste bedeuten, zuzugeben, dass er damals, als diese Gedichte veröffentlicht wurden, an der Seite seiner Mutter ein anderes Leben geführt hatte. Ein sentimentales, wie er nun, aufgestiegen im Dienste des preussischen Staates bis zur Kanzlernähe, längst wusste. Es hatte Mühe gekostet, nach und nach die alles beherrschende Bindung an die Mutter abzuschüttteln; denn die Gespräche mit ihr, ja, auch mit diesem Herrn Lassalle, waren durchdrungen von einer geheimnisvollen Sehnsucht nach der Gerechtigkeit für die ungezählten Namenlosen »da unten«. Nach einem besseren Staat. Und auch er hatte sich »dem Volk« nahe gefühlt, ohne genau zu wissen, was das denn sei, »das Volk«. Als eine Art Wegweiser waren ihm damals vier Freiligrath-Zeilen erschienen:

Nur, was zerfällt, vertretet ihr!
Seid Kasten nur, trotz alledem!
Wir sind das Volk, die Menschheit wir,
Sind ewig drum, trotz alledem!

Das alles erschien ihm jetzt angesichts der erwartungsvollen Festversammlung wie aus einem anderen Leben. Sehr fremd, sehr entfernt, nicht er ist das, der *Proletarier-Maschinist*. Er hatte es in dem Augenblick endgültig abgeschüttelt, als der Vater ihm mit Enterbung drohte, als er meinte, die Leute zeigten mit Fingern auf ihn.

Doch das Verlangen war geblieben, sich vor der Mutter zu beweisen, ihr Rechenschaft abzulegen. Am 2. August 1870, endgültig und erfolgreich angekommen in seinem zweiten und wirklichen Leben an der Seite der Menschen, die er im ersten Leben als »alte Kräfte« gesehen hatte, schrieb er aus Mainz seiner Frau, der Gräfin Helene von Hatzfeldt, wie für ihn der Weg zum Krieg gegen Frankreich im Sonderzug begann. Er gehörte zur engsten Begleitung des Fürsten.

Gestern abend – Köln. Von Deutz ab auf jeder Station grossartiger Empfang. In Köln war der Domplatz mit einer dichten Menschenmenge besetzt. Auf dem Bahnhof herrschte solch ein Gedränge, dass nicht eine Stecknadel zur Erde fallen konnte. Alles schrie – wohl eine halbe Stunde lang – mit immer steigender Begeisterung. Ich stand am offenen Coupé-Fenster, und meinte, taub werden zu müssen. Was mir besonders angenehm auf dieser Fahrt auffiel, war, dass unterschiedslos alle Stände sich an der Begrüssung beteiligten. In Essen z. B. war ein ganzer Trupp Arbeiter versammelt, und jeder einzelne von ihnen reichte Bismarck die Hand. Es war ein seltsames Schauspiel – ich wünschte nur, meine Mutter hätte das mitansehen können.

Er tauchte auf aus der Erinnerung an die Mutter. Wie ein Zwang kam unaufhörlich dieses Gefühl, er sei als jüngstes Kind immer noch nicht von ihr entlassen.

Jetzt aber im Weissen Saal musste er sich vor dem General verteidigen: »Wir waren keineswegs untätig«, sagte er, »auch wenn wir nicht bei der kämpfenden Truppe sein konnten, wir waren, wenn Ihnen das nicht zu vermessen klingt, die rechte Hand des Fürsten, wir hatten dafür zu sorgen, dass seine Botschaften schliesslich auch von Versailles aus sicher ihren Bestimmungsort erreichten.«

Eine Bitternis war aus seiner Stimme herauszuhören. Denn er musste damals oft, zwar weit hinter der Front, aber allein, gefährliche Wege gehen, um eine persönliche Weisung des Fürsten weiterzugeben. Zu der Zeit, als man noch immer einen Ausfall der Franzosen aus Paris vermuten musste.

Graf Paul fühlte sich eingeengt. Und beim Blick auf die ordensgeschmückte Brust des Generals kamen ihm seine Worte in den Sinn, die er in Versailles am letzten Abend des Jahres 1870 an seine Frau Helene geschickt hatte:

Dass alle unsere Anstrengungen so wenig gewürdigt werden,

widert mich so an, dass ich jetzt nur wie eine Maschine und nur, um mein Gewissen zu beruhigen, arbeite. Ich tue nur noch das, was unbedingt notwendig ist. Wir haben während dieses Krieges wie die Pferde gearbeitet, und was ist das Resultat? Niemand erkennt unsere Arbeit an. Jede elende Hofschranze und jeder Adjutant ist mit Orden ausgezeichnet worden, obwohl die alle nichts weiter getan haben, als gegessen und getrunken. Beim Generalstab und beim Kriegsministerium, ja selbst bei dem Kommissariat und bei der Post ist nicht ein einziger Beamter, der nicht schon längst das Eiserne Kreuz erhalten hätte. Nur an uns hat niemand gedacht!

Da kam die Frage des Generals: »Graf, wann haben wir uns wohl das letzte Mal gesehen?«

»Lassen Sie mich überlegen, General, war das in Paris? Bei der Siegesparade?«

»Leider, verehrter Graf, das war ja doch wohl keine rechte Parade dort, wir hatten Schwierigkeiten, wie Sie wissen, damals im März 71.«

Der Angeredete wollte den Champagner nicht bis zur Neige austrinken. Ein Diener kam auf seinen Wink und hielt ihm das Tablett hin, das Glas konnte abgestellt werden. Erst als der Mann sich entfernt hatte, entgegnete der Graf: »Ja, General, tatsächlich, es war der Pöbel von Paris, diese Leute aus den untersten Schichten, verrufen in aller Welt, die rotteten sich zusammen, die haben gepfiffen und geschrien, als einige Truppenabteilungen von uns durch die Stadt ritten.«

Manchmal kam das bissig Leutselige in die sonst sanfte Stimme des Generals: »Kann man den Leuten nicht verdenken, Graf. Wir haben sie ja auch gehörig zerschmettert. Muss schon sagen, im Felde waren sie einfallsreich, mutig. Aber es waren doch am Ende unsere Kanonen, mit denen wir es den Welschen heimzahlen konnten.« War es boshaft, dass er anfügte: »Wir, da ganz vorn an der Front.« Und er brach mitten im Satz ab, er wusste, der andere dachte jetzt den Satz für sich zu Ende: Während Sie im sicheren Hinterland weilten.

Natürlich hatte der Graf auch das Ungesagte verstanden, seine Erwiderung kam knapp und schnell: »Ich hatte mich bei Majestät aufzuhalten. Und Sie wissen so gut wie ich: Der König ist niemals vorn.«

Der General lenkte ein: »Darum geht es jetzt nicht. Und, mein verehrter Graf, Sie wollen sich doch wohl nicht eine Majestätsbeleidigung nachsagen lassen.« Er begleitete seine Worte mit einem kleinen Gelächter. »Aber sehen Sie, ich weiss, ich kann es nur bestätigen: Im gesamten Verlauf des schwierigen Feldzugs war der König niemals vorn. Es kommt jedoch immer darauf an, wer das sagt.«

Der Graf liess es seinen Gesprächspartner merken, dass er sich beleidigt fühlte: »Dann sagen Sie doch, was Sie meinen, General, ich als einer, der nur nach der Schlacht über die Schlachtfelder ritt, hätte nicht das Recht zu konstatieren, dass der König eben nicht vorn bei der kämpfenden Truppe war.«

Der General deutete eine kleine Verbeugung an, seine Stimme klang versöhnlich: »Mein lieber Graf, glauben Sie mir, nichts liegt mir ferner als der Versuch, meine Beteiligung im Kampf an der vordersten Linie gegen Ihre wichtige Mission in Königsnähe auszuspielen. Ich wollte nur daran erinnern, wie entscheidend es war, dass wir den Belagerungsring um Paris geschlossen und alle Ausfälle aus der Stadt zurückgeschlagen hatten, und so sicherten wir das Hauptquartier des Königs und des Kronprinzen in Versailles, wo Sie ja auch weilten.«

Ein wenig lebte wohl doch vom Temperament seiner Mutter in ihm, der schönen Sophie Gräfin Hatzfeldt, als er sich jetzt zu einer Attacke entschloss, und es klang auch provozierend: »Heute frage ich mich und frage Sie, General, war die entscheidende Hilfe für den Mut Ihrer kämpfenden Truppe nicht in Wirklichkeit dieses klare Dichterwort? Dieses *Hurrah Germania*? Und wenn ich den Gedanken weiterführe, dann müsste der Herr Freiligrath mit Fug und Recht auch vorgeschlagen werden, das Eiserne Kreuz zu tragen. Für seinen patriotischen Gesang.«

»Als hätten Sie jetzt meine Gedanken gelesen«, meinte der General, und er rief mit einem Fingerschnippen einen Diener, er wünschte ein neues Glas. Und da er nun trank, liess er den Graf weiterreden.

»Ja, sicher, General, es war nach dem Kampf, als ich über das Schlachtfeld auf den Spicherer Höhen ritt. Wir hatten bereits Kenntnis über die Verluste der Franzosen dort oben. Aus der 1. Division des Generals Verge und der 3. Division des Generals Merle de la Brugière wurden an Toten und Verwundeten 130 Offiziere und 1782 Unteroffiziere und Soldaten gezählt.« Er liess den General nicht zu Worte kommen, er redete weiter: »Übrigens, es war ja auch immer das Problem mit den Pferden, wo wir sie unterbringen konnten. Ich hatte da einen tüchtigen Stallmeister mit einer glücklichen Hand. Der fand immer ein Unterkommen für die Pferde. Nichts ist so lästig wie der Gedanke: Da müssen die Tiere nachts draussen im Freien stehen. Vielleicht sogar noch im Regen. Auch Pferde können ja eine Lungenentzündung bekommen. Wissen Sie, General, ich hatte ausser meinem Braunen ein Reservepferd bei mir, den Fuchs, und zeitweilig noch vier Ponys. Für diesen Ausritt zum Schlachtfeld auf die Spicherer Höhen hatte ich meinen Braunen genommen, ein Tier von guter Natur, nur manchmal ein wenig nervös. Ein schönes Tier, nicht zu gross, nicht zu breit in der Brust, es war nicht kurzhalsig, auch nicht steifhalsig, es war langgestreckt, es hatte gute Augen und vor allem, es hatte Feuer, es war nicht mattherzig. Ein wirklich fabelhaftes Pferd, aber es scheute dort oben auf den Bergen über Saarbrücken. Es konnte den Anblick der Toten nicht ertragen. Ich hatte grosse Sorge, das Tier könnte übernervös werden und sich zu unvorhersehbaren Kapriolen hinreissen lassen. Wie sie so dahingemäht lagen, die Franzosen, da dachte ich an die Germania des Dichters Freiligrath, an ihre Sichel und die Erntezeit. Hier oben hatte der Tod Ernte gehalten. Plötzlich machten Leichenfledderer sich ans Werk. Es befremdete mich, wie sie zwischen den Leichen herumsprangen. Aber da musste ich doch staunen, diese lebenden Leute störten meinen Braunen nicht.«

Und so fanden sie, General und Graf, doch eine Gemeinsamkeit: Die Pferde.

Der General hatte sein Glas ausgetrunken und beiseite gestellt, jetzt konnte er sich wieder seinem Gegenüber zuwenden: »Und ich sage Ihnen auch, Graf, es gehört schon für die Pferde eine gute Portion Nervenstärke dazu, im Kampf durch den Kanonendonner nicht zu scheuen. Man muss sie regelrecht dafür abrichten.«

Fast hätte der Graf bereut, von seinem Fuchs zu reden und von seinem Braunen, war doch zu befürchten, der General würde gleich erklären, da vorn an der Front, im Getümmel der Schlachten, sei ihm ein Pferd unter dem Leib weggeschossen worden. Nein, diese Mitteilung kam zu seiner Erleichterung nicht.

Aber der General liess sich nicht abhalten, zu erzählen, wie er eigenhändig ein untreues Pferd erzogen hatte: »Graf, ich sage Ihnen, ich hatte einen Apfelschimmel, übrigens eine Stute, sie schlug und biss ohne jeden ersichtlichen Grund nach Mensch und Tier, als wäre sie toll. Sie war für nichts zu gebrauchen, nicht für den Frieden, nicht für den Krieg. In ihre Nähe zu kommen, war lebensgefährlich. Aber sie war so edel und so schön, aus gutem Stall. Ich wollte sie reiten. Ich wusste, da muss ich sie beherzt bestrafen. Mit Prügeln und mit Peitschen. Ich habe immer wieder mit ihr hart und streng gesprochen, so lange, bis ich ihr den Eigensinn ausgetrieben hatte. Ihnen als Kenner darf ich es gestehen, ich habe zum Remedieren sogar das äusserste Mittel angewendet, ich habe das Tier mit Gewalt zu Boden geworfen. Natürlich unter aller Vorsicht, dass sie sich bei dem Schrecken durch den plötzlichen Fall nicht am Leib und an den Schenkeln verletzt. Ich habe selber die Seile für das Fallzeug fertiggemacht. Und ich habe es erreicht, dass die Stute sich seitdem vor mir fürchtete und mir untertan wurde.«

»Alle Achtung«, meinte der Graf. Nach einer kleinen Pause des Nachdenkens sagte er, und es war ihm bewusst, dass der General ihn im Grunde gar nicht verstehen könnte: »Vielleicht gibt es auch für manchen Dichter einen untreuen Pegasus, und er muss sein fabelhaftes Flügelross erst zu Boden werfen, bis er es reiten kann. Remedur schaffen auch in der Poesie. Besserung, wenn Sie wollen, sogar auch Heilung.«

Der General fragte: »Wen meinen Sie?« Und er redete weiter ohne auf eine Antwort zu warten: »Um auf Freiligrath zurückzukommen, ich bestätige Ihnen gern, sein *Hurrah Germania* hat uns bei Weissenburg am entscheidenden rechten Flügel beflügelt.« Er lachte über seine kleine Wortspielerei, und sein Gelächter kam tief von unten aus dem Bauch heraus. Zufrieden mit sich, seinen Erfolgen und seinem Ansehen in dieser Welt.

Die Unruhe unter den Wartenden wuchs. Der Kanzler hatte sich doch erheblich verspätet, die strenge Ordnung der Landsmannschaften lockerte sich ein wenig.

Einer aus der Gruppe der Sachsen näherte sich dem General und dem Grafen, er stellte sich mit weichem, singenden Tonfall vor: »Müller, Appellationsgerichtsrat aus Leipzig. Ich hörte da gerade Ihre gute Meinung über diesen Mann mit seinem *Hurrah Germania*. Ich möchte zur Vorsicht raten. Ja, ich möchte sagen: Cave, Fehleinschätzung.« Es war wie ein Zwang, er, Carl Otto Müller, Professor und Doktor der Jurisprudenz, Geheimer Hofrat, Meister vom Stuhl der »St. Johannisloge Minerva zu den Drei Palmen im Orient Leipzig, Bundesloge der Grossloge Deutsche Bruderkette«, musste bei dem Lob auf Freiligrath eingreifen.

Beide Herren, indigniert, von einem Fremden, noch dazu einem Nichtadligen, belehrt zu werden, veränderten ihre Haltung, nun standen sie nebeneinander, Auge in Auge mit dem Herrn Müller aus Sachsen.

Der Graf nahm als erster das Wort: »Und was werden wir da von Ihnen zu hören bekommen?«

In diesem Augenblick öffnete sich die Tür. Der Kanzler trat ein. Er achtete nicht auf seinen Geheimen Sekretär, der ihm dicht folgte, der jetzt kleine Zeichen einer gewissen Verzweiflung von sich gab, weil Exzellenz wieder einmal unerwartet handelte. Der Fürst eilte, es war so, er eilte, jeder im Saal war erstaunt über diese rasche zielgerichtete Bewegung, der Fürst eilte auf die Gruppe der Sachsen zu.

Neben dem Professor an der Universität zu Leipzig, Karl Birnbaum, dem Herausgeber der »Deutschen Monatsschrift für Landwirtschaft und einschlagende Wissenschaften«, dem neuen Mitglied des Reichstags als Angehöriger der Nationalliberalen Partei, stand der etwas skandalumwitterte Finanzminister von Sachsen, Richard Freiherr von Friesen. Man wusste, er bereitete ein Buch vor, und er hatte auch schon den Titel genannt: »Erinnerungen aus meinem Leben«. Hier wollte er, so hiess es, mit allen Personen abrechnen, die ihn gestört und geärgert hatten, er würde sich nicht zurückhalten, auch für die Betroffenen Peinliches zu enthüllen.

Beim Herannahen des Fürsten kehrte Appellationsgerichtsrat Carl Otto Müller schnell zu seiner Landsmannschaft zurück. Befriedigt nahm Dr. Friedrich Oskar Schwarze zur Kenntnis, dass die Ordnung wieder hergestellt war. Er, Generalstaatsanwalt des Landes Sachsen, geboren zu Löbau in der Oberlausitz, am wunderbaren Löbauer Wasser, hatte sich im sächsischen Justizdienst hochgearbeitet, bis er schliesslich als Vertreter der Liberalen Reichspartei nun als Mitglied dem Reichstag angehörte. Ja, er wusste, er galt durch seine Untersuchungen zum Sächsischen Strafrecht als Berühmtheit, es gab sogar schon Kreise, wenn auch in Österreich, die in Erwägung zogen, ihn um seiner Verdienste willen in den Adelsstand zu erheben.

Der Fürst wies im Voraneilen mit dem Zeigefinger auf den Generalstaatsanwalt Schwarze, blieb schliesslich vor ihm stehen, gab ihm nicht die Hand. In seinem schnarrenden Ton leitete er seine Frage mit dem Wort ein, das jeder, der ein hohes Amt hat und einen Untergebenen zur Rechenschaft ziehen will, benutzt: »Nun«. Diesem durch den dunklen Vokal gemütlich klingenden »Nun« hat in der Regel das schon recht harte »Was ist« zu folgen. Und so geschah es auch hier. Der Fürst, die Hände auf dem Rücken verschränkt, fragte den Generalstaatsanwalt von Sachsen: *Nun, was ist mit dem Prozess gegen die Hochverräter?*

Die Antwort war für alle Umstehenden deutlich vernehmbar, eine merkwürdige Art der Entgegnung. Der Herr Dr. Friedrich Oskar Schwarze zuckte mit den Schultern. Erst dann sagte er zögernd und auch nur ein mageres Wort: *Nichts.*

Der General und der Graf blickten sich bedeutungsschwer an, kopfschüttelnd. Wozu haben wir dann da draussen gegen die Welschen Stand gehalten, wenn gegen die Feinde im Inneren nichts geschieht? Tatsächlich: Nichts.

Sehr knapp kam die Erwiderung des Fürsten: *Dann hätte man die Leute auch nicht einstecken sollen, jetzt fällt das Odium des Prozesses auf uns.*

Und schwer auftretend in seinen glänzenden Stiefeln verliess er die Landsmannschaft der Sachsen mit dem Generalstaatsanwalt Schwarze, dem Finanzminister von Friesen, dem Reichstagsabgeordneten Professor Birnbaum und dem Appellationsgerichtsrat Müller, ohne auch nur noch einen von ihnen des Blickes zu würdigen.

Jetzt richteten sich die Augen der Herren aus der so brüskierten sächsischen Gruppe auf Dr. Schwarze.

Das war eine Dummheit, sagte Herr von Friesen zu Professor Birnbaum. Und er wiederholte es für den Generalstaatsanwalt, »eine ausgemachte Dummheit. Wie konnten Sie nur, Herr Schwarze, seine Exzellenz so verärgern.«

Und wie ein Echo bestätigte der Professor: »Eine ausgemachte Dummheit.«

Da hatten sie die Reise von Leipzig nach Berlin auf sich genommen und wollten den erhebenden Augenblick deutscher Geschichte aus vollem Herzen geniessen, und nun war ihnen diese blamable Sache passiert.

Der Graf trat auf sie zu: »Meine Herren, ich kenne den Fürsten aus jahrelangem Umgang. Es war ja in gewissem Sinne schon eine Auszeichnung, dass er auf Sie, Herr Generalstaatsanwalt Schwarze, zuging; das bedeutet doch, er hat Sie vor allen anderen erkannt, weil er eine ganz besondere Erwartung an Sie hatte.«

Der General kam ihm zu Hilfe, das *Nun* benutzte auch er: »Nun, Sie haben doch Gelegenheit zur Wiedergutmachung. Die Hochverräter sind, wie wir gehört haben, in Haft, dort sollen sie ruhig noch schmoren. Herr Generalstaatsanwalt, Sie können doch ein kleines Anschreiben an die Kanzlei von Exzellenz richten, Sie seien durch die Gnade seiner Anrede, durch dieses Herausgehobensein vor allen Versammelten, so überrascht gewesen und so weiter und so weiter. Und dann vorwärts marsch hinein in den Prozess.«

»Ich danke für Ihr Verständnis«, der Herr Generalstaatsanwalt Dr. Schwarze brachte sogar ein schmales Lächeln zustande, »aber es ist die Wahrheit, ich habe nichts. Ich habe keine aussagekräftigen Beweisstücke, die tatsächlich die Eröffnung eines Prozesses zulassen könnten. Ich habe nichts«, wiederholte er. Und zum Professor: »Wenn Sie, Herr Birnbaum, die Wahrheit als eine Dummheit bezeichnen, so muss ich mich schon sehr wundern. Und ich sage Ihnen noch einmal, ich habe nichts gegen die Herren Wilhelm Liebknecht, August Bebel und Adolf Hepner, was auch nur annähernd hinreichend sein könnte zur Eröffnung eines Prozesses wegen Hochverrat. Ja nicht einmal wegen Verdachts der Vorbereitung auf Hochverrat.«

Professor Birnbaum kam, wie er es manchmal gern tat, mit einer Schnurre: »Ich frage Sie ja nicht, Herr Schwarze, was ist Wahrheit, ich erzähle Ihnen hier nur die Geschichte, wie ein Mann zum Scheidungsanwalt ging. Er wollte den wirklichen Grund nicht nennen, warum er dringend wünschte, seine Frau zu verlassen. Da meinte der Anwalt: Guter Mann, lügen dürfen wir nicht. Aber wir brauchen ja auch nicht die ganze Wahrheit zu sagen. Mussten Sie denn, Herr Generalstaatsanwalt, dem Fürsten jetzt die ganze Wahrheit sagen?«

Niemand beachtete, wie Graf Paul von Hatzfeldt seine Mundwinkel geringschätzend verzog. Ausgerechnet so ein Nichtadliger, der vielleicht von Landwirtschaft etwas verstehen mag, muss in seiner Gegenwart von einem Scheidungsfall reden. Gut möglich, dass dieser Mensch nicht einmal wusste, mit wem er es hier zu tun hatte. Aber ein Blick zum General genügte, der hatte ein kleines, maliziöses Lächeln aufgesetzt. Und die Scheidungsgeschichte von seiner Mutter wird ihm anhängen bis an sein Ende.

Hier aber ist nun endlich der Augenblick des Appellationsgerichtsrats Carl Otto Müller gekommen: »Ich denke«, so begann er langsam, »man sollte berücksichtigen, dass Staatsanwalt Hoffmann in Leipzig ja schon mitten in der Prozessvorbereitung steht. Es ist möglicherweise nur den Vorkehrungen zu dieser Reise nach Berlin geschuldet, dass der letzte Stand der Dinge nicht mehr an unseren Generalstaatsanwalt gelangte. Und wer konnte denn auch ahnen, dass der Fürst persönlich heute an so einem bedeutenden Tag, sich an das noch ausstehende Verfahren gegen die ehrlosen Hochverräter erinnern musste.« Er wandte sich jetzt nur an den Grafen und den General: »Ich habe Kenntnis, dass diese Leute sich sogar in jüngster Zeit der Worte des Dichters von ›Hurrah Germania‹ bedienten, allerdings Worte von anderem Kaliber, ja, Worte, die geeignet sind, an den Fundamenten unseres Staates zu rütteln. Und das sind ja nun bereits vorhandene Beweisstücke.«

Seine Erfahrung im Vorbringen neuer Tatsachen und Beweismittel kam ihm in dieser heiklen Situation, in der Sachsens Ehre angegriffen war, zu Hilfe. Auch hielt Appellationsgerichtsrat Müller es für seine Pflicht, dem Kollegen Schwarze zur Seite zu stehen gegen diese juristischen Laien, obwohl auch er Kenntnis davon hatte, dass es noch nicht möglich war, eine Anklageschrift vorzubereiten, es gab wirklich nur ein wenig mehr als Nichts. Aber es gab Dichterworte. Und in dem Drang, Dr. Schwarze zu helfen, liess er sich zu einer Erklärung hinreissen: »Ich sagte Ihnen vorhin bei Ihrem Erwähnen des Namens Ferdinand Freiligrath, cave, Fehleinschätzung, also Vorsicht. Ich möchte nämlich diesen Dichter als den vierten unter den genannten drei Hochverrätern vor Gericht sehen. Und das soll nicht wieder so ausgehen wie damals nach seiner Verhaftung 1848. Mit einem skandalösen Freispruch. Freispruch für einen Herrn, von dem wir heute wissen, dass er sich Leuten wie Karl Marx angenähert hat. Und dass er schon in London in der Emigration auch mit Herrn Wilhelm Liebknecht unter einer Decke steckte. Was das für unser nun endlich geeintes Vaterland bedeutet, meine Herren, einem Kommunisten oder Sozialisten die Hand zu geben, das brauche ich Ihnen wohl nicht zu erläutern.«

Der General, in seiner Verehrung für den Dichter gekränkt, fragte den Graf: »Gestatten, Graf, ich verstehe das alles nicht. Was soll das bedeuten?«

Und der Graf, der es aus seiner Zeit in seinem ersten Leben um das Jahr 1848 wusste, antwortete nicht.

So fühlte sich Appellationsgerichtsrat Müller veranlasst, den General aufzuklären: »Ich kann gar nicht glauben, dass Sie es nicht wissen. Sie haben doch gehört, was unser Kanzler vor wenigen Augenblicken den Generalstaatsanwalt gefragt hat, wann endlich der Hochverratsprozess gegen die drei Verbrecher beginnt, Verbrecher, die aus sozialen Gründen einen, wie sie es nennen, freien Volksstaat errichten wollen. Und wer war neben anderen der Sänger für diese sogenannte Freiheit von allen Fürsten? Ja, man nannte den Herrn Freiligrath damals sogar den *Trompeter der Revolution.*« Bei seinem letzten Satz war sein sonst sacht singender Tonfall in eine fast triumphierende Härte umgeschlagen.

»Da glaubte ich immer, dem Kanzler nahe genug zu sein«, sagte der General missgestimmt. Und dachte nach. Er fühlte sich zwar als Preusse, wenn auch in Schlesien geboren, einem Sachsen überlegen, doch jetzt ärgerte er sich über seine Unkenntnis in dieser Sache. Und er hatte doch schon immer ein Faible für den Fürsten gehabt, hatte seinen Aufstieg anteilnehmend verfolgt, hatte Genugtuung empfunden, als »sein Fürst« als Mitglied des Vereinigten Landtags sich vehement gegen die Zulassung von Juden zu öffentlichen Ämtern äusserte, hatte ihm zur Seite gestanden bei der Reorganisation des preussischen Heeres, hatte die Worte aus seiner Rede vor der Budgetkommission des preussischen Landtags am 30. September 1862 sich zu eigen gemacht: *Nicht durch Reden und Majoritätsbeschlüsse werden die grossen Fragen der Zeit entschieden – das ist der Fehler von 1848 und 1849 gewesen –, sondern durch Eisen und Blut.* Vielleicht hatte er, der General, bei seiner Befriedigung, wie die Worte vom Eisen und Blut durch den Sieg über Frankreich erneut bestätigt wurden, manches im Inneren des Landes nicht wahrgenommen. Vielleicht hatte er bei der tiefen Befriedigung über die Errichtung des Deutschen Reiches, über die Kaiserkrönung zu Versailles und über den Aufstieg seines Fürsten zum Reichskanzler ausser acht gelassen, wie nahe die Gefahr drohte. Das herrliche Kaiserreich sollte absinken zu einem Volksstaat?

Sehr leise, fast wie im Selbstgespräch, sagte er: »Jetzt weiss ich nicht einmal, inwieweit mein Dichter, ja, ich sage mein Dichter, in einen ominösen Prozess da in Leipzig oder sonst irgendwo verwickelt sein könnte. Nicht auszudenken.«

Wie manche Männer, die sich wichtig fühlen, wippte auch

Appellationsgerichtsrat Müller mehrfach auf die Zehen und wieder zurück: »Nicht auszudenken? Es gibt da Anhaltspunkte, dass gewisse alte Schöpfungen Ihres, wie Sie betonen, Ihres Dichters, doch eine recht verheerende Rolle spielen, wenn sie wieder hochgeholt werden. Wenn gewisse Leute über Staatsumwälzungen nachdenken. Ja, ich nenne die Absicht beim Namen: Staatsumwälzungen.«

Allgemeines Schweigen wurde geboten, denn nun wollte der Kanzler, nachdem er andere ausgesuchte Gäste freundlich begrüsst hatte, das festliche Wort an die Versammelten richten.

Wir benutzen diesen Augenblick, um den Weissen Saal zu verlassen. Später treffen wir uns wieder in der »Restauration Schatz« in der Ritterstrasse 43 zu Leipzig.

Und abends bei Schatz

Am Abend des 11. März 1872 sassen die Geschworenen mit dem Richter und dem Staatsanwalt beim Bier zusammen. Der erste Verhandlungstag im Leipziger Hochverratsprozess war für sie bestanden. Sie konnten sich zuprosten. Es war beinahe auf den Tag genau ein Jahr nach dem grossen Empfang zu Ehren des Ersten gesamtdeutschen Reichstags in Berlin, am 23. März 1871, als Bismarck die Frage an den Generalstaatsanwalt Dr. Schwarze gestellt hatte, was nun aus dem Prozess gegen die Hochverräter werden sollte.

Natürlich durften die in Leipzig verantwortlichen Juristen nach diesem Auftritt nicht weiter im generalstaatsanwaltlichen *Nichts* verbleiben. Es mussten Beweisstücke gesucht, gefunden und herbeigebracht werden.

Hier sass er nun in der »Restauration Schatz« als Ehrengast der ersten Bierrunde nach dem Prozess, einer aus jenen eingeweihten Kreisen, der Herr Professor Carl Otto Müller. Der Weg von seiner Wohnung am Rossplatz hierher zur Ritterstrasse 43 war nicht weit. Er hatte sich sogar noch die Zeit genommen, für einen Augenblick an der Nikolaikirche zu einem stillen Gebet stehen zu bleiben.

Er war nicht eingebunden in diesen Prozess gegen die drei Angeklagten Wilhelm Liebknecht, August Bebel und Adolf Hener. Niemand sollte den Vorwurf machen können, hier in dieser Tischrunde in einem öffentlichen Lokal würde über ein schwebendes Gerichtsverfahren in unzulässiger Weise geredet. Zumal schon in der Person des Herrn Carl Otto Müller eine gewisse Würde der Unantastbarkeit lag, gehörte es doch zu den Aufgaben seiner der Allgemeinen Freimaurerei zugeordneten Loge, zunächst die Selbstveredelung zu erreichen. Für ihn, Carl Otto Müller, war auch nach dem Abfall vieler sonst getreuer Brüder in diesem, wie er es nannte, Schreckensjahr 1848, das Logenwesen nicht erloschen mit all den Erkenntnisstufen, die schliesslich zur Vollendung führten. Nein, gerade jetzt, viele Jahre nach diesen Revolutionswirren und im Laufe des Krieges gegen Frankreich, war der »Deutsche Grosslogenbund« erstarkt, hatte sich doch der hochverehrte preussische Kronprinz Friedrich Wilhelm zeitweilig als Ordensmeister selbst für das Aufblühen der geistigen Kräfte eingesetzt.

Er, Appellationsgerichtsrat Professor Dr. Carl Otto Müller, leitete seit elf Jahren als Meister vom Stuhl die Angelegenheiten der »St. Johannisloge Minerva zu den Drei Palmen im Orient Leipzig, Bundesloge der Grossloge Deutsche Bruderkette«. Wer ihn nicht kannte, der konnte nicht ahnen, welch eine ausserordentliche Strenge sich hinter seinem weichen, angenehmen Tonfall verbarg. Er war der Auserwählte, der die Logenbrüder auch in schwerer Zeit immer wieder zur Ordnung rief. Das Grundgesetz der Loge sollte unter seiner Führung fortbestehen wie am ersten Tag der Gründung im Jahre 1741: Beförderung der Sittlichkeit und Gottesfurcht, Gehorsam gegen die Staatsgesetze und Übung der Wohltätigkeit. Da galt es, die Armen im Winter mit Holz und Kohle zu bedenken und aus der Wohltätigkeitskasse für die Weihnachtsbescherung eine geeignete Summe abzuzweigen. Der wichtigste Tag des Jahres war für ihn, Carl Otto Müller, der 19. März, der hohe Feiertag Quinquatrus, der Minerva gewidmet. Fünf Tage nach den Iden des März. Minerva, Blitze schleudernde römische Göttin, Herrscherin über die göttliche Macht des Verstandes, Beschützerin der Musikanten, Bildhauer, Maler, Ärzte, Schauspieler, Dichter und Schullehrer. Und er, unser Appellationsgerichtsrat Müller, nahm für sich in Anspruch, dass er von all diesen Kunstfertigkeiten genügend wusste, um jede ausüben zu können. Oft und gern sagte er im vertrauten Kreis der Logenbrüder: Minerva habe ihn mit seinem gesunden Verstand vor allen anderen Sterblichen ausgezeichnet. Jetzt, nach der Herstellung des grossen deutschen Reiches, hatte das Zeichen seiner Loge, der Hammer, an Bedeutung gewonnen. Und Müller bestand nach wie vor auf seinem Wahlspruch, der Zeile aus dem Festlied für »Minerva zu den Drei Palmen im Orient Leipzig«: *Es lebe, der den Hammer führt.*

Heute nun sass er mit dem Präsidenten des Geschworenen Gerichts, Ritter von Mücke, dem Ersten Staatsanwalt, Carl Theodor Hoffmann, und mit Geschworenen in der »Restauration Schatz« in der Ritterstrasse zu Leipzig. Bei einem Glas Bier. Carl Friedrich Schatz, der Besitzer, war erstaunt und erfreut über den ungewöhnlichen Zustrom von Gästen, die sonst nicht zu ihm kamen. Da hatten sie also von der alten Georgenhalle, dem neuen Sitz des Reichsgerichts, zu ihm gefunden. Es waren ja im Grunde genommen auch nur wenige Schritte.

Es darf nicht verschwiegen werden, einige der Herren Geschworenen hatten sich von Anfang an gegen den Verdacht zu wehren, sie könnten nichts von der Materie verstehen. Das müsste bedeuten, sie wüssten nicht, warum der Prozess überhaupt stattfindet. Und wen sollte das wundern, wenn sogar der Herr Generalstaatsanwalt des Landes Sachsen vor etwa einem Jahr auf die hinlänglich bekannt gewordene Frage des Herrn Kanzlers, was nun mit den drei Inhaftierten geschehen sollte, mit dem schon so oft zitierten Wort »Nichts« geantwortet hatte.

Es hatte harte Mühe gekostet, dieses unbedachte Wort des Generalstaatsanwalts Dr. Schwarze aus der Welt zu schaffen. Eine sehr anstrengende Mühe, die – wohlgemerkt beim Biere – der Herr Appellationsgerichtsrat Müller mit dem Schöpfungsbericht verglich. »Damals«, so sagte er belehrend in seinem singenden Tonfall, »beim Entstehen des Weltengefüges gab es ja auch am Anfang das grosse Nichts. Hiess es doch, wie uns unser Martin Luther verdeutscht hat: *Und die Erde war wüst und leer, und es war finster auf der Tiefe.*«

Es machte ihm Freude, wie die Tischrunde zuhörte: »Natürlich hat sich durch das Wirken der drei verbrecherischen Angeklagten ein ungeheuerlicher Abgrund vor uns aufgetan. Und es gehörte wirklich ein Machtwort dazu, das hochverräterische Treiben der Drei aufzuhellen, eben im Sinne jenes *Und Gott sprach: Es werde Licht.*«

Nein, niemand, auf keinen Fall Carl Otto Müller, will unseren sehr verehrten Kanzler, wie er da im Weissen Saal auf seinen Stiefeln erschien, mit Gott gleichsetzen. Aber wäre denn ohne sein Machtwort die Gewissheit gegeben, dass auch über Sachsen wieder Licht werden könnte? Und es muss schon anerkannt werden, wie Staatsanwalt Carl Theodor Hoffmann es nun doch geschafft hatte, den Prozess in diesem Frühjahr 1872 in Gang zu setzen. Jawohl, der Weg bis zum Eröffnungstag war mindestens ein so umständlicher Vorgang wie er in der Schöpfungsgeschichte geschildert wird.

Der Herr Staatsanwalt Hoffmann zeichnete sich dadurch aus, dass er bei jeder Gelegenheit einen passenden Ausspruch aus seinem Gedächtnis hervorholen konnte. Sein Lieblingssatz war: Etwas hat man, etwas findet man. Noch nie hatte einer gewagt, ihm entgegenzuhalten: Wer nichts hat, kann auch nichts finden. Das mochte an der Achtung vor seinem Amt liegen. Und vielleicht war es so, wenn er nicht weiter wusste, konnte er sich sagen: Ich habe ja etwas, einen vertrauten Freund, den werde ich in meine Überlegungen einbeziehen.

Ja, er war es, Carl Otto Müller, der Minerva nahe, der einige Zeit nach der Rückkehr von der grossen Feier in Berlin dem Herrn Staatsanwalt Hoffmann aus dem grossen Nichts, das ihm durch den Herrn Generalstaatsanwalt Dr. Schwarze aufgenötigt worden war, herausgeholfen hatte: »Hoffmann, Sie brauchen« – Appellationsgerichtsrat Müller redete alle Personen, mit denen er zu tun hatte, nur mit Nachnamen an, ohne ein Herr davor zu setzen, bei Damen pflegte er allgemein lediglich das Wort »Gnädigste« als Anrede zu benutzen, so war er auch hier, sollte sein Namensgedächtnis ihn im Stich lassen, vor jeder Verwechslung sicher – »Hoffmann, werfen Sie doch einmal einen Blick in dieses Blatt ›Der Volksstaat‹, die Herausgeber bezeichnen es als ›Organ der sozial-demokratischen Arbeiterpartei und der Internationalen Gewerkschaftsgenossenschaften‹. Es erscheint, soweit ich das bis jetzt verfolgt habe, an zwei Tagen in der Woche. Dann schlagen Sie mal die Nummer 45 vom Jahrgang 1871 auf. Und was finden Sie da?«

Als die Anklageschrift konzipiert werden musste, hatte er dem Herrn Staatsanwalt Hoffmann gesagt: »Wissen Sie, am dritten Schöpfungstag, an dem die Erde Grünes hervorbrachte, *und Bäume, die da Frucht tragen ... ein jeglicher nach seiner Art*, da heisst es, zweimal habe Gott gesehen, dass es gut war. Wir dürfen von uns wenigstens einmal sagen, dass es gut ist, denn wir haben ganz besondere Früchte entdeckt. Und so können wir als getreue Christen es mit dem Apostel Paulus halten, mit seinen Worten: *An ihren Früchten also werdet ihr sie erkennen.* Jetzt wissen wir, womit die drei Leute sich schuldig gemacht haben an unserem deutschen Vaterland. Ihre Früchte finden wir im ›Volksstaat‹. Bebel hat sich dort gegen die Pläne der Besitzergreifung von Elsass-Lothringen ausgesprochen. Liebknecht ist Verantwortlicher Redakteur bei diesem Blatt. Und Hepner ist ebendort Redakteur. Wenn Sie, Hoffmann, sich durch den ›Volksstaat‹ durchgearbeitet haben, dann können Sie sich zurücklehnen. Und können diese Früchte in Ihre Anklageschrift mit aufnehmen.«

Da hatte der Herr Staatsanwalt Hoffmann nun alle Nummern aus dem Jahrgang 1870 vom »Volksstaat« vor sich auf dem Schreibtisch liegen. Und sah endlich auch die Nummer 45 aus dem Jahre 1871. Sah die Worte, die ein Gedicht einleiteten, gefährliche Gedanken über den Mai 1871 in Paris.

Am Sonntag, nach achttägiger Strassenschlacht, erlag die Pariser Kommune. Die zweite Woge der sozialistischen Springflut ist an den Mauern der Bourgeoisgesellschaft zerschellt. Aber neue Sturmwellen... wälzen sich heran...

Unter dieser Betrachtung, die womöglich aus der Feder Liebknechts stammte, standen Verse. Und unter diesen Zeilen stand der Name des Verfassers.

Ich werde sein, und wiederum voraus den Völkern werd' ich gehn!
Auf eurem Nacken, eurem Haupt, auf euren Kronen werd' ich stehn!
Befreierin und Rächerin und Richterin, das Schwert entblösst,
Ausrecken den gewalt'gen Arm werd' ich, dass er die Welt erlöst!
Ihr seht mich in den Kerkern bloss, ihr seht mich in der Grube nur,
Ihr seht mich nur als Irrende auf des Exiles dorn'ger Flur –
Ihr Blöden, wohn' ich denn nicht auch, wo eure Macht ein Ende hat:
Bleibt mir nicht hinter jeder Stirn, in jedem Herzen eine Statt?
In jedem Haupt, das trotzig denkt? das hoch und ungebeugt sich trägt?
Ist mein Asyl nicht jede Brust, die menschlich fühlt und menschlich schlägt?

Nicht jede Werkstatt, drin es pocht? Nicht jede Hütte, drin es ächzt?
Bin ich der Menschheit Odem nicht, die rastlos nach Befreiung lechzt?
Drum werd' ich sein, und wiederum voraus den Völkern werd' ich gehen!
Auf eurem Nacken, eurem Haupt, auf euren Kronen werd' ich stehn!

Ferdinand Freiligrath

In der folgenden Nummer fand Staatsanwalt Hoffmann den Satz: *Wir sind und wir erklären uns solidarisch mit der Pariser Kommune und sind bereit, jederzeit und gegen jedermann die Handlungen der Kommune zu vertreten.*

Und Appellationsgerichtsrat Müller half weiter: »Die anderen im ›Volksstaat‹ abgedruckten Gedichte von Ferdinand Freiligrath sollten wir nicht mehr in der Anklageschrift zitieren. Im Verlaufe des Prozesses müssen Sie dann, Hoffmann, auf Verlesung drängen.« Carl Otto Müller wiederholte: »Hoffmann, ich möchte, dass in Ihrer Anklageschrift das Licht sehr deutlich gerade auf diese Verse *Ich werde sein* und so weiter fällt. Noch ist der Verfasser nicht inhaftiert und nicht angeklagt, wie die drei Beschuldigten. Noch nicht.«

Er wisse zwar, erklärte er, wie der Dichter Freiligrath gerade jetzt in hohen und höchsten Kreisen zu neuem Ansehen gelangt sei, diese Erfahrung habe er vor einem Jahr in Berlin bei dem grossen Empfang machen müssen, als man auf Bismarck wartete. Dort habe er zwar angenehm plaudern können mit dem Grafen von Hatzfeldt und dem General von Kirchbach, aber für seinen Geschmack seien diese beiden Herren doch zu sehr beeindruckt gewesen von gewissen Schöpfungen aus der Feder des Herrn Freiligrath. Solche Sachen wie »Hurrah Germania« und dergleichen. Er aber habe Unrat gewittert. Er habe sich gesagt: Sicher will dieser Dichter jetzt in fast übertriebener Weise beweisen, er sei ein guter deutscher Patriot und kein vaterlandsloser Geselle. Und er habe mit all dem gebrochen, was er früher zu Papier gebracht.

»Sehen Sie, Hoffmann, ich habe das Jahr 1848 gut genug im Gedächtnis, für mich war und ist es nie eine romantische Zeit, und ich kann mich heute, viele Jahre danach, noch sehr genau daran erinnern, wie auch dieser Dichter im Zuge der Zeit, die eine Gattung solcher Poeme massenhaft hervorbrachte, mitschwamm auf einer Woge sogenannter revolutionärer Begeisterung. Ich sage Ihnen, Hoffmann, die drei Angeklagten konnten uns keinen grösseren Gefallen tun, als nach soviel Jahren gerade diese Zeilen *Ich werde sein, und wiederum voraus den Völkern werd' ich gehn* und so weiter in ihrem ›Volksstaat‹ abzudrucken. Damals, 1851, hiess das Gedicht ›Die Revolution‹. Und im Vertrauen, Hoffmann, ich war ja schon vor dem haarsträubenden Wort des Dr. Schwarze, das er dem Kanzler entgegenhielt, vor diesem »Nichts« also, war ich auf Reisen gegangen. Ich habe mich auf die Spuren des Dichters gesetzt. Ich will alles dafür tun, dass dieser Mann sich doch noch einmal vor einem Gericht verantworten muss.«

Heute, am Abend dieses 11. März, hörte Appellationsgerichtsrat Carl Otto Müller zu, wie einige der vielleicht wohl doch inkompetenten – so fragte er sich jedenfalls besorgt – Geschworenen über ihre Eindrücke vom Vormittag und vom Nachmittag redeten. Er war über sie alle informiert.

Sie fühlten sich wichtig als anerkannte Hauptgeschworene: der Rittergutsbesitzer Winning aus Mölbis, der Kommungutspächter Kunze aus Grausnig, der Oberförster Börner aus Seidewitz, der Kaufmann Edmund Oskar Göhring aus Leipzig, der Gutsbesitzer Hoffmann aus Naunhof, der Kaufmann G. Jacob Harder aus Leipzig, der Kaufmann Karl Heinrich Denzien aus Leipzig, der Kaufmann und Ratsmann August Koch aus Lausigk, der Kaufmann Reinhardt Steckner aus Pegau, der Kaufmann Paul Gustav Böckelmann aus Leipzig und der Kaufmann Karl Gustav Platzer aus Leipzig. Drei Hilfsgeschworene waren ihnen zur Seite gestellt: der Forstinspektor von Witzleben aus Colditz, der Gutsbesitzer Föhring aus Podelwitz und der Ortsrichter Winzer aus Schönefeld. Als Obmann und Sprecher für die Geschworenen sollte, wie es sich schon im Vorfeld abzeichnete, der Rittergutspächter Steiger aus Schweta amtieren.

Appellationsgerichtsrat Müller, als äusserst Interessierter an diesem Fall von Hochverrat, hatte zur Kenntnis nehmen müssen, dass zu den von der Verteidigung Abgelehnten leider auch Herren aus seinem Freundeskreis gehörten, drei Rittergutsbesitzer und ein Mühlenbesitzer und ein Hutfabrikant. Im Gegenzug hatte die Staatsanwaltschaft den Bürgermeister Geier aus Pegau zurückgewiesen und auch den Buchhändler Hermann Adolph Haessel aus Leipzig.

Der Appellationsgerichtsrat schaute sich im festlich beleuchteten Gastzimmer um. Ach tatsächlich, dort sass ja Hermann Haessel, der Buchhändler. Ausgerechnet.

»Guten Abend«, sagte er, »Herr Haessel, wie gehts?«

»Guten Abend, Herr Appellationsgerichtsrat, wie es eben so einem Verworfenen geht.« Dass er aber auch dieses Wort aus dem Amtsgebrauch nehmen musste: von der Staatsanwaltschaft verworfen als Geschworener. Er, Carl Otto Müller, hatte, aber natürlich nur unter der Hand, die Zusammensetzung der Geschworenenbank, sagen wir, durchgesehen. Es war ja nichts weiter, er hatte nur auf die ihm zugespielte und von ihm wieder zurückgespielte Liste neben den Namen des Buchhändlers ein ganz gewöhnliches Fragezeichen gesetzt. Viel hatte er an diesem Mann auszusetzen. Zum Beispiel, dass er oft zu angreiferisch und zu schnell redete, oder dass er sich von ganz besonders Vertrauten Adam nennen liess, weil ihm der Name Adolph nicht gefiel. Auf offiziellen Schreiben war immer nur zu lesen: Hermann Ad. Haessel. Darüber könnte man noch mit einem Achselzucken hinweggehen, auch über sein Streben, neben dem Buchhandel einem eigenen Verlagshaus Geltung zu verschaffen, unverzeihlich aber blieben Haessels Äusserungen über das Gerichtswesen, wie sie ihm, dem Appellationsgerichtsrat Müller, zugetragen worden waren: Haessels Vorwurf, die Prozedur an Schwurgerichten sei für die Geschworenen erdrückend, nichts habe auf ihn unangenehmer gewirkt, *als die von den gelehrten Richtern den Geschworenen aufgezwungene Fragstellung, die mir wie spanische Stiefel vorkamen, aus denen es kein Entrinnen gab*. Aber auch an den Schöffengerichten hatte er herumzumäkeln: *Wenn ich eine Verbesserung wünschte, so war es die, dass den Schöffen nicht erst der Fall an Hand der Richter bekannt würde, und es nicht bei ihnen allein liege, die Schöffen zu wählen. Dadurch haben sie es freilich in der Hand, sich Jamänner nach Herzenslust auszusuchen, und das ist oft ihr Wunsch.*

Andrerseits jedoch war dieser Haessel durch seine Bekanntschaft, ja sogar Duzfreundschaft mit Dr. Albert Hänel, dem einflussreichen Mitglied des preussischen Abgeordnetenhauses, eine für Leipzig nicht unbedeutende Person. Schliesslich hatte er sich durch seine Reise nach Russland über Sankt Petersburg und

Moskau bis zur Krim einen Namen gemacht. Er hatte russisch gelernt, er wollte Tolstoi und Turgenjew im Original lesen und verstehen können.

Und auch Haessel hatte eine Beziehung zu Minerva gefunden. Allerdings gehörte schon eine Portion Mut dazu, dass er sich als das Wahrzeichen seines Verlages und seines Wohnhauses Medusa gewählt hatte, die jüngste von drei überaus schönen Schwestern mit langem schwarzen Haar und ausdrucksvollen Augen. Es durfte jedoch, damals in den dunklen Vorzeiten, nicht sein, dass sie an Glanz die herrliche Göttin Minerva übertraf. Ihre Locken mussten zu abschreckenden Schlangen verwandelt werden. Auf ihre Augen wurde der Fluch des starren Blickes gelegt, derjenige, den sie ansah, wurde zu Stein. Sie war zum Abscheu der Menschheit geworden, verbannt an den äussersten Rand der Erde. Perseus, der hochverehrte Sohn des mächtigsten Gottes Jupiter, hatte nun im Dienst für die Göttin Minerva die Pflicht auf sich genommen, an Medusa, der einstmals zu Schönen, die endgültige Strafe zu vollziehen. Er schlug ihr den Kopf ab und beeilte sich, dieses Siegeszeichen seiner Auftraggeberin als Zierde für ihr Schild zu überreichen. Jedoch in dem Augenblick, als das Haupt der Medusa fiel, stieg aus ihrem Leib Pegasus herauf, das vom Meeresgott Poseidon empfangene Kind, das Flügelross der Dichter. Wer den Buchhändler Hermann Haessel verstehen wollte, konnte ihn verstehen.

Jetzt, beim abendlichen Bier, erhebt sich für Appellationsgerichtsrat Müller die Frage: Was weiss der Buchhändler von mir? Soll ich ihn einladen, hier in der Runde Platz zu nehmen? Welcher Vorteil, welcher Nachteil ergibt sich für uns daraus? Er unterliess die Einladung.

Staatsanwalt Hoffmann fragte ihn: »Haben Sie das gewusst, Herr Müller, eben wird mir gesagt, es sei im ›Volksstaat‹ zur Vorbereitung des Prozesses ein Hinweis erschienen, wer als Zuhörer teilnehmen wolle, der möge im Gerichtssaal schweigen und sich unter keinen Umständen zu irgendwelchen Bekundungen hinreissen lassen. Nicht Sympathie mit den Angeklagten, nicht Antipathie gegen die Ankläger solle geäussert werden. Ich hatte mich ja, offengestanden, schon über das gesittete Verhalten der Zuhörer gewundert. Diese Ruhe erschien mir doch irgendwie beunruhigend. Haben Sie das nicht gesagt, Herr Weiske? Beunruhigende Ruhe? Schön, nicht?«

Der Staatsanwalt hob sein Bierglas. Gerichtsrat Weiske, der als Hilfsrichter eingesetzt war, beeilte sich, im Trinken nachzukommen. Eigentlich wollte er nach Hause. Er hatte Zahnschmerzen. Neben ihm sass einer der beiden Stenographen. Als Mitglieder des Königlichen Stenographischen Instituts zu Dresden sollten sie im Auftrag der sächsischen Staatsregierung den Verlauf der Verhandlungen lückenlos dokumentieren, dafür war ihnen im Gerichtssaal ein besonderer Tisch aufgestellt worden.

Der Stenograph sah, sein Nachbar fühlte sich nicht wohl, er flüsterte ihm zu: »Haben Sie Schmerzen? Möchten Sie gehen? Wenn Sie wollen, begleite ich Sie.«

»Das dürfen wir nicht, erst wenn der Herr Ritter von Mücke das Zeichen gibt. Wissen Sie nicht, was sich gehört?«

Der Stenograph wird sich diese Antwort merken. Da ist schon eine Kluft zwischen Hilfsrichter und Stenograph, die sich auch mit Bier nicht wegschwemmen lässt. Und dabei ist er sicher, beim schnellen Hinführen seines Stiftes über das Papier hat sich das Ausgesprochene tiefer seinem Gedächtnis eingeprägt, als bei diesem Menschen neben ihm, der ihn über das Gehörige und Ungehörige belehren wollte. Natürlich hatte er, der Stenograph, sich seine Gedanken darüber gemacht, warum das Reichsgericht, doch sicher zum Leidwesen der Berliner, jetzt in Leipzig installiert war. Installiert in der alten »Georgenhalle«. Und noch immer stand die schöne Reiterstatue des Lindwurmtöters, des Heiligen Georg, dort am Ende des Brühls, wo die Ritterstrasse einmündete. Ach ja, es war schon fast ein halbes Jahrhundert her, er kannte es nur aus Erzählungen der Eltern, wie der alte Bau zur Aufnahme von Gefangenen, von Waisenkindern und von Geisteskranken auf drei Stockwerke erweitert wurde. Auch die Zeit der Fleischer dort in der grossen Halle im Erdgeschoss war abgelaufen, ihre marmornen, vor Sauberkeit glänzenden Verkaufstische gab es nicht mehr.

Und ganz in der Nähe lag der Platz, wo einst die Bauern mit ihren schwer beladenen Eseln vor der grossen Waage warteten, bis ihre Last an Heu und Stroh und Flachs abgewogen und registriert wurde. Daran erinnerte nur noch der Name eines Hauses »Zur Heuwaage«. Heutzutage fragten allein Böswillige, und sie wagten das auch bloss hinter vorgehaltener Hand, ob es denn da einen Zusammenhang gäbe zwischen dem neuen Reichsgericht und dem alten Eselsplatz zu Leipzig.

Nun aber lag die Aufmerksamkeit der Tischrunde bei »Schatz« auf ihm, Weiske. So konnte er sich nicht mit einem bestätigenden Nicken begnügen, nachdem der Herr Staatsanwalt ihn wegen seiner Bemerkung von der beunruhigenden Ruhe hervorgehoben hatte. Er musste sich wichtig machen, seine Beobachtungsgabe beweisen: »Also beinahe wäre ich ja gar nicht durchgekommen, eine solche Menschenmenge, schon lange vor Prozessbeginn standen die Leutchen da draussen auf der Strasse und warteten auf die Öffnung des Saales. Wer weiss, wie viele schliesslich weggeschickt werden mussten.« Es war gut, in diesem Kreis mit dem Wort Leutchen eine gewisse Verachtung vor dem Pöbel zu signalisieren. »Die Zuhörer wurden ja sogar auf die Galerie verwiesen. Und wie sich die Pressevertreter auf der Journalistentribüne drängten. Beeindruckend, wer da alles zur Vormittagssitzung erschienen war, und das sagte ich auch später dem Berichterstatter vom ›Leipziger Tageblatt‹, ich hoffe, er wird es in meinen Worten bringen: ›Unter dem Publikum bemerkt man eine grössere Zahl distinguierter Personen von hier und auswärts.‹ So muss das formuliert werden, der Bedeutung entsprechend.« Er richtete sich ausschliesslich an den Präsidenten. Er wünschte, der Bezirksgerichtsdirektor Herr von Mücke sollte zur Kenntnis nehmen, welch nahe Beziehungen er zum »Leipziger Tageblatt« hielt, der führenden Zeitung mit der starken Stimme gegen die angeklagten Landesverräter. Und so betonte er noch einmal, wie wesentlich der Hinweis des Präsidenten an die Geschworenen gewesen sei, dass sie ihr Urteil lediglich nach den Ergebnissen der Verhandlungen im Saale bestimmen und etwaigen äusseren Einflüssen jede Einwirkung verschliessen möchten.

Allerdings war diese Ermahnung erst auf Antrag der Verteidigung geschehen, das musste jetzt am Biertisch aber nicht erwähnt werden. Und eine alte Regel hiess ja ohnehin, wichtig ist nicht, was gesagt wurde, sondern was in der Zeitung steht.

Er, Weiske, hatte aber auch im Gerichtssaal den prüfenden Blick gesehen, den der Staatsanwalt auf die Geschworenen gerichtet hatte, da schien er ja schon jetzt am ersten Prozesstag nicht sicher zu sein, ob diese überhaupt verstanden, was hier verhandelt werden sollte. Doch ob die sieben anderen, die Hoffmann vorgeschlagen hatte, und die von den Verteidigern abgelehnt worden waren, besser gewesen wären, sei dahingestellt, fand Weiske, aber immerhin hatte der Staatsanwalt im Gegenzug acht der von den Verteidigern Vorgeschlagenen verworfen. Der Zahnschmerz quälte, aber er redete und redete.

Der Stenograph hörte nicht zu, er ging in Gedanken noch einmal dem Leben des Wilhelm Liebknecht nach, so wie er es zu Protokoll genommen hatte. Zur Person: *Wilhelm Philipp Martin Christian Ludwig Liebknecht ist geboren am 29. März 1826 zu Giessen im Grossherzogtum Hessen, Sohn des jetzt verstorbenen dortigen Registrators Liebknecht; besuchte das Gymnasium zu Giessen und studierte dann 4 Jahre auf den Universitäten Giessen, Berlin und Marburg, erst Philologie und Theologie, dann Philosophie, in der Absicht, sich auf die akademische Laufbahn vorzubereiten. Durch seine politische Richtung aus seinen Studien gerissen, begab sich Liebknecht 1847 in die Schweiz, nahm an den badischen Kämpfen der Jahre 1848 und 1849 teil, lebte von 1850 bis 1862 in England, hernach in Berlin und zuletzt in Leipzig und hat sich als Journalist und Privatlehrer den Lebensunterhalt verdient. Er besitzt kein Vermögen mehr, ist verheiratet und Vater von vier Kindern (der jüngste Sohn Karl ist am 13. August 1871 geboren). Bestraft ist er worden beim Stadtgericht in Berlin im Jahre 1866 mit 3 Monaten Gefängnis wegen angeblich gesetzwidriger Rückkehr in die preussischen Staaten nach erfolgter Ausweisung; beim Leipziger Bezirksgericht im Jahre 1869 mit 3 Wochen Gefängnis wegen Verbreitung staatsgefährlicher Lehren und 1871 ebenfalls wegen »Verbreitung staatsgefährlicher Lehren« mit 4 Wochen Gefängnis; ferner mit Geldbussen wegen verschiedener Passvergehen. Ausserdem war er 1848 und 1849 längere Zeit in Untersuchungshaft wegen seiner Teilnahme an der zweiten Badischen Schilderhebung und wurde 1850 auf Veranlassung der preussischen und österreichischen Regierung nach zweimonatiger Inhaftierung zu Murten vom Eidgenössischen Bundesrat aus der Schweiz ausgewiesen und nach England transportiert. Er war Mitglied des Norddeutschen Reichstags.*

Dann war er, der Stenograph, von dem anderen abgelöst worden, hatte wieder weiter mitgeschrieben, als der Präsident sagte: *Es ist mir eine Mitteilung von der Polizeidirektion in Giessen über den Angeklagten abgegeben worden und auf den Antrag der Verteidigung auch eine Erklärung über die Quellen, aus denen die Giessener Polizei schöpfte. Es ist dies ein längeres Aktenstück; ich werde es aber verlesen lassen.*

Der Stenograph dachte darüber nach, dass er eigentlich in

dieser Tischrunde gar nicht sitzen sollte, und es interessierte ihn auch in keiner Weise, was Hilfsrichter Weiske sagte. Er hatte noch zu genau im Gedächtnis, was in dem Aktenstück stand. Er für seine Person gehörte ja nicht zu denen, die unvoreingenommen sein sollten. Und es war für den Ablauf des Prozesses völlig gleichgültig, wie er den angeklagten Wilhelm Liebknecht einschätzte.

Es war für ihn als Stenograph zwar Routine, aber doch erschien es ihm allzu umständlich, was zur Person von Wilhelm Liebknecht herangezogen wurde: Eine *Geschichte der politisch-kommunistischen Verschwörungen seit der ersten französischen Revolution*. Und während er seine Kürzel niederschrieb, hatte er als Geübter in seinem Fach Zeit für abschweifende Gedanken, etwa wenn der Vorlesende umblätterte oder sich versprach, einiges noch einmal wiederholen musste. Er sagte sich, das kann doch nicht wahr sein, Liebknecht schon in die allerersten Aufstände verwickelt? Mit dem Jakobiner Babeuf? Aber als der unter der Guillotine 1797 starb, da mussten doch erst noch neunundzwanzig Jahre bis zur Geburt des angeklagten Liebknecht ins Land gehen. Dann hatte er im Stenogramm die Anhäufung des Wortes *daraus* zu überstehen. Mit Giuseppe Mazzini, dem Advokaten und Begründer des *jungen Italien*, habe alles begonnen, daraus seien die anderen Gründungen hervorgetreten, daraus das *junge Deutschland* und daraus das *junge Frankreich* und daraus das *junge Polen* und daraus wiederum der *Bund des jungen Europa*, daraus der *Bund der Geächteten*, und in den Mitgliedern dieses Bundes seien Verschwörer und Kommunisten zu erkennen. Daraus habe sich der *Bund der Gerechten* entwickelt. Und daraus der *Kommunistenbund*. Und in diesem Aktenstück, das er im Stenogramm festzuhalten hatte, wurde der Herbst 1847 heraufbeschworen. Der Name Karl Marx wurde verlesen im Zusammenhang mit der in sechs Sprachen verbreiteten Schrift »Das Kommunistische Manifest«. Und er, der Stenograph, hatte eine Sekunde Zeit gefunden, sich auch über die, wie Hilfsrichter Weiske es genannt hatte, beunruhigende Ruhe im Gerichtssaal zu wundern.

Eine neue Runde Bier wurde vom »Schatz«-Wirt serviert. Das hielt den Hilfsrichter Weiske nicht davon ab, sich über die Schwierigkeit zu verbreiten, die beiden Verteidiger auseinanderzuhalten, die Rechtsanwälte Gebrüder Freytag aus Leipzig und Plauen. Da seien nur Zahlen hilfreich gewesen. Natürlich muss der Leipziger Freytag I genannt werden, der Verteidiger von Wilhelm

Liebknecht und Adolf Hepner, für den anderen aus Plauen, den Verteidiger von August Bebel blieb die Bezeichnung Freytag II.

Da unterbrach ihn der Präsident von Mücke und wandte sich an Appellationsgerichtsrat Müller: »Wir wollen ja wirklich nicht allzuviel über den Prozess hören. Nun erzählen Sie mal, Herr Müller, der Herr Hoffmann hat mir da so einiges angedeutet, was haben Sie denn auf Ihren Streifzügen in Sachen Freiligrath herausbekommen?«

In dem Augenblick stand der Buchhändler Haessel auf. Er hatte gezahlt und wollte gehen. Jetzt setzte er sich wieder. Er war neugierig.

»Womit beginnen, womit aufhören«, sagte Appellationsgerichtsrat Müller. »Ich wollte zuerst zu seinem Verleger Cotta. Aber nun konnte ich da ja nicht so einfach auftauchen und erklären, ich bin Appellationsgerichtsrat Müller aus Leipzig und brauche das Allerneueste und das Allerletzte von Ferdinand Freiligrath. Vielleicht finde ich endlich doch noch Nützliches für eine Anklage heraus. Ich brauchte ja meinen Namen nicht zu verändern, nur meinen Stand. Ich nahm mir also vor, dort als neuer, unerfahrener Schriftsteller aufzutreten, der sein erstes Buch über diesen Dichter schreiben will.«

»Na, na«, sagte Ritter von Mücke.

Carl Otto Müller ärgerte sich über die Unterbrechung, und in diesem Augenblick, als er ungehalten zum Präsidenten von Mücke hinübersah, kam ihm der unverschämte aber doch eigentlich zutreffende Ausspruch von Wilhelm Liebknecht über das Aussehen des Richters in den Sinn, auch das hatte man ihm zugetragen: *Ein herkulisch gebauter Mann* und *Hände wie ein Fleischer* und *eine so niedrige Stirn* man müsse sich erstaunt fragen, *wo in jenem Kopf das Gehirn sitze.*

Nein, einen Appellationsgerichtsrat unterbricht man nicht. Doch Carl Otto Müller beschloss, nicht mehr über die Hände und das Gehirn des Herrn Ritter von Mücke nachzudenken, er redete weiter: »Ich wusste, äusserste Vorsicht war angebracht. Aber ich sagte mir, es soll nicht vergessen werden, was dieser Dichter früher geschrieben hat. Und wenn das noch lebendig ist, dann muss er eben dafür bestraft werden. Weil es noch lebendig ist. So führte mich mein Weg nach Stuttgart. Ich wollte zu Carl von Cotta, dem Enkel und Erben des berühmten Gründers dieses Druckhauses.«

Der Geschäftsführer

»Und wie war es bei Cotta?« Die Frage kam vom Nebentisch, vom Buchhändler Haessel.

»Ja, erzählen Sie uns von Stuttgart, vom berühmten Verleger Cotta.« Alle, die an diesem Montagabend, dem 11. März 1872, bei »Schatz« in der Ritterstrasse beisammen sassen, wollten es jetzt wissen.

Appellationsgerichtsrat Müller gab Auskunft: »Sehr gut, es war wirklich sehr gut. Stellen Sie sich den Inhaber vor, den Herrn Carl von Cotta, beneidenswert jung, 1835 geboren. Er führt das Geschäft im Sinne seines berühmten Vaters, des Freiherrn Georg von Cotta, weiter. Da hatte ich mich also als angehender Schriftsteller Müller vorgestellt, und mit Zustimmung meines Freundes, prost, lieber Kaufmann Koch, hatte ich meinem Namen den Zusatz seiner Vaterstadt gegeben, da ich ja nun ohne Titel war. Ich sagte: Ich bin Müller-Lausigk. Also was soll ich viele Worte machen, es wurde mir dort im Verlagshaus ein Buch gezeigt, das unter Carl von Cottas Vater erschienen war, daran müsste ich mich messen, wenn ich anfangen wollte zu schreiben. ›Hans Ibeles in London‹. Ein Blick auf die Londoner Emigrantenzirkel. Die Autorin Johanna Kinkel aber sei leider dort in England verstorben, man vermute Selbstmord. Ihr Mann habe ihre Aufzeichnungen dem Haus Cotta anvertraut. Ich konnte das Buch dann noch vor meiner Abreise in Stuttgart kaufen.«

Hermann Haessel mischte sich ein: »Die ganze Reise hätten Sie sich sparen können, wenn Sie nichts anderes heimgebracht haben, als diesen Roman. Der steht in meiner Buchhandlung für jedermann sichtbar im Regal. Ich nehme an, Sie haben das Buch noch nicht gelesen. Wenn Sie darin aber Mitteilungen über Ferdinand Freiligrath vermuten, werden Sie nichts Zuverlässiges finden. Aber wenn Sie uns schon vom Vater Georg Cotta erzählen, dann hätten Sie doch wenigstens sagen können, dass der Stammvater der Familie, Johann Georg, 1659 aus Sachsen nach Schwaben einwanderte. Natürlich ist es immer eine Ehre, bei Cotta verlegt zu werden. Und das begann mit der Tätigkeit des Herrn Johann Friedrich, dem Grossvater des Verlegers, der dort heute regiert. Sie werden staunen, welche Autoren Ihnen da begegnen. Schauen Sie doch einmal bei mir herein, das kann ich Ihnen alles zeigen. Sie kennen meinen von mir erfundenen Lieblingsspruch:

*Ein gutes Buch, des Hauses Segen –
Sein Wert verweht nicht wie der Wind,
Denn wenn es wird dein Herz bewegen,
So liest's noch Kind und Kindeskind.«*

Der Geschworene Ratsmann Koch aus Lausigk hielt es nicht mehr aus, er musste reden: »Mit Recht haben Sie, Herr Präsident, vorhin zu der abenteuerlichen Reise des Herrn Professor Müller ›Na, na‹ gesagt. Als er mir von dem Plan zu seiner Reise erzählte, habe ich versucht, ihm das Spiel vom unerfahrenen angehenden Schriftsteller auszureden. Und ich habe ihm deutlich gemacht, auch ich hasse Leute, die den Besitzstand antasten wollen. Man muss solche Menschen jagen wie Wild. Ich hatte mich zur Hilfe angeboten. Was habe ich mich schon 1848 über diese Sachen von dem Freiligrath geärgert. Beleidigende Gedichte wie das ›Von unten auf!‹. Dieser Mann benutzt den deutschen Rhein, um zu beschreiben, auch wenn der König an Deck eines Rheindampfers alles zu beherrschen scheint, der Dampfer bleibt liegen, wenn der schmutzige Maschinist von unten heraufkommt und den Herrscher zur Rede stellt. Ich verstehe Leute nicht, die sich für solche Gesänge begeistern können.«

Es gelang nicht einmal Ritter von Mücke, ihn zu unterbrechen. »Lassen Sie mich den einen Satz noch sagen.« Und so reihte der Geschworene Koch Satz an Satz: »Natürlich hätte Herr Professor Müller nicht selbst auf Reisen gehen dürfen, und er wusste, ich hätte liebend gern in dieser Sache geholfen und auch die Kosten für eine umständliche Suche von Ort zu Ort auf mich genommen. Ich hatte einen guten Plan. Doch als ich hörte, ich sei als Geschworener in Aussicht genommen, hätte ich mich ja nicht selbst einbringen dürfen. Ich wusste es von anderen Verhandlungen, und wir wurden ja auch heute früh ermahnt: Ich habe unvoreingenommen jedem Verhandlungstag beizuwohnen und schliesslich nur das zu beurteilen, was ich dort vor Gericht gehört habe. Sie alle hier am Tisch wissen, ich stamme aus einer alten Kaufmannsfamilie und bin nicht ungeschickt in meinem Beruf. Ich will mich ja nicht selber rühmen, aber ich finde in jeder Situation, und sei sie noch so schwierig, einen Ausweg. Ich wollte meinen Sohn Thomas, in vier Tagen wird er vierundzwanzig Jahre alt, auf die Spuren von Freiligrath setzen. Wer ihn sieht, hochgewachsen, schlank, dunkles Haar, dunkle Augen, bescheiden und doch sicher im Auftreten, muss zugeben, dieser Junge ist der Geeignete für eine solche Mission. Er ist gutwillig und geschickt, sicher, arrogant auch dann und wann, aber warum soll mein ältester Sohn nicht selbstbewusst sein. Thomas wäre der Rechte für diese Aufgabe gewesen, aus den Leuten Geheimnisse herauszulocken. Ich hätte ihn mit genügend Reisegeld ausgestattet und hätte ihn instruiert: Der erste Weg führt dich zum Verlag nach Stuttgart. Dann weiter nach England. Dort versuchst du vom Sohn des Dichters, dem Herrn Wolfgang Freiligrath, etwas Brauchbares zu erfahren, verschaffe dir Einblicke in Briefe und Aufzeichnungen. Gib dich als ein junger Lernender aus, der das Leben dieses Dichters verstehen will, der wissen will, wie es wirklich in der Emigration war. Aber auf mich hört ja niemand.«

Er verschwieg, dass er seinen Sohn längst auf die Reise geschickt hatte. Aus London war die Bestätigung seiner Ankunft gekommen.

Ritter von Mücke, der gern von sich sagte: Wir wollen doch aus *dem* Mücke keinen Elefanten machen, der in den Porzellanladen geht, war von Anfang an zurückhaltend mit seinem Urteil über Freiligrath. Der abenteuerliche Plan des Appellationsgerichtsrats Müller war nicht nach seinem Geschmack. Wie konnte ein erwachsener Mann, noch dazu Meister vom Stuhl einer bedeutenden Loge, sich auf eine solche Unternehmung einlassen. Es musste beides, was er für bedenklich hielt, zusammenkommen: Die Lust an Verstellung und die Reiselust.

Da hatte doch der Teufel die beiden geritten, sie hatten sich hochgeschaukelt in ihrem Hass auf den Dichter. Nun gab es also neben dem Kaufmann Koch aus Lausigk noch einen Schriftsteller Müller-Lausigk. Er, Ritter von Mücke, hatte sich oft und gern in dieser Stadt im Eulatal, südwestlich von Leipzig aufgehalten, jedes Gebäude erzählte von der Frömmigkeit und vom Fleiss der fast viertausend Einwohner, die evangelische Kirche, das Amtsgericht, und die Fabriken für Plüsch- und Filzwaren, für Fahrräder und für Steinbaukästen. Auch die Braunkohlengruben gehörten dazu. Aber das Wesentliche für ihn, von Mücke, war das Hermannsbad mit der, wie es hiess, stärksten Eisenvitriolquelle Mitteleuropas. Natürlich hatte er, wenn er das Bad aufsuchte, jedesmal bei August Koch hereingeschaut. Der war wirklich ein erfolgreicher Kaufmann, der verstand es, immer neue Kunden für die einheimischen Produkte zu finden, für die Plüschtiere und die Steinbaukästen. Auch vermittelte er Weinfeste, zu denen er Musiker verpflichtete, die mit Geigenspiel und Chorgesang Käufer anlockten. Und es gab am Ende Gewinne in Gestalt von Plüschtieren oder Steinbaukästen oder Weinflaschen.

Aber doch war es für ihn, Ritter von Mücke, lästig, wenn sein Gastgeber in Lausigk jedesmal erklärte: Mein Gott ist Wiprecht der Ältere von Groitsch. Beim letzten Besuch aber, schon in Kenntnis der Reiseabsichten des Appellationsgerichtsrats Müller, hatte Herr Koch sich in seinem Hass gegen Ferdinand Freiligrath noch weiter gesteigert. Ja, hätte der Dichter über den legendären Wiprecht würdige Verse verfasst, hätte er ihn wohl nicht als Pestbeule deutscher Dichtung bezeichnet. Könige und Kaiser sind in ewiger Ordnung von Gott gesandt, das galt auch für Graf Wiprecht im Königreich Sachsen. Bei jedem Besuch hatte von Mücke sich anhören müssen, wie dieser alte Wiprecht seine Frau Jutta, die schöne Tochter eines böhmischen Herzogs, aus Treue zum Kaiser allein liess und mit Heinrich IV. alle Wege ging, auch die bittren. Genau so würde er, August Koch aus Lausigk, alles verlassen und unseren deutschen Kaiser begleiten, auch wenn es bis nach Rom sein müsste. Aber dann, beim Bericht, wie sein sagenhafter Wiprecht unter Kaiser Heinrich V. gefangen und vom Fürstengericht in Würzburg zum Tode verurteilt wird, kam in Koch Vaterstolz auf. Da retten ihn – nein, keine Engel – seine Söhne. Sie befreien ihn. Es ist gut, Söhne zu haben.

Sie schweifen ab, August Koch, hatte ihm der Präsident von Mücke bei seinem letzten Besuch in Lausigk gesagt. Und sind Sie nicht zu einseitig in der Beurteilung des Ferdinand Freiligrath? Er hat doch jetzt die patriotischen Gedichte…

Koch hatte ihn unterbrochen: Ich gehe da ganz konform mit Herrn Staatsanwalt Hoffmann. Ich sage Ihnen, einmal Pestbeule der deutschen Dichtung, immer Pestbeule. Wie stehen wir denn vor dem Ausland da. Jetzt haben wir endlich die Einheit errungen. Das Land wird bemessen nach den Namen der Flüsse. Und nach seinen Liedern. Und nach den Dichtern dieser Lieder. Herr Professor Müller hat mir erzählt, wie es in Berlin war. Was für eine Feierstunde. Die Höchsten der Hohen beglückwünschen sich. Die wunderbaren Reden. Es ist erreicht. Wir sind ein Volk. Und die zum Feiern Versammelten achten mit aller gebotenen Sorgfalt auf die Bewahrung des bedeutsamen Wortes »Ein«. Es soll die anderen unpassenden drei Buchstaben »Das« vergessen machen.

Der Satz *Wir sind das Volk* ist nichts anderes als eine Erfindung dieses Herrn Ferdinand Freiligrath, eines Poeten, von dem man ja sehr wohl weiss, wie gern er guten Rheinwein aus edlen grünen Römern trinkt. Und die Ungewissheit, wer alles sich hinter dem Wort DAS verbirgt, soll nicht anwachsen, zum *Von unten auf* der zerlumpten und letzten Leute.

Der Seufzer des Herrn von Mücke: Hat man nicht immer Last mit seinen Dichtern? Könnten wir uns nicht frohen Herzens erbauen an seinem Gesang *Hurrah Germania*?

Für diesen Montagabend in der Ritterstrasse hatte Carl Otto Müller als sein Beweisstück das Buch »Hans Ibeles in London« mitgebracht, es ging von Hand zu Hand. Und während darin geblättert und darüber geredet wurde, hatte er Zeit, sich daran zu erinnern, wie es wirklich bei Cotta gewesen war. Das wird er niemandem erzählen, auch nicht seinem Freund, dem Geschworenen August Koch.

Nur der Geschäftsführer des Verlagshauses, der mit dem kleinen blonden Schnurrbart, war für ihn zu sprechen, nicht einmal der andere leitende Herr, der neben Carl von Cotta für den Verlag verantwortlich ist, Hermann Albert von Reischach. Er, Müller, wurde tatsächlich behandelt wie ein lästiger neuer Möchtegern-Schriftsteller und musste die Belehrung des Geschäftsführers über sich ergehen lassen: »Ein Buch wollen Sie schreiben? Ein Buch?«, fragte der. Es klang, als wollte er sagen: Ja wissen Sie denn überhaupt, was ein Buch ist. Ach, wie sass der grossgewachsene blondschnurrbärtige Geschäftsführer lässig da in seinem Arbeitszimmer, und wie überheblich erzählte er ihm von der Schwierigkeit, Bücher herzustellen. Dabei griff er immer wieder selbstgefällig nach seinem kleinen Bart unter der Nase und erklärte: Er sei verantwortlich, er müsse Rechenschaft geben, über die Zeit, über das Geld, über Ankauf, über Verkauf, über das, was an Gewinn zu erwarten sei, über das, was als Verlust beklagt werden müsse. »Wie war Ihr Name – ja doch, Herr Müller-Lausigk. Das sollen Sie wissen, es beginnt zunächst mit der Konkurrenz. Man muss erfahren, was die anderen machen. Man muss herausbekommen, wie sie ihre Buchpreise ansetzen. Man muss den Geschmack des Publikums kennen. Und wenn man ihn kennt, muss man sich nach dem Geschmack des Publikums richten. Man muss auch auf die Zensur achten. Nichts Anstössiges bringen. Das Unangenehmste, und das können Sie mir glauben, guter Mann, das Unangenehmste sind die so genannten Autoren. Ohne diese aufdringlichen, ja, ich sage aufdringlichen Leute wäre das Geschäft mit den Büchern weit angenehmer. Diese Leute bestürmen uns mit ihren Ergüssen von Tinte aufs Papier, erwarten sich Gewinn und Ruhm, die denken, sie hätten die Arbeit gemacht. Die harte, die eigentliche Arbeit machen wir, das können Sie mir glauben. Sie wissen ja nicht, wie viele Manuskripte mir da zugeschickt werden von« – und jetzt sprach er das Wort aus – »Möchtegern-Dichtern. Da will jeder ein Goethe, jeder ein Schiller sein. Ganze Stapel von diesem Zeug liegen auf meinem Schreibtisch. Im Grunde müsste ich Tag und Nacht ununterbrochen lesen, um dann endlich, endlich aus dieser Spreu ein halbes Körnchen Weizen herauszufischen. Und dann brechen auch noch die unzähligen Witwen der verstorbenen Meister des Wortes hier herein, ja, ich muss das so hart sagen, die wollen nun mit Gewalt den letzten Wortkrumen, den sie noch im Nachlass des Dahingegangenen gefunden haben, bei mir unterbringen. Na, die kann ich doch nicht so einfach hinauswerfen, schon die Bibel fordert einen angemessenen Umgang mit Witwen. Sagt doch Paulus im Ersten Brief an Timotheus: *Mit älteren Frauen rede freundlich wie mit einer Mutter.* Und: *Halte die Witwen in Ehren, die wirklich Witwen sind.* Ich weiss Bescheid, wir haben ja eine ganze Abteilung christlicher Schriften eingerichtet, eine grosse Zierde unseres Hauses. Aber was die Witwen mich für eine Zeit kosten, davon können Sie, guter Mann, sich keine Vorstellung machen. Und nun kommen Sie und erzählen mir, ein Buch wollen Sie schreiben? Ein Buch über den Herrn Ferdinand Freiligrath? Da sind Sie bei mir an der falschen Adresse. Ja, sicher, wir haben einiges von ihm auf den Markt geworfen, sicher, die Nachfrage war auch recht gut, vor allem, als er da vor ein paar Jahren aus England nach Deutschland zurückkam und am Rhein mit dem Germania-Pokal begrüsst wurde. Aber, aber es waren ja manche unglückliche Jahre dazwischen, Ausrutscher, die dem so begnadeten Dichter nicht hätten passieren dürfen. Und das alles gerade in diesem Jahr der Tollheit, 1844, dann *Glaubensbekenntnis* zu nennen und einzuleiten mit einem frivolen Vorwort, gekommen sei er nun von der *höheren Warte* eines Poeten auf die *Zinnen der Partei*, und das waren ja Kommunisten, nein, da konnten wir nicht einsteigen. Wegen der Marotten eines einzelnen Schreibenden setzen wir nicht das ganze Verlagshaus aufs Spiel.

Jetzt, ja, jetzt ist so gut wie über alles Gras gewachsen. Und man kann nun wieder diesen und jenen Band von ihm bringen. Eine Auswahl. Manches haben wir ja auch dem Verlag Göschen überlassen. Aber der Ruch des Ungehörigen schwebt nun einmal über diesem Dichter. Ich frage Sie, guter Mann, was soll man ihm glauben. Wenn er nicht reimt um des Reimes willen, muss doch ein Sinn dahinter sein. Nein, ich möchte nicht in der Haut dieses Mannes stecken. Vielleicht hat er sich immer und immer nur zur Wehr gesetzt, als ihm vorgehalten wurde, er sei im Grunde kein Patriot, kein guter Deutscher, er sei ein vaterlandsloser Geselle, da hat er, um es denen, die ihn verdächtigen, zu beweisen, patriotische Gesänge angestimmt. Ich traue diesem Mann nicht. Und ich hätte auch nichts wieder von ihm herausgebracht. Für mich ist und bleibt er gefährlich, ein Revolutionsdichter. Aber der Herr Carl von Cotta hat, wie man so sagt, einen Narren an ihm gefressen, vielleicht auch handelt er im Gedenken an seinen Vater. Und Sie meinen, dann wäre es gut, mit Ihrem Plan zu kommen, ein Buch über diesen Dichter zu schreiben. Doch ich sage Ihnen, der Herr Carl von Cotta hat keine Zeit. Und es ist meine Pflicht, Ihnen diese Idee auszureden, denn, wissen Sie, Papier ist nicht nur geduldig, Papier ist auch teuer. Ich werde, das ist meine Pflicht als Geschäftsführer, meinem Herrn von Cotta« – ja, er sagte wirklich »meinem Herrn von Cotta« – »über alles, was ich von Ihnen gehört habe, über Ihren Plan zu diesem Buch, berichten. Doch Ihr Wunsch, bei uns etwas herauszubringen, ist irreal. Und ich sage Ihnen, geben Sie sich keine Mühe, bei einem anderen Druckhaus hereinzuschauen. Denn, ja, das ist so, wir haben da schon unsere Verbindungen untereinander. Und wenn einer Sie nicht will, dann werden die meisten der anderen Verleger Sie auch nicht wollen. Ich sage natürlich mit Vorbehalt: die meisten. Denn es gibt auch immer die Wilderer am Wegesrand, die Unsoliden, die ein Geschäft wittern. Aber ich sage, man muss nicht wittern, man muss wissen. Man muss wissen, was das Publikum will, ich wiederhole mich. Und ich kann mir nicht vorstellen, dass auch nur irgendein Leser Interesse an so einem Buch von Ihnen haben könnte. Ein Dichter lebt durch seine Gedichte und nicht dadurch, dass einer sie erklärt. Und ich sehe schon, was dabei herauskommt: Sie, guter Mann, werden von Gedicht zu Gedicht hüpfen. Und auch wenn Sie es wollen, werden Sie es nicht vermögen, die Stimmungslage des Dichters zu erläutern. Wir werden als ein Produkt immer nur Ihre Stimmungslage vorgehalten bekommen. Und die Menschen, mit denen er es zu tun gehabt hat? Was können Sie uns entdecken über jenen Mann, unter dessen Schatten wir alle stehen, ob wir es wollen oder nicht, was könnten Sie uns über Karl Marx berichten? Was anderes als das längst bekannte, wie Marx sich in Brüssel bei dem Dichter entschuldigte? Wie sie sich in London wiedertrafen, wie er sich in London über den Dichter ärgerte, nach dem Begräbnis der Johanna Kinkel und nach dem Gedicht zu den Schillerfeiern? Wir wissen das alles, wir kennen das alles. Und was wollen Sie uns beibringen über Wilhelm Liebknecht, der auch in die Londoner Zeit gehörte, zum Flügel der Emigranten, die zu Marx und Engels hielten?

Also lassen Sie mich noch einmal über meine Zeit reden, die Zeit eines Geschäftsführers in einem grossen Verlag unseres vereinigten Vaterlandes. Es ist meine Zeit, die Zeit eines Mannes, der Bücher herzustellen hat, nicht zu seiner eigenen Freude, er ist ja im Grunde ein Knecht. Ein Knecht des ihm weitgehend unbekannten Publikums. Das ist es, was das ganze Geschäft so zur Last werden lassen kann, der sich immer wieder wandelnde Zeitgeist. Neulich nannte ein Herr von massgebender Seite dieses Phänomen auch: Money Power. Er meinte: Viele, die lesen wollen, können nicht zahlen, und manche, die lesen können, wollen nicht zahlen. Und ich sage Ihnen, wir sind jetzt sehr gut gefahren mit dem Weiterführen der bewährten Tradition aus den Tagen des Herrn Johann Friedrich von Cotta, mit dem ›Almanach für die Damen‹ und den Jahrbüchern für die Baukunde. Damals hatte Goethe Cotta gesucht, nur damit Sie sich einmal das wirkliche Verhältnis zwischen Verleger und Schreiber richtig vorstellen können. Die Ehre ist bei unserem Namen. Schiller durfte froh sein, dass der Geheimrat Freiherr Johann Friedrich von Cotta ihm überhaupt auf seine Briefe antwortete, nur das war für eine spätere Herausgabe dieses Briefwechsels entscheidend. Und jetzt? Wir verbreiten mit wachsendem Erfolg seit fast vierzig Jahren das ›Wochenblatt für Land- und Hauswirtschaft, Gewerbe und Handel‹. Wir bringen die reich ausgestattete ›Technologische Enzyklopädie‹. Wir wurden von Alexander von Humboldt gefragt, ob wir sein Werk ›Kosmos‹ bringen wollten. Wir haben es gebracht, und es war nur dem Wagemut des Herrn Georg von Cotta zu verdanken, dass es ein so grosser Erfolg wurde. Die Buchhändler haben sich bei der Leipziger Messe an unserem Stand um dieses

Buch geprügelt. Aber ich muss Rechenschaft geben über die Ausgaben auf der Messe: Die Kosten für die Hin- und Rückreise nach Leipzig, das Mittagessen, das Abendessen, die Trinkgelder für die Helfer beim Aufbau des Standes, Kaffee, Zucker für Messegäste, und ich muss auch an Almosen für die herumstreunenden Bettler denken, die vielleicht heruntergekommene Autoren sind. Und das alles wird von Zeitungsleuten beobachtet und dann in der Presse breitgetreten.

Aber zurück zu Freiligrath. Jetzt, allerdings nur auf Drängen des Herrn Carl von Cotta, denken wir wieder an ein Zusammengehen mit diesem Dichter, weil er in der Zeit oder besser noch mit der Zeit zeitgemäss geworden ist. Ja, wir sind zeitgemäss. Manches Herz, wurde mir gesagt, schlüge höher bei diesem vaterländischen Gesang ›Hurrah, Germania‹, doch auch die alten schönen Lieder soll man nicht vergessen, die Gesänge über Palmen und Löwen und Mohren. Aber sich jetzt hinsetzen und ein Buch über den Dichter Freiligrath schreiben, das halte ich, gelinde gesagt, für eine ungebührliche Zeitverschwendung. Leben Sie wohl, guter Mann, ich kann Ihnen auch keine neue Ausgabe der Werke des Herrn Freiligrath mit auf den Weg geben, ich habe hier kein Exemplar zur Hand. Ich wünsche Ihnen viel Glück. Und eine gute Heimreise.«

So war er, Appellationsgerichtsrat Müller alias Müller-Lausigk, zurückgekehrt zum Wirt, um seinen Reisesack zu packen und die Rechnung zu bezahlen.

»Sie wollen wieder zurück nach Lausigk? Ja, ist denn das ein Leben dort, so im Osten, schon bald Polen? Nein, da möchte ich Sie nicht besuchen, auch wenn Sie mir das warme Hermannsbad noch so sehr anpreisen, ich werde mich unter keinen Umständen auf eine Reise dorthin begeben, ja, ich zweifle, ob dort vernünftige Menschen wohnen. Ich habe genug von der Welt gesehen und möchte nichts Neues dazu kennenlernen. Adieu. Kommen Sie gut nach Hause, wenn man diesen Ort als ein Zuhause bezeichnen kann.«

»Der Platz am Tische der Gesellschaft«

Es war nicht notwendig, sich für die allabendliche Runde bei »Schatz« in der Ritterstrasse anzukündigen, auch war es nicht üblich, ein Fernbleiben zu begründen. Heute, am 14. März 1872, nach dem vierten Verhandlungstag gegen die drei Hochverräter, fehlten der Hilfsrichter Weiske und der Stenograph. Und vergebens hielt man Ausschau nach dem Geschworenen Kaufmann Koch aus Lausigk. Doch der Buchhändler Hermann Haessel sass wieder an seinem Platz. Und Generalstaatsanwalt Dr. Schwarze kam »ganz überraschend« und nur »auf einen Sprung« herein. Seine Absicht für den Biergang musste durch geheime Übermittlungen bekannt geworden sein, jedenfalls erschien fast gleichzeitig Herr Professor Karl Birnbaum. Jetzt sassen sie nebeneinander.

»Ich muss mich bei Ihnen entschuldigen«, sagte Professor Birnbaum zu seinem Nachbar am Biertisch, »Herr Generalstaatsanwalt, es hat mir all die Zeit keine Ruhe gelassen. Ich habe immer wieder darüber nachgedacht, wieso Fürst Bismarck Ihnen nicht einmal – uns allen ja auch nicht – die Hand gegeben hat. Ich glaube, das kann man erst verstehen, wenn man sich in seine Lage hineinversetzt. Er ist ja, darüber müssen wir uns klar sein, letztendlich abhängig von seiner Majestät. Und nun passen Sie auf, Herr Schwarze, durch ganz zuverlässige Quellen weiss ich, wie unausgeglichen der Fürst manchmal sein kann. Hat er doch damals bei den Berliner Unruhen im März 1848 geweint, als er den Bauern seines Gutsnachbarn in Schönhausen erklären musste, sie sollten nicht in die Stadt kommen, dem vom Pöbel bedrohten König zu helfen, die tapfere Infanterie sei schon aus dem Schloss gerückt, habe notgedrungen in den rebellischen Haufen schiessen müssen. Auch mit Kartätschen.«

Schwarze entgegnete: »Ja, ja, uns allen sitzt doch noch immer irgendwie die Erinnerung an die Märztage des Jahres 1848 im Nacken. Es hat sich uns eingeprägt, wie unser König Friedrich Wilhelm IV. sich schliesslich den Forderungen des aufgebrachten Volkes beugen musste. Es war vergebens, dass er eine Proklamation an *meine lieben Berliner* verbreiten liess. Er hatte jede Untertanenliebe verloren. Er musste den Befehl zum Rückzug der Soldaten geben. Er musste zugegen sein, wie unter Trommelwirbel die Leichen der einhundertachtundsiebzig Barrikadenkämpfer auf den Schlosshof getragen wurden. Und er musste den Toten mit entblösstem Haupt seine Achtung bezeugen. Und er musste durch alle neun Strophen hindurch zuhören, wie sie den Choral ›Jesus, meine Zuversicht‹ sangen. Bei der sechsten Strophe war, wie uns berichtet wurde, die Königin an seiner Seite in Ohnmacht gefallen.«

Und tatsächlich, der Generalstaatsanwalt Dr. Schwarze sagte am runden Tisch bei »Schatz« diese Strophe auf:

»Was hier kranket, seufzt und fleht,
Wird dort frisch und herrlich gehen;
Irdisch werd ich ausgesät,
Himmlisch werd ich auferstehen;
Hier geh ich natürlich ein,
Nachmals werd ich geistlich sein.«

Und er meinte: »Wir müssen alle sterben. Im Tode sind wir gleich.«
Hermann Haessel wandte ein: »Es gab aber auch welche unter den Singenden, die zu dieser Melodie den anderen Text nahmen.« Und auch er nannte die Strophe:

»Was der Herr verheissen hat,
solches hat er auch erfüllet;
nun wird unseren Tränen Rat,
Unser Kummer wird gestillet.
Unsre Ketten sind entzwei,
Wir Gebundne sind nun frei.«

Dr. Schwarze wehrte sich: »Aber Herr Haessel, was soll das, wir wollen doch nicht in Wortklauberei verfallen. Ich für meine Person halte mich an den Text, wie ihn vor hundert Jahren die Kurfürstin von Brandenburg, Luise Henriette, uns geschenkt hat.« Dann, nur für den Präsidenten bestimmt, meinte er: »Doch mein lieber Herr von Mücke, das alles sollte so weit wie möglich aus dem Prozess herausgehalten werden. Jene Zeiten und Ereignisse berühren uns hier nicht.«

Und Herr von Mücke war aufmerksam genug, sich diesen Satz wortwörtlich einzuprägen. Im Verlaufe der Verhandlung wird er ihn wie eine augenblickliche Eingebung einsetzen können, wenn es die Situation, etwa für die Unterbrechung einer unliebsamen Aussage eines der Angeklagten, erfordert: *Jene Zeiten und Ereignisse berühren uns hier nicht.* Solche Sätze mussten im Hinblick auf die Presse knapp und verständlich gegeben werden. In vielen seiner Verhandlungen hatte er schon beim Aussprechen einer Bemerkung vorausberechnet, welche seiner Äußerungen am nächsten Tag in der Zeitung stehen müsste.

Professor Birnbaum kam endlich wieder zu Wort: »Herr Schwarze, ich wollte Ihnen ja nur die Gemütslage des Fürsten erklären. Und für Herrn Müller mag es auch interessant sein, dass Fürst Bismarck, als er damals im März 1848 allein nach Berlin fuhr, sein Aussehen veränderte; den Bart rasiert, auf dem Kopf ein breiter Hut mit bunter Kokarde. Also ähnlich wie Sie sich zu einem Müller-Lausigk verwandelten. Aber Ihren Bart hatten sie wenigstens behalten, Herr Appellationsgerichtsrat. Was ich Ihnen eigentlich sagen wollte, Herr Generalstaatsanwalt Schwarze, als es dann um die Erhebung unseres preussischen Königs Wilhelm I. zum Kaiser ging, da war es schon im Vorfeld zu erheblichen Unstimmigkeiten gekommen, und dabei zeigte sich, wie reizbar alle Beteiligten waren, seine Majestät und der Fürst. Der Fürst beharrte darauf, bei der Proklamation müsse es heissen: *Deutscher Kaiser*. Seine Majestät aber habe darauf bestanden: Ich will *Kaiser von Deutschland* genannt werden. Nur so und nicht anders. Es habe lange erregte Debatten darüber gegeben. Er, Bismarck, sei nicht von seinem Standpunkt gewichen, es soll heissen Deutscher Kaiser. Man habe damals nicht gesagt, ›Kaiser von Rom‹, sondern ›Römischer Kaiser‹. Und der Regent von Russland nenne sich doch auch ›Russischer Zar‹. Der Fürst habe das Wort sogar auf russisch genannt. Majestät habe ihm nicht geglaubt, habe seinen eigenen Dolmetscher hinzugezogen wegen dieses einen einzigen Wortes ›gesamtrussisch‹, und der habe Bismarcks Version bestätigt. Seine Majestät habe sich aber verhärtet und gesagt: Entweder werde er Kaiser von Deutschland oder gar kein Kaiser sein. Schliesslich habe seine Majestät mit der Faust auf den Tisch geschlagen und erklärt: Ich befehle es so. Nun waren alle gespannt, wie wird es denn bei der öffentlichen Proklamation werden. Der Mensch, der das verkündete, stand ja unter königlichem Befehl. Ich bin gleich am Ende, hören Sie noch einen Augenblick zu, Herr Schwarze. Der Fürst hatte darauf hingewiesen, das abschliessende Hoch auf den Kaiser könne im Hinblick auf die bereits festgelegte Reichsverfassung nicht so gebracht werden. Wir wissen es alle noch gut vom vorigen Jahr, wie sich der Herzog von Baden am 18. Januar im Spiegelsaal von Versailles aus der Affäre zog, er hatte einfach nur Kaiser Wilhelm hochleben lassen, weil er es weder mit Majestät noch mit dem Fürst verderben wollte. Danach aber, nun hören Sie zu, Herr Schwarze, jetzt kommts. Und das habe ich von einem ganz sicheren Gewährsmann. Danach aber sei der Kaiser vom Podium herabgestiegen und an dem etwas abseits und allein stehenden Fürsten, seinem Kanzler, vorübergegangen, ohne ihn auch nur eines Blickes zu würdigen. Und er habe dann den Generalen und allen anderen Herren aus seinem Gefolge die Hände geschüttelt und liebenswürdig mit ihnen geplaudert. Das konnte man später übrigens auch im ›Preussischen Staatsanzeiger‹ nachlesen. Sehen Sie, Herr Generalstaatsanwalt Schwarze, ich denke mir, was dem Fürst damals passierte, das hat er einfach weitergegeben an uns.«

Schwarze meinte kopfschüttelnd: »Gut gemeint, gut gemeint, Birnbaum, hinterher kann man sich manches zurechtlegen.«

Der Präsident des Schwurgerichts, Ritter von Mücke, wollte sich den Abend nicht verderben lassen: »Wir haben einen anstrengenden Prozesstag hinter uns. Lassen wir die alten Geschichten ruhen. Wir müssen nach vorne schauen. Wir hatten heute genug zu tun mit dem Heraufbeschwören des Christlichen durch den angeklagten Wilhelm Liebknecht.«

Nein, es war wirklich kein glücklicher Einfall des Staatsanwalts Carl Theodor Hoffmann gewesen, gleich zu Beginn des heutigen vierten Verhandlungstags zu konstatieren, das gestern verlesene »Kommunistische Manifest« sei unter den Papieren von Wilhelm Liebknecht gefunden worden.

Natürlich hatte er, von Mücke, unverzüglich den Schlussruf: *Proletarier aller Länder, vereinigt euch* als anstössig erklären müssen. Und folgerichtig kam auch Liebknechts Erwiderung, was dieser Satz bedeute: *Ihr Arbeiter in Süd und Ost, in Ost und West, auf dem ganzen Erdenrund, Ihr alle, die ihr mühselig und beladen seid, Ihr Elenden und Ausgestossenen, für die kein Platz ist am Tische der Gesellschaft, die Ihr im Schweisse Eures Angesichts die Reichtümer schafft, die andere geniessen, erkennt, dass trotz der Grenzpfähle, die Euch trennen, Eure Sache überall dieselbe ist, dass überall Eure Not denselben Ursachen entspringt…*

Nein, er hatte ihn nicht unterbrochen, doch selten hatte er sich so unbehaglich gefühlt wie bei diesen von Wilhelm Liebknecht vorgetragenen Passagen aus dem Bericht über den Kongress der Internationalen Arbeiter-Assoziation in Basel. Immer wieder musste er dagegen ankämpfen, dass seine Gedanken nicht abschweiften und zu den Orten in dieser Stadt wanderten, die er liebte. Dieses Hinauf und Hinab in den alten Gassen am Kohlenberg, am Heuberg, am Totengässlein. Ehrwürdige Torbögen beschützen geheimnisvolle, blumengeschmückte Höfe. Da und dort das Wasserspiel mancher Brunnen. Und samstags auf dem Marktplatz, nirgendwo auf der Welt, das hatte er, von Mücke, immer wieder behauptet, bringen Bauern ein so reiches Angebot der Früchte ihrer Arbeit aus Hof und Garten. Wo sonst gibt es den wunderbaren Sirup aus Lavendel und aus Melisse. Und in seinen Vorstellungen tauchten während des Verlesens des Berichtes über den Kongress in Basel mittelalterliche Gestalten auf, die dort in der Stadt gewirkt hatten. Johann Froben, der berühmteste aller Buchdrucker, der dem weisen Erasmus von Rotterdam in seinem Verlagshaus eine Heimstatt gegeben hatte. Der geheimnisvolle Arzt Paracelsus, von dem Leute bis zum heutigen Tag immer wieder behaupteten, sie seien seinem sagenhaften Rezept vom Wasser des Lebens auf der Spur. Auch Andreas Bodenstein, genannt Karlstadt, der aus Wittenberg vertriebene Doktorvater Martin Luthers, dem von seinem ehemaligen Schüler »ewigliches Schweigen« auferlegt war, hatte Zuflucht in Basel gefunden. Und David Joris, der gesuchte ketzerische Wiedertäufer, war in der Stadt als Kaufmann Johann van Brugge untergetaucht, hatte dort zwölf Jahre lang unerkannt gelebt und seine Schriften weiter verbreitet, war ehrenvoll begraben worden. Doch drei Jahre nach seinem Tod hatten die Ketzerjäger herausgefunden, wer er wirklich gewesen. An seinem Leichnam sollte die Strafe vollzogen werden. Der aus der Erde Ausgegrabene wurde verbrannt. Gewaltsam musste der Präsident Ritter von Mücke die Gestalten verscheuchen, um den Faden im Prozessverlauf nicht zu verlieren.

Es war für ihn gleichzeitig ärgerlich und leider auch in manchen Passagen verständlich, was da von Wilhelm Liebknecht vorgebracht wurde. Es hatte sich in seinem Gedächtnis eingenistet: *Wir sind in einem Land, wo das Christentum als Staatsreligion gilt; wir stehen vor Richtern und Geschworenen, die sich zum Christentum bekennen – hat Christus, wie die Überlieferung ihn darstellt, sich etwa nicht vorzugsweise an das arme Volk gewendet? Besteht das Hauptverdienst des Christentums, insoweit es nicht unheiligen Staats- und Klassenzwecken dienstbar gemacht worden ist, nicht darin, den engherzigen Nationalismus der Hebräer durchbrochen und die Idee des allgemeinen Menschentums, das heisst, modern ausgedrückt, das internationale Prinzip, an die Stelle gesetzt zu haben? Nicht als ob ich mich selbst für einen Christen ausgeben wollte, doch ein Staat, eine Gesellschaft, die sich*

›christlich‹ nennen, haben fürwahr nicht das Recht, über Bestrebungen den Stab zu brechen, die mit den Fundamentallehren des Christentums in Harmonie sind und deren Verwirklichung, deren Überführung von der Lippe in das reale Leben zum Ziele haben. Und – von dem Christentum zu schweigen – ist nicht der Zug der gesamten Menschheitsentwicklung ein internationaler? Handel, Industrie, Kunst, Wissenschaft sind international, kosmopolitisch. Und jeder Fortschritt in Handel, Industrie, Kunst und Wissenschaft ist eine Niederlage des nationalen, ein Triumph des internationalen Prinzips. Nur wer ein Interesse hat an der Erhaltung der bestehenden Missstände, nur wer ein Gegner des menschlichen Fortschritts ist, kann dem Prinzip der Internationalität feind sein, sich von ihm bedroht halten. Allein, es ist ein hoffnungsloses Unterfangen, sich ihm entgegenzustemmen. Das internationale Prinzip ist unsterblich wie die Menschheit, und, verleumdet, eingekerkert, gestandrechtelt, wird es aus jeder Feuerprobe geläutert und gestärkt hervorgehen und die Runde um die Welt machen. Diejenigen aber, welche dieses Prinzip bekämpfen, sprechen sich selbst das Urteil; und wer unsere Bestrebungen für Hochverrat an dem heutigen Staat erklärt, legt nur Zeugnis ab für die Richtigkeit unserer Anschauung, dass bloss in der Universal-Republik die Menschheit ihre Bestimmung erfüllen kann und dass Völkerglück und Völkerfriede unverträglich sind mit dem Bestande der Monarchien.

Ach ja, Jesus meine Zuversicht. *Das macht Gottes Vaterherz, dass die Sonn' uns aufgegangen; also weicht der Seelenschmerz...*

Energisch rief er sich selber zur Ordnung: Weg damit!

»Nun erzählen Sie mal, Herr Müller, wie ging es weiter mit Ihnen als Müller-Lausigk?«

Es war nicht so weitergegangen, wie er sich das vorgenommen hatte, nicht in Stuttgart und nicht in London, nicht beim Sohn des Dichters. Aber wie sollte er das jetzt erklären?

Er, Appellationsgerichtrat Müller, hatte auf die Frage nach der neuen oder besser der neuaufgelebten alten Schuld des Dichters noch keine befriedigende Antwort gefunden. Es müsste zumindest ein Dokument aus seiner Hand vorliegen, in dem er ausdrücklich bestätigte, dass er eine gewisse Auswahl seiner alten Gedichte für den neuen Abdruck im »Volksstaat« angeregt hat. Es fehlten hierfür die Beweise, Briefe, wenigstens Stellungnahmen vom Sohn Wolfgang, Bestätigungen seiner Frau Ida oder der Töchter Käthe und Luise.

Also was soll er von London berichten? Er hatte in der Auswahl des Gasthofes sehr vorsichtig sein müssen, wollte er sich weiter als angehender Schriftsteller ausgeben, mit dem Wunsch hergekommen, ein Buch über den berühmten Dichter zu schreiben und möglichst viele authentische Zeugnisse vom Sohn zu erfahren. Dann durfte er natürlich nicht in einem zu kostspieligen Haus absteigen, wie es ihm als Appellationsgerichtsrat zugekommen wäre. Alles hatte er leidlich gefunden, bis auf das Frühstück. Es war ihm unverständlich, wie man den Tag mit gebratenen Eiern und Champignons und Würsten aber ohne Käse beginnen konnte. Seine Sprachkenntnisse hatten dann ausgereicht, sich zur Wohnung des Sohnes durchzufragen.

Jetzt erzählte er der Tischrunde: Freiligraths Sohn Wolfgang sei über seinen Besuch und über das Interesse an seinem Vater erstaunt gewesen. Nach anfänglicher Unzugänglichkeit habe er das für ihn am 12. August 1870 verfasste Gedicht zitiert, dieses »Wolfgang im Felde«. Immerhin acht Strophen.

Ach ja, den hatte er ganz vergessen, den Buchhändler Haessel. Musste der ihn nun unterbrechen.

»Aber Herr Professor Müller, was wollen Sie denn, erstens können Sie die Neuauflage bei mir kaufen, da ist das Gedicht enthalten, und zweitens, Herr Professor, ist das ja wohl kein Schuldbekenntnis im heutigen Sinne, wenn in diesen Zeilen steht, der Sohn Wolfgang mit dem Roten Kreuz am Arm habe, statt das Schwert zu ziehen, sich für das Amt der Menschlichkeit entschieden. In seinem Dienst als Sanitäter gebe es bei den Verwundeten und Sterbenden keinen Unterschied zwischen Freund und Feind.«

»Herr Haessel«, entgegnete der Appellationsgerichtsrat alias Müller-Lausigk, »die zwei Zeilen sind Ihnen wohl entgangen? Um Ihrem Gedächtnis nachzuhelfen, darf ich sie Ihnen sagen: *Und fluche nur dem einen, der uns zum Schlachten zwang.* Das ist haargenau die Position des angeklagten Liebknecht. Mit diesem Einen, wir alle wissen es, war Napoleon III. gemeint. Das ist Freiligraths Kritik an den Verlautbarungen unserer Regierung, es stimme nicht, dass wir nur den Kaiser der Franzosen bestrafen wollen. Also: Der Krieg nur gegen diesen einen, nicht gegen das französische Volk, das werde von unserer Regierung behauptet, um die eigentlichen Kriegsziele zu verschleiern. Und darauf noch einmal hinzuweisen in einem Lobgesang an den Sohn, das ist zynisch. Das sage ich Ihnen«

Buchhändler Haessel stand nicht von seinem Nebentisch auf, er redete auch nicht sehr laut: »Aber wofür hunderte Tote? Franzosen und Deutsche? Uns wurde gesagt, es geht einzig und allein um den französischen Kaiser, um Napoleon III., und wo ist der jetzt? Ganz bequem, ehrenvoll festgesetzt, auf Schloss Wilhelmshöhe bei Kassel. Hatte man uns nicht oft genug gesagt, wir brauchen für das deutsche Reich Elsass und Lothringen? Und hat man nicht schon unsererseits Jahre vor der Kriegserklärung des Herrn Napoleon, für den ich übrigens keinerlei Sympathie hege, aufgerüstet? Den Weg unserer Armeen vorgezeichnet? Hiess es nicht immer: Rache für Jena? Wo wir unter dem Ersten Napoleon jämmerlich geschlagen wurden. Und heisst es nicht jetzt: Ohne Jena kein Sedan? Ich frage mich immer wieder, wurde dieser Regierende in Frankreich nicht vielleicht doch provoziert? Ich frage mich, von wem war dieser Krieg gewünscht? Und meine letzte Frage: Wem bringt er welchen Gewinn?«

Generalstaatsanwalt Schwarze griff ein: »Herr Haessel, wir schätzen Sie ja alle als einen guten Buchhändler, und mancher von uns kommt gern zu Ihnen zur Lindenstrasse 8, bei Ihnen ist immer Neues und Gediegenes zu finden. Aber Sie sollten sich in einem öffentlichen Lokal nicht zu solchen unsachlichen Äusserungen hinreissen lassen. Also wir wollen doch hier kein Wirtshausgeschwätz um militärische Fragen halten. Ich muss Sie zur Mässigung ermahnen.«

»Herr Generalstaatsanwalt, ich habe ja nur ein paar Fragen gestellt. Und ich habe mir nur erlaubt, den Dichter Freiligrath vor falschen Auslegungen in Schutz zu nehmen. Er beklagt die Opfer des Krieges: *Und wir dachten der Toten, der Toten.*«

Herr von Mücke griff ein: »Ich bitte Sie wirklich, Herr Haessel, mässigen Sie sich. Und glauben Sie doch ja nicht, dass ich meinen Freiligrath nicht kenne. Dieses hier, Ihr Zitat über die Toten, die letzte Zeile aus dem Gedicht ›Die Trompete von Gravelotte‹, ist für mich sehr klar, unter dem Mantel einer vaterländischen Gesinnung beweint er unterschiedslos alle Toten, Freund wie Feind. Ja, jetzt unterbrechen Sie mich mal nicht, Herr Haessel, ich habe Sie ja auch reden lassen.«

Während dieser Auseinandersetzung hatte der Appellationsgerichtsrat Müller sich ernsthaft überlegt, dass er doch mehr über seinen Besuch beim Sohn Wolfgang berichten müsste, obwohl es keine greifbaren Ergebnisse gab. Er hatte dort in London das Gefühl gehabt, dieser Wolfgang traue ihm nicht. Zu oft hatte der junge Mann mitten im Satz abgebrochen, um dann etwas ganz anderes zu sagen.

Carl Otto Müller wandte sich an die Tischrunde und an den Buchhändler: »Also zurück zu Freiligraths Sohn, zu dem Herrn Wolfgang. Natürlich war eine meiner ersten Fragen nach dem Verhältnis zwischen Marx und Freiligrath. Herr Wolfgang Freiligrath, sagte ich, es wird da so allerhand gemunkelt, erst Hohn und Spott, dann grosse Freundschaft, dann wieder Hohn und Spott und schliesslich Ende der Eintracht. Sagt da dieser Dichtersohn tatsächlich zu mir: ›So primitiv dürfen Sie mit mir nicht umgehen. Freundschaft ist etwas Heiliges. Etwas, das nicht vom Himmel fällt. Etwas von Gleich zu Gleich. Etwas, das Arbeit macht, weil es bewiesen werden muss. Etwas ganz anderes als die Pflicht gegen Vater und Mutter. Etwas ganz anderes als die Liebe zwischen Mann und Frau. Wer, ausser den zwei Menschen, die das Wagnis einer Freundschaft eingegangen sind, will sich zum Beurteiler aufschwingen, ob, wann und warum eine Freundschaft zerbrach. Ja doch, Herr Müller-Lausigk, Freundschaft ist auch etwas Zerbrechliches.‹ Da habe ich mir gesagt, meine Herren – ach, Meister Schatz, noch ein Bier bitte –, da habe ich mir also gesagt, hoppla, der Junge muss vorsichtiger behandelt werden, der leidet ja an seinem Vater. Aber ich wollte mehr über Marx und Freiligrath wissen. Ich habe ihn gefragt, ob er denn nicht vielleicht noch ein Exemplar der letzten Ausgabe der ›Neuen Rheinischen Zeitung‹, der sogenannten Roten Nummer, zur Hand habe, mit dem Abschiedswort seines Vaters auf der ersten Seite. Da sagte er nur: ›Nein.‹ Aber dann hatte er doch eine Abschrift, und die gab er mir. Ich habe sie mitgebracht.«

Das Blatt wurde herumgereicht. Einige der Herren am Tisch gaben es gleich weiter, ohne einen Blick darauf zu werfen. Und schliesslich blieb es auf dem Tisch liegen.

»Ich war also, meine Herren«, Müller-Lausigk berichtete weiter, »mit meinen Fragen nach Marx keinen Schritt vorangekommen. Auch nach Briefen hatte ich mich erkundigt, aber der Sohn war da zurückhaltend. ›Herr Wolfgang Freiligrath‹, fragte ich, ›was war denn Ihrer Einschätzung nach für Ihren Vater das Schwerste.‹ ›Aber er lebt ja noch‹, fiel der junge Mann mir ins Wort. Ich musste ihn beruhigen und erklären, eine solche Frage gehöre zu meinem Unternehmen, ein Buch zu schreiben. Er zögerte. Fing Sätze an. Ich hörte Worte wie Schillerfeier – Fenstersturz – Selbstmord. Und Namen wie Johanna Kinkel. Immer wieder brach er ab. Jemand kam herein, eine Art Hausmädchen und reichte Tee. Ein guter Tee übrigens und Kekse. Ich benutzte die Pause, um meine Frage zu wiederholen. ›Das Schwerste, das weiss ich nicht‹, sagte er. ›Kann man‹, so fragte ich sehr vorsichtig, ›das Dasein Ihres Vaters so fassen, dass er jetzt im dritten Leben steht? Sein erstes Leben vor den revolutionären Umtrieben, als er Zuwendungen aus der königlichen Schatulle bekam.‹ Da unterbrach der junge Mann mich, fast leidenschaftlich meinte er, der preussische König Friedrich Wilhelm IV. habe sich nur mit dem Namen seines Vaters schmücken wollen, um den Eindruck zu erwecken, er sei ein Freund der Dichter. Die Zuwendung sei auch mehr als bescheiden gewesen, gedacht als ein Jahresgehalt von 300 Talern. Ich sagte: ›Aber er hat sie doch sicher ganz gern angenommen.‹ Er hielt dagegen: ›Mein Vater hatte nicht darum gebeten. Und er hat nach kurzer Zeit das Jahrgeld in die Hände des Königs zurückgelegt. Er wollte nicht abhängig von irgendeiner Gnade sein.‹ ›Dann sind wir also‹, konnte ich erwidern, ›in dem zweiten Leben Ihres Vaters angelangt, mitten im revolutionären Getümmel, zu Gast bei Marx. Aber sein drittes Leben, wenn ich recht informiert bin, im Sommer 1868 wieder zurückgekehrt nach der Heimat? Wie ist sein drittes Leben? Jetzt? Damit würde ich gern mein Buch anfangen.‹ Als hätte der junge Mann gar nicht zugehört, wiederholte er: ›Was das Schwerste war, das weiss ich nicht. Aber vielleicht war es für meinen Vater das Schmerzlichste, als er sich von Heinrich Heine verspottet fühlte. Alles konnte man ihm antun, Beschimpfungen war er gewohnt, nur nicht das Lachen über seine Arbeiten. Und hatte nicht Heine im *Atta Troll* sein Gelächter über ihn ausgegossen?‹ Ich habe mir diese Zeilen gemerkt, meine Herren. Und, wollen wir mal ehrlich sein, wer hat es schon gern, wenn einer über die Arbeit, die man selber für gut hält, lacht.

Finster schaut er wie ein schwarzer
Freiligräthscher Mohrenfürst,
Und wie dieser schlecht getrommelt,
Also tanzt er schlecht vor Ingrimm.

Doch statt Mitgefühl erregt er
Nur Gelächter...

Und später, im Caput XXVI, noch ein kleiner Seitenhieb:

›*Kennen Sie mich gar nicht wieder?*

Ich bin ja der Mohrenfürst,
Der bei Freiligrath getrommelt.
Damals ging's mir schlecht, in Deutschland
Fand ich mich sehr isoliert...‹

Ich war«, gab Müller-Lausigk in seinem Bericht bei »Schatz« zu, »über die Beziehungen zwischen Heinrich Heine und Freiligrath nicht so recht im Bilde. Ich brachte dort in London bei dem jungen Mann viel Geduld auf, weil ich hoffte, endlich für uns Geeignetes zu erfahren. So musste ich mir notgedrungen die Geschichte weiter anhören. Der Dichtersohn meinte: Aber später, im Jahr 1846, habe Heine wohl doch Reue empfunden und mitgeteilt, seine Fragmente des ›Atta Troll‹ seien im Spätherbst 1841 in der ›Eleganten Welt‹ abgedruckt worden. Und zu dieser Zeit habe, wie mir der junge Mann erklärte, sein Vater eben noch nicht sein ›Glaubensbekenntnis‹ geschrieben, sei er noch nicht von der Höhe der Poesie auf die *Zinnen der Partei* gestiegen. Ich brauche Ihnen nicht zu erklären, meine Herren, dass ich das als einen bemerkenswerten Abstieg sehe. Also Heines Vorrede zur Ausgabe des ›Atta Troll – ein Sommernachtstraum‹, die er in Paris dann fünf Jahre später schrieb, die hatte der Sohn zur Hand. Und er las sie mir vor. Ich habe mir eine Abschrift geben lassen. Ich möchte Ihnen das nicht vorenthalten. Und sagen Sie jetzt bitte nicht, Herr Buchhändler Haessel, jeder von uns könnte in Ihrer Buchhandlung die Heine-Gesamtausgabe erstehen.«

Haessel deutete eine kleine Verbeugung an, sagte nur: »Danke.« Der Wirt brachte Bier und Müller las: *Es gibt Spiegel, welche so verschoben geschliffen sind, dass selbst ein Apollo sich darin als eine Karikatur abspiegeln muss und uns zum Lachen reitzt. Wir lachen aber alsdann nur über das Zerrbild, nicht über den Gott.*

Noch ein Wort. Bedarf es einer besondern Verwahrung, dass die Parodie eines Freiligrath'schen Gedichtes, welche aus dem Atta Troll manchmal muthwillig hervorkichert, und gleichsam seine komische Unterlage bildet, keinesfalls eine Misswürdigung des Dichters bezweckt? Ich schätze denselben hoch, zumal jetzt, und ich zähle ihn zu den bedeutendsten Dichtern, die seit der Juliusre-

voluzion in Deutschland aufgetreten sind. Seine erste Gedichtesammlung kam mir sehr spät zu Gesicht, nämlich eben zur Zeit als der Atta Troll entstand. Es mochte wohl an meiner damaligen Stimmung liegen, dass namentlich der Mohrenfürst so belustigend auf mich wirkte. Diese Produkzion wird übrigens als die gelungenste gerühmt. Für Leser, welche diese Produkzion gar nicht kennen – und es mag deren wohl in China und Japan geben, sogar am Niger und am Senegal –, für diese bemerke ich, dass der Mohrenkönig, der zu Anfang des Gedichtes aus seinem weissen Zelte, wie eine Mondfinsternis, hervortritt, auch eine schwarze Geliebte besitzt, über deren dunkles Antlitz die weissen Straussfedern nicken. Aber kriegsmuthig verlässt er sie, er zieht in die Negerschlacht, wo da rasselt die Trommel, mit Schädeln behangen – ach, er findet dort sein schwarzes Waterloo und wird von den Siegern an die Weissen verkauft. Diese schleppen den edlen Afrikaner nach Europa, und hier finden wir ihn wieder im Dienste einer herumziehenden Reutergesellschaft, die ihm, bei ihren Kunstvorstellungen, die türkische Trommel anvertraut hat. Da steht er nun, finster und ernsthaft, am Eingange der Reitbahn und trommelt, doch während des Trommelns denkt er an seine ehemalige Grösse, er denkt daran, dass er einst ein absoluter Monarch war, am fernen, fernen Niger, und dass er gejagt den Löwen, den Tiger. –

> *›Sein Auge ward nass; mit dumpfem Klang*
> *Schlug er das Fell, dass es rasselnd zersprang.‹*

Meine Herren, da sagte doch Herr Wolfgang Freiligrath: ›Eine Entschuldigung auf Heines Art, spielerisch, glanzvoll, so wie er unter Tränen lächelte.‹ Und er setzte sogar noch hinzu: ›Ich glaube, das hat er nicht, mein Vater, das schwirrende Leichte, gleichzeitig etwas Unergründliches. Aus dem zerbrochenen Herzen.‹ Als ich fragte: ›War Ihr Vater eifersüchtig auf den Ruhm von Heinrich Heine?‹, da antwortete der junge Mann sehr zögernd, als fürchte er, irgend etwas zu verraten: ›Das weiss ich nicht.‹«

»Darf ich«, so fragte Hermann Haessel ein wenig sarkastisch, »noch darauf aufmerksam machen, Heine hat als Motto für seinen ›Atta Troll‹ vom Dezember 1846 vier Zeilen aus dem ›Mohrenfürst‹ von Freiligrath gesetzt. Alles bei mir zu haben. Erlauben Sie mir aber, dass ich mich dann für heute Abend mit einem Gedicht von Heine zum Lob des Buches verabschiede?«

Da sie allesamt als gebildet gelten wollten, und da sie Herrn Haessel als Buchhändler schätzten, wer unter ihnen hatte sich von ihm in der Lindenstrasse nicht schon beraten lassen für ein passendes Buchgeschenk zur Hochzeit, zum Geburtstag, zur Kommunion, zur Konfirmation, je nach Glaubensrichtung, erlaubten sie es.

Es war seltsam, aber doch so feierlich, dass niemand aus der Runde zum Bierkrug griff, während er den Epilog aus dem Zyklus »Die Nordsee« von Heinrich Heine aus dem Jahr 1826 vortrug:

Wie auf dem Felde die Weizenhalmen,
So wachsen und wogen im Menschengeist
Die Gedanken.
Aber die zarten Gedanken der Liebe
Sind wie lustig dazwischenblühende
Rot' und blaue Blumen.

Rot' und blaue Blumen!
Der mürrische Schnitter verwirft euch als nutzlos,
Hölzerne Flegel zerdreschen Euch höhnend,
Sogar der hablose Wanderer,
Den Eu'r Anblick ergötzt und erquickt,
Schüttelt das Haupt,
Und nennt Euch schönes Unkraut.
Aber die ländliche Jungfrau,
Die Kränzewinderin,
Verehrt euch und pflückt euch,
Und schmückt mit euch die schönsten Locken,
Und also geziert, eilt sie zum Tanzplatz,
Wo Pfeifen und Geigen lieblich ertönen,
Oder zum stillen Buche,
Wo die Stimme des Liebsten noch lieblicher tönt
Als Pfeifen und Geigen.

»Die hohe, die himmlische Göttin«

Früher als gewöhnlich hatte Hermann Haessel die »Restauration Schatz« verlassen. Zurückgeblieben waren die Biertrinkenden. Er erwartete spät am Abend in seiner Wohnung im ersten Stock über der Buchhandlung die Rückkehr von Thomas, dem Sohn des

Geschworenen August Koch aus Lausigk. Er hatte dem Vater versprochen, der junge Mann könnte die Nacht über bei ihm bleiben und sich von seiner Reise nach London ausruhen. Am nächsten Tag würde er ihn dann nach Hause begleiten.

Thomas schien verändert. Hellwach, trotz der Müdigkeit von der Reise, ja aufgeregt, begann er vom Besuch bei Cotta in Stuttgart zu berichten. Er hatte dort angegeben, er suche im Auftrag seines Vaters an Ort und Stelle nach den neuesten Ausgaben von Ferdinand Freiligrath.

Er wird in ein grosses Empfangszimmer gebeten. Die Tür bleibt offen. Er wandert in dem Raum umher und findet sich Auge in Auge mit dem ehrwürdigen Freiherrn Georg von Cotta. Von einem sehr grossen Bild an der Wand schaut der auf ihn herab. Prüfend, nicht unfreundlich, das rechte Auge um ein Geringes grösser als das linke, das Haar über dem schmalen Gesicht mit der hohen Stirn ist ungeordnet, als habe der Mann sich gerade einem starken Wind ausgesetzt. Der Schnurrbart gibt ihm etwas Verwegenes. Der schlanke Herr steht aufrecht. Die Orden wirken auf dem dunklem Stoff seines Anzugs als selbstverständliches Zubehör, denn in seiner Haltung gleicht er dem Ersten Napoleon. Auch er, Freiherr Georg von Cotta, hat seine linke Hand unter dem Herz in die Jacke geschoben. Ein Kommandierender im Reich des Wortes behauptet seinen Platz.

Und an den anderen Wänden: Bücher des Verlagshauses Cotta auf geschnitzten Regalen bis hoch hinauf zur holzgetäfelten Decke. Thomas kann der Versuchung nicht widerstehen, er steigt auf eine Leiter, die dort einladend steht, um ganz oben mit der Besichtigung der Schätze zu beginnen. Goethe, Schiller, Uhland. Und Freiligrath. Auch Berthold Auerbach, ihm vertraut durch seinen Umgang mit Haessel. Und Namen, mit denen er sich nicht auskennt: Kinkel, Kerner, Schwab, Lenau. Er hört Schritte, kommt sich ertappt vor, steigt herab und entschuldigt sich. Fast hätte er vor Fassungslosigkeit die letzte Stufe verfehlt. Es ist, als stände der Herr aus dem Bild jetzt vor ihm, dieselben forschenden aber doch liebenswürdigen Augen.

»Sie brauchen sich nicht zu entschuldigen, ich liebe neugierige Menschen, das habe ich von meinem Vater geerbt. Und wer sind Sie?«

Nein, Thomas verstellt sich nicht, er ist nichts anderes als der Sohn eines Kaufmanns, der mit Plüsch- und Filzwaren und

Steinbaukästen handelt, unterwegs im Auftrag seines Vaters, um Ausschau zu halten nach den neuesten Ausgaben von Ferdinand Freiligrath.

»Eigentlich sollte mein Geschäftsführer Sie abfertigen, wie er es immer nennt, wenn unbekannte Besucher kommen, aber als ich im Vorbeigehen Sie da oben auf der Leiter sah, wollte ich Sie kennenlernen.« Carl von Cotta redet weiter, schnell, seiner Sache sicher: »Es gibt Menschen, denen man sofort vertraut. Allein die Art, wie Sie nur mit den Augen alles ergründen wollten, ohne gleich begierig ein Buch herauszugreifen, war für mich ein Kennzeichen, hier ist ein ernsthafter Mensch gekommen. Und Sie wollen wirklich nicht selber ein Buch schreiben? Wie heute fast jeder? Was sind Sie von Beruf?«

»Ich bin noch in der kaufmännischen Lehre. Aber ich interessiere mich sehr für juristische Probleme. Nur darf ich das meinem Vater nicht sagen. Ich bin darauf gekommen durch die Kriminalgeschichten von Hitzig.«

Die offene Art, in der Thomas ihm antwortet, gefällt Carl von Cotta. Er fühlt sich in seiner Einschätzung vom ersten Augenblick bestätigt und redet mit Thomas, fast als wolle er ihn für eine Lehrstelle in seinem Verlagshaus gewinnen: »Leider ist Julius Eduard Hitzig mit seinem neuen Pitaval an Brockhaus in Leipzig gebunden. Das hätte ich auch gern in meinem Haus gesehen. Manches hätte ich gern gehabt.«

»Auch Heinrich Heine?«

»Ich möchte eine Bibliothek der Weltliteratur zusammenstellen. Natürlich gehört Heine in eine solche Ausgabe. Er war ja an Hoffmann und Campe in Hamburg gebunden. Aber für das ›Morgenblatt‹ von meinem Grossvater hat er immer wieder Beiträge geliefert. Ich bewahre als grosse Kostbarkeit einen Brief an meinen Vater auf, in dem Heine Johann Friedrich Cotta beschrieben hat. *Da tritt oft vor meine Seele das Bild Ihres seligen Vaters, des wackeren, würdigen Mannes.* Und Heine betont, Grossvater war *höflich, ja hofmännisch höflich, so vorurtheilsfrei, so weitsichtig. Das war ein Mann, der hatte die Hand über die ganze Welt!* Aber Vater berief sich für meinen Geschmack zu oft auf Grossvater, der bestimmt hatte, das Haus Cotta habe sich nicht in Politik einzumischen. Und er zitierte dabei immer wieder Goethe: *Ein garstig Lied! Pfui! Ein politisch Lied.*«

Thomas unterbricht: »Das habe ich in der Schule jeden Tag

gehört. Aber hat nicht Goethe diese Worte dem Spiessbürger Brander in den Mund gelegt, als der betrunken unter anderen Betrunkenen in Auerbachs Keller sass?«

Cotta meint: »Das hätte ich meinem Vater nicht vorhalten dürfen. Sein Haus blieb im Jahr 1844 nicht nur Freiligrath verschlossen, auch der Dichter Georg Herwegh musste sich eine andere Heimat für sein Werk suchen. So hat er sein Buch ›Gedichte eines Lebendigen‹ nur mutigen Verlegern in der Schweiz anvertrauen können, dem Verlag des literarischen Comptoirs in Zürich und Winterthur. Das ist eine schöne, auch begehrte Ausgabe geworden. Mit vielen Auflagen. Schliesslich hat der Gefeierte und Angefeindete wie so mancher, der wegen seines Wirkens für Gerechtigkeit verfolgt wurde, eine Heimstatt in Basel gefunden.«

»Mein Buchhändler Hermann Haessel in Leipzig hat mir die *Xenien* von Herwegh gegeben. Von ihm erfahre ich vieles, was ich in der Schule nicht zu hören bekomme. Ich wusste nicht, dass Xenien eigentlich Gastgeschenke waren, durch Goethe sind sie zum literarischen Strafgericht geworden. Nur einen Spruch habe ich mir von Georg Herwegh gemerkt, sein Urteil über den österreichischen Staatskanzler Metternich:

Weinbau und Politik sind dir verwandte
Geschäfte:
Denn du ziehest am Stock Völker
und Reben herauf.«

»Es reicht, Herr Koch, wenn wir über die verhängnisvollen politischen Handlungen des Herrn Metternich, er ist ja schon vor einigen Jahren dahin gegangen, seinen selbstherrlichen Standpunkt kennen: ›Nur Fürsten steht es zu, die Geschicke der Völker zu leiten. Und die Fürsten sind niemand ausser Gott verantwortlich.‹ Aber ich muss weiter über meinen Vater nachdenken. Vielleicht hat er sich im Verlag Cotta noch zu eng an die Auffassung meines Grossvaters bei der Gründung des ›Morgenblattes für die gebildeten Stände‹ gehalten. Gedacht war an Gelehrte, an halb oder ganz gebildete Kaufleute, an den Mann von Welt und die Dame von Geist, auch an Künstler, es sollte alles gebracht werden, *das Politische ausgenommen*. Dabei war Grossvater Johann Friedrich von Cotta auf anderen Gebieten nicht ängstlich. Ohne sein finanzielles Risiko würden die Dampfschiffe weder auf dem Rhein noch auf dem Bodensee so wie heute verkehren. Und was wäre ohne seinen Einfluss auf die Streckenführung aus dem Eisenbahnverkehr in unserer Gegend geworden? Ich möchte unseren Verlag mit den modernsten Mitteln erweitern und frage mich, darf ich da das Politische weglassen? Unser Angebot muss möglichst weit gefächert sein. Jeder sollte bei uns finden, was er sucht. Naturwissenschaftliches, Technisches, Romane, Briefe. Auch Kalender. Und ich lasse mir von meinem Geschäftsführer nicht gern ungeprüft sagen: Die Buchhändler wollen das nicht. Ich glaube, so eine allgemeine Behauptung ist Unsinn. Zu oft hat mein Vater mir von Leipzig erzählt, von der Eröffnung des Hauses mit der Inschrift unter dem Dach ›Deutsche Buchhändlerbörse‹ in der Ritterstrasse, schräg gegenüber der Nicolaikirche. Er wusste, *Myriaden jämmerlicher Produkte* könnten ungedruckt bleiben, *wäre der Buchhandel nur in würdigen Händen*. Manchmal hat er aus Reden zitiert, die er damals hörte: *Möchten aber nur solche Männer den Buchhandel als Lebensberuf wählen, die hierzu wirkliche Berufung haben.* Ja, er hielt unseren Beruf für eine Wissenschaft, und er konnte sich dabei auf Worte von Schiller berufen: *Einem ist sie die hohe, die himmlische Göttin, dem anderen eine tüchtige Kuh, die ihn mit Butter versorgt.*«

Er lacht, überlegt, sagt: »Ihr Bad Lausigk muss da wohl irgendwo in der Nähe von Leipzig liegen. Wenn Sie nun schon einmal bis hierher gefunden haben, dann möchte ich Ihnen doch noch etwas Besonderes zeigen. Kommen Sie.«

Auf dem Weg über Gänge und Treppen zu seinem Arbeitszimmer redet er mit Thomas wie zu einem vertrauten Mitarbeiter: »Verlagsarbeit ist mein Leben, ich habe es von Kindheit an gelernt. Dennoch, vor fünf Jahren musste ich das ›Morgenblatt‹ aufgeben. Das genaue Rechnen hat mein Vater vom Grossvater übernommen. Auch den rücksichtsvollen Umgang mit Menschen. Er hat mir als Lebensregel aufgetragen: Du sollst nicht nur das Kontobuch führen, du sollst auch alle Briefe gewissenhaft und höflich beantworten.«

Jetzt sind sie angelangt. Carl von Cotta hat die Gewohnheit, die Tür zu seinem Arbeitszimmer stets offen zu lassen. Jeder kann ohne anzuklopfen eintreten. Und er will sehen und hören, was im Hause vor sich geht. »Zu dem Buch, das ich Ihnen zeigen will, gehört eine Vorgeschichte. Benjamin Vautier, der berühmte Maler, wer kennt nicht seine mit Leben erfüllten Bilder von

Bauern aus dem Schwarzwald, also Vautier hat mir eine bittere Beschwerde geschrieben: Ich hätte die Welt mit einer mittelmässigen Ausgabe von Berthold Auerbach's ›Barfüssele‹ überschwemmt, statt eine schöne Prachtausgabe zu gestalten. Vielleicht seien mir die Kosten von ein paar Talern mehr zu viel gewesen. Dadurch seien seine fünfundsiebzig Illustrationen verhunzt worden. Dann habe Ferdinand Freiligrath zu allem Überfluss noch das Gedicht ›Barfüssele‹ geschrieben, in dem sein Name dreimal genannt sei. Sicher habe er sich zunächst über die Anerkennung des grossen Dichters gefreut, dass er im Triumph mit fester Hand Auerbach übers Land fahre. Aber das sei wohl doch nur scherzhaft gemeint gewesen, denn er habe es wirklich nicht nötig, sich auf diese Weise dem Publikum zu präsentieren. Dieser Zornausbruch hat mir zu denken gegeben, weil es stimmt. Das Buch ist kein Schmuckstück. Und so habe ich, auch um mich vor Benjamin Vautier zu beweisen, gerade jetzt die Prachtausgabe herausgebracht. Sie sollte doppelt so gross sein wie gewöhnliche Bücher.«

Andächtig hält Thomas das Werk in der Hand. Das in rotes Leinen gebundene Buch mit Goldschnitt wirkt auf ihn fast wie eine Bibel. Auf der Vorderseite, mitten im golden geprägten Rahmenwerk, umgeben von der Inschrift »Auerbach's Barfüssele«, auf goldenem Grund ein Bild. Ein Schulmädchen, so rührend lebendig, als wollte es gerade auf den Betrachter zugehen. In der linken Hand hält sie Hefte und Bücher, mit der rechten Hand führt sie ein dünnes leicht gebogenes Stöckchen vor ihren Mund, wie eine Mahnung: Schweigen und lesen und nachdenken. Als Thomas klein war, hat die Mutter ihm das Anfangskapitel »Die Kinder klopfen an« so oft vorgelesen, dass er noch vieles im Gedächtnis hat. Er glaubt, den Bezug zum Bild zu erkennen. »Barfüsseles Rätsel: *Es sitzt auf einem Stöckchen, hat ein rotes Röckchen, und das Bäuchlein voll Stein, was mag das sein?*«

Weil dem Verleger dieser junge Mann mehr und mehr gefällt, spielt er das Spiel mit und löst schnell das Rätsel: »Wir wissen es, die Hagebutte. Schade, Herr Thomas Koch, dass Sie nur auf der Durchreise sind.«

In diesem Augenblick tritt der Geschäftsführer ein. Der Mann mit dem blonden Schnurrbart zeigt eine gewisse Unsicherheit. »Eigentlich sollte ich mich wohl um den Gast kümmern. Ich bin aufgehalten worden.«

Der Verleger lächelt und sagt: »Das war gut. Nun machen Sie nicht so ein Gesicht. Sie begleiten jetzt meinen Gast hinüber zu Göschen und lassen sich dort den Freiligrath geben, die Ausgabe von 1870.«

»Alle sechs Bände?«

»Alle sechs Bände.« Carl von Cotta bedankt sich bei Thomas für den Besuch und erklärt zum Abschied: »Mein Vater hatte die Verlagshandlung Göschen gekauft, so kam sie nach Stuttgart. Auch wenn die Besitzverhältnisse jetzt andere sind, weiss man dort zu respektieren, was Georg von Cotta sagte: Bücher sind wie Brot für Hungrige. Nehmen Sie, Herr Koch, die ›Gesammelten Dichtungen‹ von Ferdinand Freiligrath. Das ist meine Wegzehrung für Sie.«

So endete der Bericht von Thomas über seinen Besuch im Verlagshaus Cotta.

Und Hermann Haessel fragte: »Wo sind die Bücher?«

Und Thomas sagte: »In London bei Mary Eastman.«

Zweiter Teil

Die Liebe der Mary Eastmann

Aber seine Erlebnisse in London hatte Thomas niedergeschrieben. Und er war froh, dass er jetzt diese eine Nacht beim Buchhändler Haessel bleiben durfte, denn er war im Zweifel, ob er die Aufzeichnungen seinem Vater überhaupt zeigen sollte. Er konnte sicher sein, der väterliche Freund Hermann Haessel, der viele seiner Geheimnisse noch aus Kindertagen kannte, würde ihn auch diesmal nicht verraten.

Seit er seinen Fuss auf englische Erde gesetzt hatte, bestand die Stadt London, ja die ganze Insel für ihn, Thomas, nur aus einer einzigen wunderbaren Frau, eigentlich einem Mädchen von unerklärlicher Schönheit. Ein anmutiges Wesen, zart und schlank, geheimnisvoll durch den Blick ihrer grünlichen Augen, die alles zu durchschauen schienen. Wie aus einer unergründlichen Tiefe konnte – etwa bei einem unbedachten Wort eines anderen – ein Glitzern voller Ironie auftauchen. Nein, sie versteckte ihren Scharfsinn nicht, sie war es gewohnt, mit dem Wort umzugehen, sie konnte sich Männern gegenüber behaupten. Sie liess sich nicht einschüchtern. Und sie hatte, aber nur wenn sie es wollte, neben der Schärfe des Verstandes auch das leise, sachte Spielerische.

Mary Eastman.

Leider war sie die Verlobte eines anderen. Gebunden an Wolfgang Freiligrath, den Mann, den er aufsuchen sollte, um Belastendes über seinen Vater, den Dichter, zu erfahren.

Seit dem Augenblick, da er sie in ihrem Elternhaus zum ersten Mal gesehen hatte, war er wie verwandelt. Und konnte sich selber nicht erklären, wodurch diese Betroffenheit entstanden war. Ihre Stimme? Ihr Körper? Die Berührung ihrer Hand bei der Begrüssung? Der diskrete Hauch eines seltenen Parfüms?

Noch nie in seinem Leben hatte er eine solche Verwirrung erfahren, er, der es gewohnt war, wo immer er auftrat, Mittelpunkt zu sein, fühlte sich unterlegen. Und seltsamerweise empfand er diesen Zustand als angenehm. Und er wünschte, die Zeit müsste stehenbleiben, es brauchte nichts anderes mehr zu geschehen. Nur dastehen, die Wunderbare anschauen. Ohne Worte. Keine Erklärungen, warum er hier war.

Sie hatte alles bemerkt, seine Konfusion, seine Sprachlosigkeit. Und sie hatte Mitleid. Auch war sie bewundernde Blicke gewohnt. Und sie sagte: »Leider ist mein Verlobter vor einem Monat abgereist. Und Vater Freiligrath ist wieder nach Deutschland unterwegs. Er war vor kurzem zu Besuch hier und hatte seinen Sohn noch nach Liverpool zum Schiff gebracht. Wolf wird jetzt sicher schon in Amerika angekommen sein.«

Den jäh aufblitzenden Gedanken, welch ein Glück für mich, dass er so weit weg ist, musste sie aus seinem Gesicht gelesen haben. Ach, ihr stolzes Lächeln. Und der Satz, wie hingetupft: »Ich werde bald auch dorthin reisen.« Und der Zusatz: »Denn er ist mein Leben.«

Thomas Koch aus Lausigk, jetzt nimm dich zusammen. Du hast einen Auftrag und wirst ihn ausführen. Du sollst dich vor allen Dingen nach Briefen erkundigen. Es könnte ja sein, dass der Dichter vorsichtshalber doch so einige Aufzeichnungen zurückgelassen hat. Schriftliches, das ihn belasten würde, das er aber nicht wegwerfen wollte. Und dann wirst du zurückkehren zum Handelsgeschäft deines Vaters mit Steinbaukästen und Plüsch- und Filzwaren. Und es wird wie ein ferner Traum bleiben: Du bist auf dieser Insel gewesen, Zufluchtsort für viele in Deutschland Verfolgte. Und du bist hier in der Fremde einer Frau begegnet, für die du ganz geheim und nur für dich allein einen Namen gefunden hast: Tochter des Meeres.

Der junge Mann verbeugte sich, fragte bescheiden und höflich, ob er wirklich mit dem Ansinnen nicht störe, etwas über Vater Freiligrath zu erfahren. Vielleicht sei er doch zu ungelegener Zeit gekommen, da ja der Herr Wolfgang nun nicht mehr zur Beantwortung seiner Fragen zur Verfügung stehen könne.

Marys Mutter war zugegen, sie liess Tee reichen. Auch Kekse wurden angeboten. Und sie versicherte ihm, er sei als Gast willkommen. Wolfgangs Verlobte habe sicher genügend Kenntnisse, und sie würde sich gewiss auch die Zeit nehmen, ihm weiterzuhelfen. Beide Damen fanden es bemerkenswert, wie Thomas sich recht geschickt der Landessprache bediente, wenn auch mit einem etwas eigentümlichen Anklang, aber das wäre wohl durch seine sächsische Heimat erklärlich. In letzter Zeit, so meinte die Mutter, sei ja ein auffallendes Interesse am zukünftigen Schwiegervater von Mary zu bemerken. Erst vor kurzem habe sich ein Schriftsteller namens Müller-Lausigk eingefunden, der wollte sogar ein Buch über den Dichter schreiben mit einem besonderen Blick auf die Freunde aus den Londoner Jahren. Zum Glück sei zu dieser Zeit Wolfgang noch dagewesen. Ob dieser Fremde jemals etwas Vernünftiges zustande bringen werde, müsse sie bezweifeln, seine Fragen seien ihr manchmal doch recht impertinent vorgekommen, zweimal habe er nach der Freundschaft zu Karl Marx und Friedrich Engels gefragt. Und nun komme er, der höchst angenehme junge Besucher auch aus Lausigk. »Kennen Sie ihn? Den Schriftsteller Müller-Lausigk?«

Thomas schüttelte den Kopf. »Nein«, sagte er. »Nein, nein.« Und er hatte nicht gelogen. Den Schriftsteller kannte er wirklich nicht. Wohl aber den Herrn Appellationsgerichtsrat. Der war also auch auf der Suche nach Briefen gewesen.

»Ich glaube«, meinte Mary, »wer den schwierigen Ferdinand Freiligrath nur annähernd verstehen will, muss sich Rat suchen bei Joseph Mallord William Turner.« Sie sah aus dem etwas ratlosen Gesichtsausdruck des Gastes, mit dem Namen konnte er nichts anfangen. »Vielleicht gehört zum Geheimnis von Wolfgangs Vater, wie er zusammenbringt, was sich auszuschliessen scheint: Poesie und mathematische Kategorien. Er malt mit Worten, die er gleichzeitig genau berechnet. Jedesmal wenn ich ein grosses Gedicht von ihm höre oder lese, muss ich denken, da ist eine Verwandtschaft mit William Turner. Auch der konnte in der Fülle von Farben, Formen und Bewegungen schwelgen, und doch war da immer eine strenge Ordnung. So wie Turner hat noch niemand die Dunkelheit und die Angst und den Tod gemalt und gleichzeitig die Sehnsucht nach dem Licht, nach dem Leben. Aber er hat sich nie von der Fülle seiner Eingebungen überwältigen lassen. Er sah seine Zeit mit kritischen Augen.«

Die Mutter bestätigte Mary mit einem Kopfnicken. Sie redete im gleichen höflichen Umgangston wie ihre Tochter: »Wenn ich mich recht erinnere, war unser William Turner oft auf dem Kontinent. Auch dort, wo Wolfgangs Vater so gern weilte, an den Flüssen Rhein und Mosel. Und in der Schweiz. Mary, das kannst du nicht wissen, wie gern ich mit deinem Vater zu Turners Galerie gegangen bin. An ein Bild erinnere ich mich noch, als hätte ich es gestern gesehen. Sein Blick von der Mitte der Teufelsbrücke aus zum Pass über den St. Gotthard. Diese Farben! Die braun grauen Felswände! Der Abgrund! Ein Blau über den Stein abwärts wie ein Wasserfall! Rötlich-weisse Wolken, wie sie in der Schlucht hängen! Und darüber ein Himmel so unnahbar, so eisig! So schrecklich! So schön! Ach ja, seine Aquarelle! Und wer hat den Rhein so gesehen wie unser Turner? Erhaben und lieblich. Das Wasser vom Fluss so lebendig! So durchsichtig glitzernd im Licht! Manchmal habe ich gedacht, ich stehe neben ihm am Ufer. Ach Mary, es gibt so vieles in der Welt, das kann man nicht beschreiben, das muss man gesehen haben!«

Mary gelang es endlich, die temperamentvollen Ausrufe zu unterbrechen: »Du gibst mir das Stichwort. Was meinst du dazu, ich sollte Herrn Thomas Koch so viel wie möglich von William Turner zeigen. Auch die dunklen Seiten. Dann kann er sehen, wie es William Turner mit Abscheu und Trauer erfüllte, sogar in unserem Jahrhundert erleben zu müssen, dass der Sklavenhandel noch immer blüht. Er war der würdige Nachfolger von Leonardo da Vinci, der es schon damals vor Hunderten von Jahren unerträglich fand, dass dunkelhäutige Menschen dort in Afrika mit Hunden gejagt und eingefangen und auf Schiffen in sein Land zur Sklavenarbeit gebracht wurden.«

Längst hörte die Mutter nicht mehr zu. Sie fragte: »Ich bin neugierig, ich möchte wissen, wie alt sind Sie, Herr Koch?«

»Vierundzwanzig Jahre.«

»Siehst du, Mary, fast wie Wolf«, und sie redete weiter: »Sag doch, Mary, hat der Herr Koch nicht eine grosse Ähnlichkeit mit Wolf?« Und zu Thomas: »Wir nennen den Sohn von Herrn Freiligrath so.«

»Wolf ist ein Jahr älter«, entgegnete Mary.

»Ja doch, mein Kind, dann ist eben der Herr Koch so alt wie du.«

Mary sah, wie rot der Gast im Gesicht geworden war. Der Vergleich mit Wolfgang Freiligrath hatte ihn verlegen gemacht. Da stand sie auf, fasste seine Hand, sagte: »Kommen Sie, Thomas, so darf ich doch sagen, da nun festgestellt ist, dass wir gleichaltrig sind. Wir gehen ins Museum und suchen die Bilder von Turner.« Unterwegs erklärte sie: »Mutter nimmt es Wolf übel, dass er jetzt noch vor der Hochzeit nach Amerika abgereist ist. Sie sagt mindestens zehnmal am Tage: Der kommt nicht wieder. Manchmal denke ich, sie will, dass ich ihn vergesse.«

Wie benommen hörte er ihr zu.

»Sehen Sie, Thomas, es ist immer schwer, Sohn eines berühmten Vaters zu sein. Wolf trägt diese Last. Er verbirgt es vor den anderen. Aber nicht vor mir. Alles was er unternimmt, ist eine Flucht vor dem Vater, weil er weiss, er kann niemals so werden wie er. Schon als Kind hat er sich nicht gern in Bücher vertieft. Er liebt Tiere. Katzen. Hunde. Pferde. Das ist seine Welt. Draussen, im Wald, am Fluss, jagen und fischen. Nur nicht in der engen Bücherstube sitzen müssen. Ja, vielleicht flieht er auch vor seinem eigenen Unbehagen, als Sohn immer wieder nach dem Vater beurteilt zu werden. Weg von dem Berühmten, dem er nicht gleichen will, weg aus London, weit weg, bis nach Amerika. Er will kein Deutscher sein, er ist doch am 8. September 1847 hier bei uns in London geboren. Und er will kein Dichter sein, er kann es nicht ertragen. Er hat nicht wie sein Vater die Sehnsucht zum Rhein, zum Rhein, zum deutschen Rhein. Er wollte ein Handwerk erlernen. Etwas Nützliches tun. Er meinte, unter seinen Händen müsste etwas zum Anfassen entstehen. Er wollte wissen, wie man Leder herstellt. Leder für Schuhe, für Handschuhe, für Sattelzeug. Er fügte sich dem Vater, der bestimmte, dann sollte er das Gerberhandwerk in Köln erlernen. Bald danach kehrte auch sein Vater nach Deutschland zurück. Der heimkommende Dichter wurde wie ein Triumphator empfangen. Und Wolfgang stand neben ihm. Eigentlich hinter ihm. In seinem Schatten. Er erlebte, wie dem Vater ein Pokal mit der Figur Germania auf dem Deckel überreicht wurde. Ein Gedicht war eingraviert.

Dann kam Wolf wieder zu uns nach London. Und wir wollten uns nie mehr trennen. Manchmal deutete er an, wie sehr der Vater ihm fremd geworden war. Zweierlei bemängelte er. Die Trinkfreudigkeit und dieses Schwelgen über das Gefühl, in der Heimat zu sein. Und wenn Wolf sehr verzweifelt war, zitierte er als Beweis für seine Abneigung, die ihn ja auch quälte, die fünf ersten Zeilen, die auf dem Deckel des Pokals standen, wie er sie damals gehört hatte:

Germania, sie hat entrollt
Des alten Banners Falten!
Sie bietet dir des Weines Gold

Und sagt: ›Ich will den Sänger hold
Nun fest am Herzen halten.‹

Und doch ging Wolf mit dreiundzwanzig Jahren auf dem Kontinent in den Krieg. An der Seite der Deutschen. Wegen seines Vaters. Aber er wollte nicht töten. Sie wissen, er diente als Sanitäter. Und dann dieser Segen des Vaters, dieses Gedicht ›Für Wolfgang im Felde‹ mit der letzten Zeile: *Werde ein Mann.* Er fühlte sich durch die öffentliche Lobpreisung und Ermahnung gedemütigt. Nur ich kann das wissen. Eine kurze Zeit blieb er dann bei Vater Ferdinand und Mutter Ida in Stuttgart. Endlich kam er wieder zu uns. Und wir feierten es, dass wir Verlobte sind.

Ja, er war durch diesen Krieg verändert. Nein, eigentlich nicht verändert, er war nun ein Wissender, er hatte seine Grenzen erkannt. Er hatte den Tod gesehen. Und er hatte zu vielen Verwundeten nicht helfen können. Das lastete wie eine Schuld auf ihm. Kurz vor seiner Abreise nach Amerika sind wir noch einmal zum fahlen Pferd gegangen. Zu dem Bild von William Turner.«

Nein, Thomas beging keine Dummheit, er sagte nicht: Heute stehen wir hier. Er schwieg. Seine Gedanken gingen wie unter einem Zwang, hervorgerufen durch den Anblick des rasenden Pferdes mit dem Toten als Reiter, zur Apokalypse. Es geschieht jetzt: Das Lamm öffnet die versiegelte Buchrolle. Das erste Siegel. Das Wesen, einem Löwen gleich, ruft: Komm! Das weisse Pferd tritt hervor, der Reiter heisst der Sieger, er trägt seine Waffe, Pfeil und Bogen, und das Zeichen seines Triumphes: Den Kranz. Das zweite Wesen, einem Stier gleich, ruft: Komm! Das rote Pferd erscheint, sein Reiter heisst Krieg. Und er trägt ein Schwert. Das dritte Wesen mit dem menschlichen Gesicht ruft: Komm! Das schwarze Pferd läuft heran, sein Reiter hält eine Waage, das Zeichen der Hungersnot. Das vierte Siegel wird geöffnet. Das vierte Wesen, einem Adler gleich, ruft: Komm! Und es kommt das fahle Pferd. Sein Reiter heisst der Tod.

»Damals als wir zum Abschied hier standen«, sagte Mary, »sprach Wolf plötzlich von Ferdinand Freiligrath: ›An diesem Abend, als mein Vater den Pokal mit rotem Wein gefüllt erhalten hatte, fragte er mich: Erinnerst du dich an das Tier, gehetzt, das weisse Fell verändert im Feuerschein, ein Feuer, dem es entrinnen will. Und die eine knöcherne Hand des toten Reiters zeigt den Weg. Wohin? Wohin dieser rasende Galopp? Und er, er selbst, sah sich in beiden. Er war das rasende Pferd und der knöcherne Tote. Er wusste es, er hatte zu viel verloren. Er hatte seine Freunde in England preisgegeben, als er das Begräbnisgedicht für Johanna Kinkel veröffentlichte. Aber er wollte es nicht wahrhaben. Und so hatte er damals in London auch noch auf Bestellung für die umstrittene Schiller-Feier seine Worte eingebracht, wie er ja oft und oft Verse aus verschiedenstem Anlass aufs Papier geworfen hat. Natürlich nicht ohne Stolz. Es ist das, was er kann, es ist sein Handwerk. Seine Balladen und Romanzen, das konnte er, das wurde gesungen, da haben sie ihn geliebt, da haben sie ihn auf den Händen getragen. Wer? Die Philister? Die ungeheure Menge der Spiessbürger, der Kleinbürger? Und wurde er nun am Ende, und das musste er sich sagen lassen, selbst zum Philister? Zum Kleinmütigen? Zu dem, der vor Sehnsucht nach einem Zuhause die Freunde in der Fremde verlässt? Und was ist das, sein Zuhause? Wo? Wo?‹

Der Vater hat es Wolfgang gesagt, als er 1868 in Köln den Silberpokal mit der Germania auf dem Deckel überreicht bekam, stand plötzlich das längst vergessen geglaubte Bild vor ihm auf, Sekunden nur, und überdeckte alles: Der Tod auf dem fahlen Pferd. Ja, so war es, so war er. Das Pferd. Es wird galoppieren. Und wenn es noch so ermattet ist, es wird mit donnernden Hufen galoppieren. Und es wird ihn, den Toten, auf seinem Rücken weiter und weiter und weiter tragen. Der rote Wein im Pokal. Rot wie Blut. War das nun das Bitterste, was er je empfunden hatte? Und er trank diesen Becher in einem Zug leer. Unter dem Jubel der Vielen, die gekommen waren, ihn zu begrüssen. Wohin war er zurückgekehrt? Was war das für ein Land? Ein kriegerisches, kriegsbereites Land? Und wohin würde das Pferd ihn tragen?«

Vision

Das Bild vom »Fahlen Pferd« verwirrte Thomas. Er vergass Marys Gegenwart. Er fühlte sich zurückgestossen in die Tage seiner letzten Schulzeit, bis zu diesem Augenblick, als er, angegriffen von seinem Lehrer und verlacht von seinen Mitschülern, sich den Tod gewünscht hatte.

Er stand schweigend da. Und es schien Mary, als atme er nicht mehr. Sie nahm ihn mit einer sehr mütterlichen Geste bei der Hand und wollte ihn weiterführen. Als er sie nur ansah, liess sie ihn los. Sie wartete. Sie hörte zu. Er redete, als sei er von einem Fieber befallen, er offenbarte ihr seine Wut und seine Schmerzen aus der Schulzeit:

Dem Pumplün, so wusste mindestens jeder Studienrat, der seinen Schülern Aufsatzthemen nannte, war *die endgültige Entwicklungslehre für die deutschen Stilübungen* zu verdanken. Was wären wir ohne seine vortrefflichen Anweisungen, die von Generation zu Generation fortdauerten: Was ist der Gegenstand. Was ist der Zweck. *Was ist das Ziel. Was muss ich alles vorbringen. Was zunächst. Was dann. Was hierauf. Was weiterhin. Was endlich noch.*

Zum Leidwesen der Ungezählten, die in ihren Unterrichtsstunden auf seinen Pfaden ohne die geringste Abweichung wandelten, war es noch immer nicht gelungen, dem Professor Gustav Pumplün einen Platz in irgendeinem Universal-Lexikon zu sichern. Doch wessen studienrätliches Herz schlüge nicht höher bei seinen Aufgaben für die Schüler: *Bedenke, dass du ein Mensch bist.* Und: *Mit welchem Recht kann der Deutsche auf sein Vaterland stolz sein?* Und: *Auch der Krieg hat sein Gutes.* Und: *Welche Gefühle erregt der Blick in die Vergangenheit?* Und: *Vorteile des Aufenthalts in einer grossen Stadt.* Und: *Ist die Sitte, das Andenken ausgezeichneter Männer durch öffentliche Monumente zu ehren, löblich oder nicht?* Und: *Welches waren die Grundzüge des altdeutschen Charakters?* Fast unerschöpflich im Vorgeben der Themen: *Mein Geburtsort; Mein Lieblingsspaziergang; Mein Schulweg; Mein Wohnzimmer.* Und: *Warum ist der Tod fürs Vaterland wirklich schön?* Ach ja, das Muster für diese Schulaufgabe war in seiner beruhigenden Sachlichkeit Heinrich Haselmayer zu verdanken: *Der Tod auf dem Schlachtfelde ist in der Regel ein schneller Tod. – Es ist der Tod in der Blüte des Lebens, in der Fülle der Kraft, unter Gottes freiem Himmel.* Im Feuersturm der Ehre. Mit der Hoffnung auf Ruhm. Aug in Aug mit dem Feind. Und im Herzen das Vaterland. *Es ist ein Tod im Kampf für die heiligsten Güter der Menschheit.* Hier sollte sich jeder auf den Dichter Karl Theodor Körner berufen können, den Schöpfer von »Lützows wilder verwegener Jagd«, mit seiner Überlegung aus dem Jahre 1815 über den auf einem Schlachtfeld sterbenden Menschen: *Sein letzter schnellster Gedanke ist nur der frohe, gefallen zu sein fürs Vaterland.* Und schliesslich der Nachruhm mit der Tafel in der Kirche, auf der all die Namen eingetragen sind.

Ja, die vielen gemütvollen Pumplün-Themen: *Wie kommen die Tiere durch den Winter?* Und: *Wer den Kern will, muss die Schale brechen.* Und: *Weihnachten ist ein Freudenfest.* Hier wurde von den Studienräten nur die gefühlvolle Schilderung gewünscht, wie Kinder und Eltern, kurzum alle Christen, mit frohem Herzen auf die Bescherung warten. Aber der Kunst der Betrachtung, zu der *das Erfassen der Wahrheit, der Bedeutung und der Eigentümlichkeit einer Sache* gehörten, waren andere Inhalte vorbehalten. Vor allem jenes jährlich wiederkehrende Thema: *Der Rhein ist nicht Deutschlands Grenze, der Rhein ist Deutschlands Strom.*

Es sollte schon bei der Vorbereitung systematisch vorgegangen werden, also nach dem Muster *Was zunächst:* Dem Schüler musste vermittelt werden: Ein Fluss oder ein Strom bildet nie und nirgends eine natürliche Grenze. Also ist auch der Rhein kein Grenzfluss, denn wer wollte die Brücken vom linken zum rechten Rheinufer übersehen, bei Strassburg, Mannheim, Mainz, Koblenz, Köln und so weiter. Wäre der Rhein in erster Linie ein Grenzfluss, so müsste die deutsche Bevölkerung jenseits des Rheines ein Ende haben, aber sie erstreckt sich über die schönen Lande weit westwärts.

Was dann? Pumplün hatte es festgelegt: *Der Fluss an sich ist kerndeutsch von seiner Wiege bis zu seinem Grabe. Am St. Gotthard entsprungen, zieht er durch die deutsche Schweiz, läutert sich in dem ›Schwäbischen Meer‹, an dem verschiedene aber lauter deutsche Volksstämme Anteil haben, und beginnt bei Basel seinen Mittellauf.*

Was hierauf? Immer im Pumplünschen Sinne: *Auch sein Stromgebiet muss echt deutsch genannt werden. Wir erinnern hier nur an den Neckar, den Fluss der treuherzigen Schwaben, an den Main, der Frankenlande Stolz, an die rebenreiche Mosel.*

Was weiterhin? Ja, weiterhin: *Deutsche Städte, deutsche Dome, deutsche Burgen und Schlösser, deutsche Ruinen spiegeln sich in seinen klaren Fluten.* Und *deutsche Sagen und Märchen begleiten ihn in seinem Laufe auf beiden Seiten, und deutsche Weine gedeihen an seinen lieblichen Höhen.* Fortgeschrittene Schulklassen könnten hier aufgefordert werden, die deutschen Namen der Burgen und Ruinen, der germanischen Sagen und auch der deutschen Weine zu benennen.

Was endlich noch? Die Erinnerung an ein Kaiserwort. Karl V., der Herrscher aus dem Hause Habsburg, in dessen Reich, wie jeder Schüler inzwischen wissen sollte, die Sonne nie unterging, hatte es ausgesprochen: Wenn jemals Strassburg und Wien gleichzeitig von Feinden bedroht werden sollten, würde er sein Wien im Stiche lassen und nach Strassburg eilen. Um so mehr sei man doch heute verpflichtet, aus vollem Herzen zu singen: *Sie sollen ihn nicht haben, den freien deutschen Rhein.* Die Last der Erinnerungen aus der Schulzeit war noch immer für Thomas fast erdrückend.

Sie hatte Mitleid mit Thomas, sie wollte ihm helfen und fragte ihn: »Was haben Sie dann geschrieben?«

Er senkte den Kopf. Es dauerte lange, bis er antwortete: »Ich bekam gar keine Note. Und das war noch schlechter als die schlechteste Note, das bedeutete einen Eintrag ins Klassenbuch. Mit roter Tinte stand in meinem Heft: Das Thema völlig verfehlt. Sehr unreif. Und vielleicht hatte ich auch wirklich Pumplüns Thema verfehlt. Ich wollte nicht die Namen der Weine aufschreiben, obwohl ich die Etiketten mit den anspruchsvollen Bezeichnungen fast alle schon als Kind bei den Weinfesten meines Vaters gesehen hatte. Ich hätte allein damit die anderen bei diesem Aufsatz übertreffen können. Aber ich hatte gerade zu meinem Geburtstag vom Buchhändler Haessel eine Heine-Ausgabe geschenkt bekommen. Und so habe ich auch nichts über die Nibelungen geschrieben, nichts über Siegfried. Ach, Mary.« Thomas vergrub sein Gesicht in seinen Händen.

»Ich kann mir alles denken.«

»Nein, können Sie nicht. Ich hatte nur zwölf Zeilen geschrieben. Ich schloss mein Heft und wartete auf das Ende der Stunde und das Einsammeln der Hefte. Die zwölf Zeilen waren von Heine. Sein Gedicht ›Diesseits und jenseits des Rheines‹. Das fand ich gut, jedes weitere Wort von mir hielt ich für unpassend.

Sanftes Rasen, wildes Kosen,
Tändeln mit den glühnden Rosen,
Holde Lüge, süsser Dunst,
Die Veredlung roher Brunst,
Kurz, der Liebe heitre Kunst –
Da seid Meister ihr, Franzosen!

Aber wir verstehn uns bass,
Wir Germanen, auf den Hass.

Aus Gemütes Tiefen quillt er,
Deutscher Hass! Doch riesig schwillt er,
Und mit seinem Gifte füllt er
Schier das Heidelberger Fass.

Aber dann kam es: Der Studienrat hat vor der Klasse Zeile für Zeile vorgetragen und jedesmal mit einer ekelhaften Betonung und mit anzüglichen Bemerkungen über das Undeutsche der Wortfindung. Und sie lachten alle. Alle.«
»Was haben Sie da gemacht?«
»Ich blieb einfach stehen. Mir war zumute, als müsste ich weinen. Als müsste ich sterben. Gleichzeitig dachte ich, jetzt muss ich gegen den Studienrat kämpfen. Sonst gehe ich unter. Ich wusste nur nicht wie. Als er fertig war, blieb ich immer noch stehen. Mary, Sie kennen inzwischen Hermann Haessel. Ihm zuliebe habe ich viele Gedichte auswendig gelernt. In meinem Kopf drehte es sich wie ein Kreisel, ich fragte mich, wer hat noch etwas über den Rhein geschrieben, etwas, das ich jetzt brauchen könnte. Und ich fand es. Wirklich, ich fand es. Als er mich fragte, was ich noch wollte, ich sollte mich doch endlich setzen, er sei fertig mit mir, kam meine Kampfansage. Ich hielt ihm nur ein Wort entgegen: ›Vision‹. Er sah mich kopfschüttelnd an. Aber ich war imstande, die Worte ohne zu stocken vorzutragen:

Am Weg, der nussbeschattet
Zum Rheinfels führt empor,
Da trat ich jüngst ermattet
Hin an ein eisern Thor.
Die Pforte war's zum Acker,
Der abthut alle Not;
Drauf seine Garben wacker
Hinwirft der grimme Schnitter Tod.

An seinem Gesicht sah ich, er hatte verstanden, dass er zu weit gegangen war. Schliesslich hatte ich ihn ja mit meinem Tod bedroht. Doch er wusste nicht, von wem die Zeilen waren. Also fragte er den Primus. Und der Primus konnte es auch nicht sagen.«
»Ja, wir beide wissen es«, erklärte Mary – und das Wort »Wir« hörte sich für Thomas wie eine Auszeichnung an –, »Ferdinand Freiligrath nannte seinen Blick vom Rheinfels ›Vision‹.«

»Theologische Gärten«

Die Tür zum elegant eingerichteten coffee-room des Museums stand einladend offen. Sie gingen hinein und setzten sich auf die bequemen Sessel. Und schwiegen. Sie waren die einzigen Gäste. Mary und Thomas. Als der Kaffee serviert war, fragte sie: »Wollen wir spielen? Das Spiel von A bis Z? Vom Abend bis Zwölf?«

Und es begann das seltsamste Spiel seines Lebens. Mary erklärte die Regeln. »Jeder muss dem Alphabet nach einen Begriff nennen. Dann hat jeder die Aufgabe, ein entsprechendes Gedicht dafür zu suchen. Es geht nicht um die Geschwindigkeit. Entscheidend ist nur die Übereinstimmung. Wir haben das oft gespielt, als wir noch Kinder waren. Aber da durfte Ferdinand Freiligrath nicht dabei sein. Er konnte es nicht ertragen, wenn manchmal einer von uns, im Eifer nicht zu versagen, dann auch noch die Dichter verwechselte. Vielleicht sind Dichter doch Götter? Ich glaube, Freiligraths Frau Ida hat das Spiel für ihre Kinder erfunden. Manchmal haben sie mich dazu eingeladen. Dann lief ich über die Wiese zu dem Haus, vorbei an der Pappel und an der Ulme und an dem Weissdornzaun. An langen Winterabenden haben wir zusammengesessen. Käthe, die Älteste, glänzte im temperamentvollen Überschwang. Der Vater, enttäuscht, weil er einen Sohn erwartet hatte, aber dann doch zufrieden mit diesem klugen Kind, nannte sie mit stolzer Zärtlichkeit Kato. Mein Wolfgang, zwei Jahre jünger, das einzige männliche Wesen bei diesem Spiel, gab sich lässig, höflich. Wir mussten ja anerkennen, dass er sich uns widmete und nicht der Katze oder den Ponys oder den Ziegen. Nach einem Besuch bei den berühmten exotischen Tieren im zoologischen Garten von London hatte Käthe, oft vorschnell, auch nicht immer ganz treffend in ihren Worten, zumal sie zwischen englischen und deutschen Ausdrücken hin und her pendelte, den Wolfgang gefragt: ›Wo sind denn nun deine theologischen Gärten?‹ Ferdinand Freiligrath fand diese Leistung von Kato sehr bemerkenswert. Also blieb die Bezeichnung für etwas sehr Unbestimmtes im Familiengebrauch. Wolfgangs jüngere Schwester, Luise, schon immer das Hausmütterchen genannt, verlor nie den Überblick, sie sorgte dafür, dass im Spiel niemand übergangen wurde. Die beiden anderen, Otto und Percy, waren noch zu klein. So bin ich in den deutschen Dichtergarten geraten. Fast in theologische Gärten. Und Ihnen zuliebe, Thomas, bleiben wir heute bei denen, die ihre Verse in Ihrer Sprache niedergeschrieben haben. Ich will es Ihnen nicht zu schwer machen. Also passen Sie auf, ich sage A und sage dann ›Abendstille‹. Ein paar Zeilen als Beweis gehören dazu. Auch der Name des Verfassers.

Und du, mein Herz! In Abendstille
Dem Kahn bist du, dem Vogel gleich,
Es treibt auch dich ein starker Wille,
An Sehnsuchtschmerzen bist du reich.

Das ist von Gottfried Kinkel, es geht noch weiter, es fängt auch anders an. Aber wichtig ist das Stichwort. Ich habe die Bedingung erfüllt. Sind Sie stark genug für dieses Spiel? Es ist ein Wettkampf.«

»Wenn Sie stark genug sind, Mary, werde ich das auch sein.« Und er sagte sich: Nur nicht schon am Anfang erklären, das kann ich nicht. Aber wer zum Teufel ist dieser Gottfried Kinkel? Er fragte nicht. Er setzte ein Gesicht auf, als sei ihm der Name völlig vertraut.

Sein Zögern machte sie übermütig, sie rief: »Auswanderer«. Schnell begann sie zu zitieren:

»Ich kann den Blick nicht von euch wenden;
Ich muss euch anschaun immerdar...«

Er unterbrach sie. »Das hätte ich auch sagen können. Freiligrath. Aus seinen Tagen in Amsterdam, als er am Hafen stand und die vielen Auswanderer beobachtete, wie sie mit ihrem Gepäck zu den Schiffen kamen. In seiner Gewissenhaftigkeit wollte er die Gründe ihres Fortgehens erfahren: *O sprecht! warum zogt ihr von dannen?* Er ahnte, von nun an wird eine schwer zu ertragende Sehnsucht sie begleiten, eine Sehnsucht nach den Orten ihrer Herkunft in der alten Welt, die sie nun nur noch in ihren Träumen sehen werden. Darüber mussten wir einen Aufsatz schreiben. Aber ich ärgere mich, eben haben Sie erklärt, Mary, es kommt nicht auf die Schnelligkeit an. Und Sie geben mir nicht einmal die Zeit mein Wort mit A zu suchen.«

Sie lachte. »Weiter«, sagte sie: »»Bauernregel‹. Von Ludwig Uhland. Ich weiss, das war eines der Lieblingsgedichte von Freiligrath.

*Im Sommer such ein Liebchen dir
In Garten und Gefild!
Da sind die Tage lang genug,
Da sind die Nächte mild.
Im Winter muss der süsse Bund
Schon fest geschlossen sein,
So darfst nicht lange stehn im Schnee
Beim kalten Mondenschein.*

Und überhaupt, Uhland...«. Sie brach ab. »Das ist eine alte Geschichte.«

Er hatte sich beim Zuhören überlegt, wie es mit C weitergehen könnte. Und er bedankte sich im Stillen beim Buchhändler Hermann Haessel, der ihm die Tür zur geheimnisvollen Welt von Heinrich Heine geöffnet hatte. Er hatte zwar warnend dazu gesagt: Auch wenn du beginnst, ihn staunend zu verehren, wirst du die Fülle seiner Gedanken nicht erfassen können, wie es ihm gelingen konnte, aus der Tiefe seines Herzens Schweres zum Leichten zu gesellen. Thomas sagte: »»Citronia‹.« Er war sehr neugierig auf Marys Reaktion, und seine Stimme wurde ein wenig heiser:

»*Das war in jener Kinderzeit,
Als ich noch trug ein Flügelkleid
Und in die Kinderschule ging,
Wo ich das Abc anfing...*«

Sie unterbrach ihn: »Warten Sie. Ich denke nach über Uhland und Heine. Da war doch vor kurzem dieser seltsame Besucher hier, der Schriftsteller Müller-Lausigk. Mir fällt wieder auf, die Art seiner Aussprache klang wirklich so ähnlich wie Ihre Redeweise. Warum kommen plötzlich Leute aus Sachsen hierher? Und alle wollen sie etwas über Freiligrath wissen. Damals hat mein Verlobter Wolfgang dem Besucher die Erklärung von Heine zu ›Atta Troll‹ mitgegeben. In seiner Art entschuldigt sich Heine bei Freiligrath. Aber vielleicht hat Wolfgang diesem ominösen Mann aus Lausigk viel zuviel gesagt. Wer weiss, wozu der etwas über Freiligrath wissen wollte. Über seine Zeit hier bei uns in England. Merkwürdig, ich bringe ein Gedicht von Uhland, und Sie kommen gleich danach mit Heine. Ja natürlich, Heine und Uhland. Der Streit um Heines Konterfei in einem Almanach. Und Freiligrath war darin verwickelt. Das ist alles so lange her. Da waren wir doch noch gar nicht geboren. Thomas, sagen Sie, was wollen Sie wirklich von uns?«

Das wäre die Gelegenheit gewesen, dieser Mary mit ihren grünlichen Augen die Wahrheit zu sagen. Aber er antwortete nicht auf ihre Frage. Es klang sehr überzeugend, wie er erklärte, er wisse wirklich nichts von einem Almanach und einem Bilderstreit. Wichtiger seien ihm jetzt Heines Worte, da müsse sie schon zuhören, schliesslich habe sie erklärt, sie fühle sich für dieses Spiel stark genug. Und er ging noch einen kleinen Schritt weiter, fragte angreiferisch, sie sei wohl schon am Ende. Aber er schämte sich gleichzeitig und er kam sich sehr verlogen vor. »Wollen Sie ›Citronia‹ weiter hören?« fragte er. Als sie zustimmend nickte, war er glücklich:

>»Ich bin wie König Tantalus,
>Mich lockt und neckt zugleich Genuss...
>Manchmal mit toller Fieberglut
>Fasst mich ein Wahnsinnübermut,
>O die verwünschte Scheidewand!
>Es treibt mich dann, mit kecker Hand
>Die seidne Hülle abzustreifen,
>Nach meinem nackten Glück zu greifen.
>Jedoch aus allerlei Rücksichten
>Muss ich auf solche Tat verzichten.
>Auch ist dergleichen Dreistigkeit
>Nicht mehr im Geiste unsrer Zeit –
>Es heiligt jetzt der Sitte Kodex
>Die Unantastbarkeit des Podex.«

Mein Gott, sie lachte ja. Und es wurde ihm leicht ums Herz. Also kann er noch hierbleiben. Und darf weiter spielen. Mit ihr.

Aber es ist ein Wettkampf. Und manchmal lässt die schöne Mary auch ihr sehr kleines und elegantes Teufelchen einer Boshaftigkeit aus ihrem Ärmel schauen: »»Deutschheit««, sagte sie da und fügte an:

>»So schallet über die gefällten Eichen
>Und über des gestürzten Haines Trümmer
>Der Vögel lieblicher Gesang noch immer.

Sie singen ihre heiligen Grabeslieder
Auf die gefallnen Riesenstämme nieder.

Von Gustav Schwab.«

Er wehrte sich: »Den Schwab kenne ich nicht.« Vielleicht hatte er ein Buch von ihm gesehen, als er da oben auf der Leiter bei Cotta stand. Aber das war in einem anderen Leben. Weit entfernt. Auf dem Kontinent.

Kurz angebunden entgegnete sie: »Ein Freund von Freiligrath, aus dem schwäbischen Dichterkreis. Auch der hatte mit dem Bilderstreit zu tun. Sie sind dran.«

»Danke verbindlichst. Noch ein D oder weiter zum E?«
»Wie Sie wollen.«
»Keine eiserne Regel?«
»Keine eiserne Regel.«
»Darf es auch Goethe sein?« Eine einladende Handbewegung. Er begann: »›Egalité‹.«

»Kenne ich«, sagte sie und nahm ihm die Worte weg:

»Das Grösste will man nicht erreichen,
Man beneidet nur seinesgleichen;
Der schlimmste Neidhart ist in der Welt,
Der jeden für seinesgleichen hält.«

Und er konnte im Spiel mithalten. Er wagte eine kleine Attacke: »Noch einmal E. Noch einmal Goethe: ›Einschränkung‹.

Ich weiss nicht, was mir hier gefällt,
In dieser engen kleinen Welt
Mit holdem Zauberband mich hält.
Vergess ich doch, vergess ich gern,
Wie seltsam mich das Schicksal leitet.«

Da ergänzte sie auch schon:

»Und ach, ich fühle nah und fern
Ist mir noch manches zubereitet.«

Und sie reichte ihm die Hand, wieder lachend. »Sind wir nicht kluge Kinder? Haben wir nicht gut aufgepasst, was die vielen

Lehrer uns alles beigebracht haben? Wir können auch noch den ›Erlkönig‹ nehmen. *Wer reitet so spät...«*

Er, im Spiel befangen – und sie waren ja doch noch wie Kinder – schnitt ihr das Wort ab: »Jetzt kommt F.« Aber er wusste nichts Passendes. Sie hatte ihm die Hand gegeben, und eine Verwirrung war geblieben.

Sie sah seine Ratlosigkeit, sagte: »Natürlich Uhland: ›Frühlingsglaube‹.

Die linden Lüfte sind erwacht,
Sie säuseln und weben Tag und Nacht;
Sie schaffen an allen Enden.
O frischer Duft, o neuer Klang!
Nun armes Herze sei nicht bang!
Nun muss sich alles, alles wenden.«

Da war er aufgetaucht aus dem Nachdenken über die Berührung. Er fragte: »Was war das nun wirklich mit Uhland und Heine?«

»Wenn Sie es genau wissen wollen, müssten wir dann eben doch zurückgehen in die Zeit, als wir noch gar nicht geboren waren. Das alles habe ich nur aus Erzählungen von Wolfgang, den es damals auch noch nicht gab. Also, was wollen Sie? Spielen oder eine alte traurige Geschichte hören.«

»Beides.«

Sie sah ihn lange an. Er senkte schliesslich die Augen. Da hatte sie wieder dieses Mitleid mit ihm, dem Fremden, mit dem sie ein Stück durch einen Dichtergarten gegangen war. Sehr zögernd sagte sie: »Ich springe zum Z. Ich sage: ›Zopf.‹ Und damit sind wir bei dem sehr gelehrten Doktor Justinus Kerner aus Weinsberg, von dem sollten Sie aber doch wirklich etwas wissen, Thomas.

Nun lässt schlicht man wohl das Haar,
Doch dafür wird wunderbar
Das Gehirn frisieret,
Meisterlich dressieret.
Auf dem Kopfe die Frisur,
Ist sie gleich ganz Unnatur,
Schien mir noch passabel,
nicht so miserabel,
Als jetzt im Gehirn der Zopf.«

Auch Thomas brachte sein Z: »Zwölf Uhr«. Sehr leise, er bedauerte das Ende des Spiels. »Das ist die Geschichte vom Ritter Kurt von Bergen, der beim Zwölfuhrschlag verkündet, er fürchte sich vor keinem Teufel, auch nicht vor dem kleinen grauen Männlein. Kaum genannt, tritt es gerade zu dieser Stunde bei ihm ein:

Und neigt sich tief spricht geziert:
›Das Mittagessen ist serviert.‹ –
Verehrtester, drum merke dir:
Schlägt's dumpf vom Turm auch dreimal vier,
So brauchts ja nicht grad Nacht – o nein,
Es kann auch Mittags zwölf Uhr sein.«

Er beeilte sich hinzuzufügen: »Unbekannter Verfasser«.
»Ach, na ja, das haben Sie eben erfunden.«
»Nein, bestimmt nicht. Ich will nicht dichten, ich kann nicht dichten. Aber ich kann mir vieles merken. Wenn die Schuluhr Mittag schlug, waren das immer wieder Pumplüns letzte Worte beim Schluss der Unterrichtsstunde.«

Zum zweitenmal fragte Mary den Thomas: »Eigentlich verstehe ich nicht, warum Sie hierher nach England gekommen sind, um etwas über Ferdinand Freiligrath zu erfahren. Er lebt doch in Ihrem Land.«

Ach, Thomas, da bist du aus Bad Lausigk hierher nach London geraten. Da stehst du nun mit dem Auftrag deines Vaters August Koch, keine Anstrengung zu scheuen, Belastendes gegen den Dichter Freiligrath in die Hände zu bekommen. Gerade aus der Londoner Zeit müsste es doch Briefe geben, hat dein Vater, der erfolgreiche Kaufmann, gesagt, der Geschworene im Hochverratsprozess von Leipzig, Briefe mit Hinweisen für eine Anstiftung zum Umsturz des deutschen Herrschaftsgefüges. Der Dichter wird sie dort gelassen haben. Oder wenigstens Abschriften davon. Und dann kaufe sie. Diese Briefe, vielleicht auch mit Anspielungen auf den jetzt angeklagten Wilhelm Liebknecht, könnten für uns ungeheuer wichtig sein. Und er, Thomas, fühlte auf seiner Haut den Brustbeutel mit dem Geld aus väterlicher Hand »für den Fall der Fälle«. Der Vater hatte ihm in der Art, wie er manchmal gern redete, vier Worte fast als Segensspruch mit auf die Reise gegeben: »Der Beweis muss galle.«

Also, der Beweis sollte gelten. Was kann er jetzt der plötzlich sehr ernsten Mary, mit der er eben noch in einem seltsamen Spiel befangen war, antworten? Wie er mit grosser Freude auf die Reise gegangen ist, um etwas zu finden, das einen anderen Menschen ins Gefängnis bringen könnte? Wie stolz er war, als der Vater ihm die nicht kleine Summe anvertraute? Aber lagen nicht Jahre zwischen dem Abschied vom Vater und dem Eintreffen bei Mary Eastman? Er wollte vor sich selbst nicht mehr wahrhaben, dass er einen Auftrag angenommen, den er längst abgeschüttelt hatte. Hatte er ihn abgeschüttelt? Lauerte er nicht doch insgeheim auf etwas Verräterisches in der Sache Freiligrath, das er dann zu Hause vorweisen könnte?

Nur nicht auf die Knie fallen und weinen und alles gestehen. Das könnte er vor sich selbst nicht ertragen. Sehr langsam, sehr leise sagte er: »Ich war nicht darauf vorbereitet, Ihnen in diesem Land zu begegnen.«

Sein Tonfall machte Mary betroffen. Sie bestand nicht darauf, eine Antwort auf ihre Frage, warum er nach England gekommen sei, zu erhalten. »Also, Sie haben mich nach Uhland gefragt und nach dem Bild von Heinrich Heine. Und ich habe Ihnen eine alte, traurige Geschichte versprochen.«

Ein Diener näherte sich unaufdringlich und begann, die Kaffeetassen abzuräumen. Der Zauber war gebrochen. Thomas liess sich die Rechnung geben und zahlte.

Mary sagte: »Wir müssen jetzt gehen. Ich darf mich zum Abendessen nicht verspäten.«

Er wollte wissen: »Habe ich ein Recht auf die Fortsetzung Ihrer Geschichte mit dem Bild von Heine?«

»Warum fragen Sie?«

»Ja, warum«, wiederholte er. Da hatte er es auch nicht leicht mit sich selbst. Er sprach seine Bitte aus: »Sagen Sie eine Zeit, dann bin ich bei Ihnen.«

»Kommen Sie morgen. Am Nachmittag. Ich glaube, meine Mutter würde sich freuen.«

»Danke.« Von der Freude der Mutter war die Rede, überlegte er. Und was ist mit Mary? Mit der Tochter des Meeres?

»Eröffnungen über das innere Leben des Menschen und über das Hereinragen einer Geisterwelt in die unsere«

Auf Anraten seines Vaters hatte Thomas eine Bleibe in »Kleins Gasthof« gefunden. Sein Zimmer machte, wie er fand, dem Besitzer alle Ehre, es entsprach dem Namen. Da er aber nun mit seinen Gedanken nur die Tochter des Meeres suchte, war ihm alles andere in seiner Umgebung unwichtig. Er wartete auf die Stunde, in der er sich endlich wieder auf den Weg zum Hause Eastman machen konnte. Er lief mit einem Stadtplan in der Hand durch die Strassen, aber er suchte keine Sehenswürdigkeiten. Beim ziellosen Herumschlendern begann er sein von ihm erfundenes, zugegeben etwas überhebliches Spiel, entgegenkommende weibliche Wesen forschend zu betrachten, wie es wäre, mit dieser oder jener verheiratet zu sein. Doch seine Aufmerksamkeit liess mehr und mehr nach. Er hatte immer behauptet, er könne es am Mund erkennen, wie sie sich verhalten würde, jetzt sagte er sich, was gehen mich fremde Lippen an. Und er wusste, bei Mary Eastman war er an die Grenze dieses Spieles gestossen.

Sie begrüsste ihn, wie ihm schien, fast wie einen Vertrauten. Auch der Tee stand schon bereit. Ihre Mutter sei noch unterwegs, er möge sie entschuldigen. Jetzt erst fiel ihm ein, er hatte in seiner Sehnsucht, sie zu sehen und ihre Stimme zu hören, alles vergessen. Nicht einmal Blumen hatte er mitgebracht, er schämte sich und war doch glücklich, nun hier bei ihr sitzen und zuhören zu dürfen.

»Es war einmal«, wie ein Märchen begann Mary die Geschichte von Heines Bild, »es war einmal am Fusse eines Berges im Land der Schwaben ein Haus mit einem Turm. In Weinsberg. Dort lebten ein Mann und seine Frau, die er liebevoll das Rickele nannte, mit ihren Kindern. Er war Doktor der Medizin und hiess Justinus Kerner. Das Rickele verstand sich auf die Kunst, die besten Pfannkuchen der Welt zu bereiten. Ihr Geheimnis gab sie niemandem preis. Manchmal schrieb er ihr Briefe und wählte den ersten Buchstaben des Alphabets als Anrede für sie: Anna. Und er nannte sich im Sinne des nie endenden Anfangs ihrer Liebe mit seinem ersten Namen Andreas. Eine glückliche Familie. Doktor Kerner konnte auch ein wenig Spott mit sich selber treiben, über sein rundliches Gesicht sagte er, es gleiche einem Kürbis. Aber jeder bemerkte den besonderen geheimnisvollen Glanz in seinen forschenden Augen. Ja, er war durch ungewöhnliche Behandlungsmethoden bekannt geworden. Von nah und fern kamen Anfragen von Leidenden. Hatte er doch eine gemütskranke junge Frau, Friederike, für zwei Jahre in sein Hauswesen aufgenommen, um sie zu heilen. Sorgsam war alles, was er zur Linderung ihrer Not anordnete, von ihm notiert. Ihr Zustand schien sich zu bessern. Vielleicht war der Wunsch, tief in die Seele des Menschen schauen zu können, schon in seinen Kindertagen erwacht. Damals in Ludwigsburg. Das Nachbarhaus erregte seine Neugier. Auf seine Fragen an die Eltern erhielt er die Antwort, die Leute dort seien krank und gefährlich, sie müssten in diese Anstalt eingeschlossen werden, denn sie hätten Schaden genommen an ihrer Seele. Und er hatte keine rechte Antwort bekommen auf seine Fragen, was ist die Seele? Wo befindet sich die Seele? Von einem anderen, etwas entfernten Haus mit einem Turm hiess es, hier habe der Doktor Johannes Faust, ein Schwabe, wie uns Melanchthon zu Luthers Zeiten übermittelte, wohl den Pakt mit dem Teufel geschlossen, und die Mächte der Hölle mussten ihm zu Diensten sein.«

Als habe Thomas nur auf das Stichwort gewartet: »Auch das war ein Aufsatzthema von Pumplün. Zu welchem Zwecke lässt Johann Wolfgang Goethe den Faust sagen: *...drum hab' ich mich der Magie ergeben*. Aber jetzt muss ich Sie warnen, verehrte, liebe Mary, hüten Sie sich davor, Auerbachs Keller dem Dichter Berthold Auerbach aus Nordstetten im Schwarzwald anzuhängen. Er ist der Erfinder der Schwarzwälder Dorfgeschichten. Der andere, Professor Heinrich Auerbach, Doktor der Medizin, hat sich zu Luthers Zeiten in der Grimmaischen Strasse in Leipzig das grosse Haus mit Hof und Keller bauen lassen. Von dort ritt Faust auf dem gefüllten Fass hinaus.«

»Danke für die Belehrung«, meinte Mary und stellte fest: »Jeder Deutsche will, wenn er schon nicht wie Goethe dichten kann, sein eigener Faust sein. Thomas, was wollen Sie sein, Faust oder Goethe?«

Er erwiderte: »Vielleicht wollte der Schwabe Justinus Kerner beides sein? Faust, der Herrscher im Reich der Magie und Goethe, der Beherrscher der Poesie?«

»Also gut, Thomas, ich muss anerkennen, Sie lassen sich durch meine Bemerkung über jeden Deutschen als sein eigener Faust nicht provozieren. Dann bleiben wir bei Doktor Kerner und seiner Patientin. Für die kranke Friederike, die Tochter eines Wildhüters im Württembergischen, hatten nur zwei Bücher Sinn: Ihr Gesangbuch und die Bibel. Und nur einen einzigen Menschen verehrte sie aus ganzem Herzen: Den Prediger von Prevorst. Doch ausgerechnet am Tag ihrer von den Eltern erzwungenen Verlobung mit einem ungeliebten Mann rief Gott diesen Prediger zu sich. Nach der Hochzeit erkrankte Friederike ernsthaft. Fieber. Unruhe. Blutungen. Sie magerte ab. Sie wurde zu Doktor Kerner gebracht. Er war in der Welt der Wissenschaft bekannt durch seine Beobachtungen über *die in Württemberg so häufig auftretenden tödlichen Vergiftungen durch den Genuss geräucherter Würste*. Nun ging er andere Wege als die Kollegen, die den Zustand dieser Kranken bisher nicht bessern konnten. Er untersuchte die Wirkungen von tierischen und pflanzlichen und mineralischen Stoffen, auch von Sonne und Mond, von lauten und leisen Tönen auf ihren Zustand. Schliesslich entschloss er sich zu einer gewagten Therapie, um in das Geheimnis ihrer Seele vorzudringen. Im Vertrauen auf die einwirkende Kraft seiner Hände, seiner Augen und seines Atems wagte er den ersten Schritt: Das sachte Streichen mit den Fingern, wie er es aus dem Lehrbuch von Carl Alexander Ferdinand Kluge, dem Geheimen Medizinalrat und Direktor der Berliner Charité, über den *animalischen Magnetismus* als Heilmittel gelernt hatte. Die Patientin Friederike sollte aus dem krankhaft aufgewühlten Wachsein über den Halbschlaf zur *inneren Dunkelheit* gebracht werden, um weiter wie auf Stufen zur *inneren Klarheit* zu gelangen. Doktor Kerner brachte Friederike zu der Aussage, dass der Prediger von Prevorst noch immer seinen Schatten auf ihr Dasein warf. Sie offenbarte dem Arzt ihr *inneres Leben*. Als der Prediger beerdigt wurde, *starb sie für die sichtbare Welt*. Sie glaubte, sie liege mit dem erkalteten, erstarrten, verstorbenen Gottesdiener in einem Bett. Es gehörte zu seiner bei vielen Kollegen umstrittenen Methode, Friederike in einen *magnetischen Schlaf* zu versetzen. Manchmal lud er zu diesen Sitzungen Zeugen ein, sie sollten es hören, wie die Patientin Botschaften längst Verstorbener feierlich vortrug. Andreas Justinus Christian Kerner war der Versuchung erlegen, mit seiner Patientin die sechste und letzte Stufe zu gehen. Dorthin, wo die in Schlaf versetzte Person sehen und berichten soll, was in Vorzeiten gewesen und was in Zukunft sein wird. Er wies alle Unterstellungen zurück, er sei das Opfer einer hysterischen Frau geworden, die, im

Wissen beobachtet zu werden, ihrer Phantasie freien Lauf lasse. Gewissenhaft hatte er seine Beobachtungen notiert. Vielleicht war es ihm gelungen, ihr Leiden ein wenig zu lindern. Sie ist nicht alt geworden. Er nannte seinen Bericht: ›Die Seherin von Prevorst. Eröffnungen über das innere Leben des Menschen und über das Hereinragen einer Geisterwelt in die unsere‹.«

»Wohin führen Sie mich, Mary Eastman? Wo bleibt Freiligrath? Was ist mit dem Bild von Heine?«

»Geduld, Thomas. Als Doktor Kerner 1829 seine Arbeit über die Geisterkunde veröffentlichte, war Ferdinand Freiligrath erst neunzehn Jahre alt. Und vergessen Sie nicht, Thomas, meine Antwort auf Ihre Frage nach Heines Bild habe ich nur von Wolfgang Freiligrath, wie er es von seinem Vater erfahren hat. Ich muss Sie immer wieder daran erinnern.

Wann der Doktor Kerner seine ersten Schritte in den Garten der schwäbischen Poesie setzte, ist ungewiss. Sicher schon bevor er sein Haus gebaut hatte, dort am Fusse des Berges mit der Burg ›Weibertreu‹. Jedenfalls stand sein gastfreundliches Anwesen, Sie wissen, Rickele und die Pfannkuchen, nicht nur für Kranke und Leidende offen. Es wurde ein Wallfahrtsort für Gelehrte und Dichter. Sie hatten ihre Erkennungszeichen, mit denen sie sich untereinander verständigten. Die Waldvögel. Das Trinkglas. Der Ring. Wer den Ring verliert, der muss sterben.

Zu den Wallfahrern nach Kerners Haus gehörte Alexander Graf von Württemberg. Und er hatte tatsächlich seinen Ring verloren, aber der Doktor verstand es, ihn zu beruhigen. Graf Alexander, der Dichter mit seinen ›Liedern des Sturms‹ war am liebsten immer unterwegs, im Eilwagen zwischen Stuttgart und Wien. Eng klammerte er sich an den Doktor und nannte ihn seinen *Herzens-Justel*, er sehnte sich nach der väterlichen Obhut im Kernerhaus. Vielleicht hat es Gespräche gegeben, bei denen der Arzt den Grafen an die Geschichte vom Menschen erinnerte, der nicht sterben kann, wie sie im 16. Kapitel bei Matthäus überliefert ist: *Wahrlich, ich sage euch: Unter denen, die hier stehen, sind einige, die den Tod nicht kosten werden, bis sie den Menschensohn mit seinem Reiche kommen sehen.* Also berichtete Sandor, der Graf, dem Doktor, was er unter der Feder hatte: *Ich sende Dir hier versprochenermassen den ›Ahasver und Bonaparte‹ zur Prüfung. Ich machte mir zur Aufgabe, den Bekenner des Talmud in seiner ewigen Starrheit darzustellen. Bei anderen Gedichten über Ahasver wird die Wut,*

sterben zu wollen, als Hauptzug des alten Juden dargestellt, ich habe bei ihm den unvertilgbaren Judenglauben gestellt – den Bonaparte hielt ich absichtlich passiv, der Sturm spricht bloss als rohe Naturkraft.
Natürlich war sich der erfolgreiche Arzt Kerner seiner Macht über die vielen, die ihm vertrauten, bewusst. Wie er sie leitet, wozu er sie veranlasst. Und immer wieder verfingen die Poeten sich im Gestrüpp ihrer Sehnsucht nach einem anderen Land, nach einem besseren Leben. War es nicht doch wahrhaftig gefunden? Amerika. Erreichbar in dieser Welt. Ganz anders als die Insel Utopia, diese Schöpfung nur aus Gedanken, erträumt vom längst vergangenen englischen Kanzler Thomas Morus. Sein U, das Nichts, sein Topos, der Platz. Auch Doktor Kerner wollte nach Amerika.«
»Und es ist Ihr Traum, verehrte Mary Eastman?«
»Wolfgangs Traum.«
Da Thomas schwieg, redete Mary weiter: »Ja, auch Lenau, der unglückliche Dichter aus Ungarn, Nikolaus Franz Niembsch, Edler von Strehlenau, träumte von seinem Amerika. Er war dort. Verzweifelt kam er zurück zu den schwäbischen Freunden in ihre *theologischen Gärten.* Wer will jetzt noch danach fragen, war es der Doktor Kerner, der Nikolaus Lenau veranlasst hat, die Reise über das Meer zu unternehmen, um dort in der Fremde an der bedrückten Seele zu gesunden? Sollte der andere stellvertretend für ihn auf diese Fahrt ins Ungewisse gehen? War Lenau für den Doktor ein neuer Fall Friederike? Für mich jedenfalls kommt aus Kerners Reich der geheimnisvollen Geister eine Erklärung, warum ich mich auf das Leben in der Fremde mit Wolfgang freue. Der Doktor hat gewusst, wie es ist, wenn man das väterliche Haus verlässt, sein Lied wird mich begleiten:

Und Liebe, die folgt ihm,
Sie geht ihm zur Hand:
So wird ihm zur Heimat
Das ferneste Land.«

Sehr leise sagte sie: »Also Heine. Und dieses lässig Elegante, das geheimnisvolle Lächeln unter Tränen. Ich kenne zu viele Leute, Thomas, die versteinerte graue Gesichter bekommen, wenn einer nur Heines Namen nennt. Die mit den grauen Gesichtern können es nicht ertragen, wie er mit tiefem Ernst untersucht, was andere geschrieben haben. Sie wissen nicht, dass seine Kunst aus dem Atem des Flusses kommt, der an der Stadt seiner Geburt vorüberzieht. Sanft und lieblich erscheint er, aber manchmal ist er gefährlich, auch eisig. Er kann Schiffe tragen. Und er kann Schiffe untergehen lassen. Vielleicht hat nur ein Mensch Heine wirklich verstanden und geliebt. Adelbert Chamisso.«

Ein wenig versonnen, zögernd, aber er konnte seine Bemerkung nicht zurückhalten, sagte Thomas: »Ich erinnere mich an den ersten Tag mit einem neuen Deutschlehrer. Professor Dr. Christian Muff. Der stellte sich mit einer Ansprache vor: *Was als Klang aus Urväterzeit in Herz und Mund des deutschen Volkes Jahrhunderte lang gelebt hat und auch noch jetzt in Mythen, Sagen und Märchen fortklingt, liebe Schüler, das wird auf eure für das Wunderbare empfänglichen Herzen die alte Zaubermacht ausüben; herrliche Bilder deutschen Edelmuts, deutscher Männerwürde, Kraft, Herzhaftigkeit und Treue aus allen Jahrhunderten unserer ruhmreichen Geschichte von den ältesten Zeiten bis auf unsere Tage werden an eurem Augen vorüberziehen.* Professor Muff hatte auch seinen *Kanon auswendig zu lernender Gedichte* aufgestellt. Da suchen wir vergebens nach Heine oder Chamisso. Professor Muff fragte eines Tages: Warum ist der Faust von Chamisso Fragment geblieben? Und er gab gleich selbst die Antwort: Weil nur der Körper von Chamisso in Deutschland lebte. Seine Seele war französisch und konnte nicht das tiefe deutsche Wesen erfassen. Es fehle dem in Frankreich Geborenen das Solide, dieser Mangel zeige sich besonders in ›Peter Schlemihl's wundersamer Geschichte‹, vom Mann, der seinen Schatten verkauft. Ein Deutscher käme nicht auf eine so widernatürliche Idee. Das taucht jetzt alles plötzlich in meiner Erinnerung auf. Und ich weiss auch warum, Mary, weil ich mir vor Ihnen wie ein Schüler vorkomme, Sie wissen so viel mehr als ich.«

Lachte sie ihn aus? »Aber Thomas, ich bin nicht Ihr Professor Muff oder Ihr Pumplün.«

Und Thomas? Ach, er wusste nicht, war es spöttisch, war es liebenswürdig gemeint. Er fragte sich, was er wirklich noch hier wollte, gehen oder bleiben. Alles hielt ihn fest. Vor allem ihre sanfte Stimme, wenn sie ihn beim Namen nannte. Fast schüchtern sagte er: »Das habe ich bisher noch keinem Menschen erzählt. Der neue Lehrer Christian Muff gab uns als Aufsatzthema die Frage: Welchen Eindruck hat die Lektüre von Chamissos ›Peter

Schlemihl‹ auf mich gemacht? Es war eine Hausarbeit, eine Aufgabe für die Ferien. Mir blieb nur eine Rettung, wie immer, wenn ich nicht weiter wusste: Hermann Haessel in Leipzig. Er freute sich über meinen Besuch. Dachte nach. Ging zu den Regalen. Gab mir einen Band von Heinrich Heine, zeigte mir die Seite und liess mich allein. Allein mit ›Romanzero – Drittes Buch – Hebräische Melodien‹. Da lief ich an Heines Hand wie mit Chamissos Siebenmeilenstiefeln zurück bis zu Jehuda ben Halevy, dem Dichter und Arzt aus längst vergangenen Zeiten in Toledo. Und wurde dann wieder vorangestossen nach Berlin, bis zu den Tagen von Chamisso. Und ich las in Heines Versen: Die Bedeutung des Wortes *Schlemihl* für einen unbeholfenen, ungeschickten, vom Unglück verfolgten Menschen ist bekannt, Chamisso hat dem Wort in Deutschland Bürgerrecht verschafft. Aber Heine will den Ursprung wissen und geht in Berlin zu Chamisso, dem *Dekan der Schlemihle*. Der verweist ihn an den preussischen Kriminalrat Julius Eduard Hitzig, von ihm könne sicherlich mehr zu erfahren sein. Jetzt ist die Rede von Hitzigs Traum. Vor Jahren müsse er im Traum am Himmel ein H gesehen haben. Und nun beginnt Heine sein liebenswürdig scherzhaftes Jonglieren mit diesem Buchstaben.

> *›Was bedeutet dieses H?‹*
> *Frug er sich – ›etwa Herr Itzig*
> *Oder Heil'ger Itzig? Heil'ger*
> *Ist ein schöner Titel – aber*

> *In Berlin nicht passend‹ – Endlich*
> *Grübelnsmüd', nannt er sich Hitzig,*
> *Und nur die Getreuen wussten:*
> *In dem Hitzig steckt ein Heil'ger.*

Heine verlässt Berlin und führt die Suche zum Ursprung des Wortes Schlemihl zurück bis zu Pinhas aus dem 106. Psalm. ›Fragment‹ steht schliesslich unter den letzten Zeilen. Mary, ist es nicht Unsinn, wenn immer gesagt wird, dass Heine zu boshaft, ja, bösartig war? Er wusste so viel, und manches, was er wusste, fand er kurios. Und mitteilenswert. Aber stellen Sie sich vor, Mary, Haessel brachte mir jetzt von zwölf Bänden drei Bücher: ›Der neue Pitaval – Eine Sammlung der interessantesten Kriminalgeschichten aller Länder aus älterer und neuer Zeit‹. Herausgegeben vom Kriminaldirektor Dr. J. E. Hitzig. Also gab es ihn wirklich. Haessel liess mich jetzt wieder allein mit diesen merkwürdigen Kriminalgeschichten, damit ich auch einen Einblick in die Welt des Kriminaldirektors Hitzig bekäme. Schliesslich bedankte ich mich für alles und versicherte dem Buchhändler, das würde nun der beste Aufsatz meines Lebens.

Da setzte er sich neben mich. Du wirst in die Schlinge geraten, die Professor Dr. Muff ausgeworfen hat. Chamisso nannte Eduard Julius Hitzig seinen nächsten Freund, ja, sein besseres Ich. Ihm gab der Dichter seine Briefe mit dem Auftrag, nach seinem Tode über ihn zu schreiben. Was Hitzig ja auch getan hat. Vielleicht bist du dann der Einzige unter deinen Mitschülern, der in ›Peter Schlemihls wundersamer Geschichte‹ den rätselhaften und unheimlichen Satz nicht überliest, der von der Numero Zwölf handelt. Wir finden Peter Schlemihl in einem grossen Saal mit vielen Betten. Er liegt dort, aufgewacht aus einer Ohnmacht. Er muss sich erst vergewissern, wer er denn nun wirklich ist. Er sieht seinen Namen mit goldenen Buchstaben in eine schwarze Marmortafel eingetragen. Und es steht fast am Ende der Geschichte geschrieben: *Ich hiess Numero Zwölf, und Numero Zwölf galt seines langen Bartes wegen für einen Juden...* Der Mensch zur Nummer geworden. Letzte, schreckliche Erkenntnis von Chamisso?

Hermann Haessel sagte mir, wenn du alles schreibst, was du jetzt weisst, wirst du die schlechteste Zensur bekommen und deine Versetzung gefährden. Professor Dr. Christian Muff ist bekannt als Verächter von Heines Kunst. Ein Judenfeind. Ich fragte den Buchhändler nicht, warum er mir die ›Hebräischen Melodien‹ gezeigt hat. Ich bedankte mich noch einmal und ging.«

»Und haben Sie gebracht, was Professor Muff erwartete, einen Aufsatz über das Undeutsche bei Chamisso?«

»Nein, das konnte ich nicht.«

»Also waren Sie tapfer und haben doch über Chamisso und Heine und Hitzig geschrieben?«

»Nein, ich habe gar nichts geschrieben. Ich wurde krank. Mit hohem Fieber. Der Arzt nannte es ein Nervenfieber. Aber ich wollte krank sein. Manchmal quält es mich, dass ich so schwach war. Ich hätte alles schreiben müssen, was ich von Haessel erfahren hatte. Ich hätte anfangen müssen, wie Adelbert von Chamisso dasitzt und den Kindern von Eduard Julius Hitzig seine seltsame

Geschichte vom verlorenen Schatten erzählt. Ich hätte vom Stolz der Familie berichten müssen, wie sie schon lange in Berlin lebten, wie der berühmte Vorfahre Daniel Itzig, Bankier und Oberältester der Jüdischen Gemeinde zu Berlin, in einer vom preussischen König Friedrich Wilhelm II. eingesetzten Kommission versuchte, die Ausnahmegesetze für Juden abzuschaffen. Ich hätte... hätte...« Thomas geriet ins Stottern, fragte schliesslich: »Werden wir wieder zu Freiligrath zurückkehren?«

Mary erwiderte: »Wir haben ihn ja nie verlassen. Anders gesagt, wir sind immer noch auf dem Weg zu ihm. Wenn ich bedenke, das, worüber wir nachdenken, geschah vor sechsunddreissig Jahren, dann ist es auch wie das Hereinragen einer Geisterwelt in unsere Tage. Bis auf zwei Personen, Ferdinand Freiligrath und Wolfgang Menzel, sind die am Streit um Heines Bild Beteiligten nicht mehr am Leben.«

Die Mutter kam herein, begrüsste Thomas liebenswürdig und setzte sich zu ihnen. »Mary«, sagte sie, »ich bin ganz unglücklich, ich frage dich, stimmt denn das, Rose«, sie fügte für Thomas erklärend hinzu, »die Köchin, hat erklärt, sie wolle schon jetzt mit dem Plumpudding zu deinem Geburtstag anfangen. Du weisst, ich mische mich in der Küche nur selten ein. Nur wenn es darauf ankommt. Dein Vater hat es in Kauf genommen, dass ich nicht kochen kann. Ich brauchte es auch nicht, das hat er, Gott hab ihn selig, immer gemeint. Also Rose sagt, sie muss den Plumpudding heute schon ins Wasserbad geben, sonst wird er nicht gut. Sie sagt, sie hat ihn immer elf Stunden lang kochen lassen. Ich dachte, sonst haben wir das erst an deinem Geburtstag in der Frühe angesetzt, genügen denn nicht acht Stunden? Er muss doch frisch sein, wenn er dann am Abend brennend zum Tisch getragen wird. Rose will zwölf Eier nehmen. Hatten wir nicht sonst höchstens sechs genommen? Meinetwegen kann sie auch zehn nehmen. Aber Mary, du kennt doch Rose, es ist nicht nur eine Redensart bei ihr: ›Nimm ein Ei mehr‹. Sie tut es bestimmt. Sie nimmt das eine Ei mehr. Dann sind es dreizehn. Das muss ein Unglück geben. Auch wenn es sich nur um Eier handelt.« Jetzt wandte sie sich Hilfe suchend an Thomas: »Ich weiss ja nicht, wie Sie darüber denken, aber es ist eine Unglückszahl, weil sie das wichtigste Mass unseres Lebens, die Zwölf, um eine Zahl überschreitet. Man darf die Zahl Zwölf nicht verletzen. Es sind ja nicht nur die zwölf Apostel. Die Himmelsleiter im Traum von Jakob hatte zwölf Sprossen. Es waren zwölf Stämme Israels. Es sind zwölf Stunden am Tag und zwölf in der Nacht, zwölf Monate, zwölf Tierkreiszeichen, ach, Mary, Mary.«

»Wenn aber nun«, Thomas wagte den Einwand, »Ihre Köchin Rosalinde allein für den Plumpudding verantwortlich ist, darf ihr bei der Zubereitung jemand zuschauen?«

»Nein, auf keinen Fall«, sagte Mary sehr schnell, sie hatte das Hilfsangebot von Thomas begriffen. »Rose hat immer gesagt, das Geheimnis vom Plumpudding Queens will sie mit ins Grab nehmen. Einmal wollte ich wissen, wieviel sie von den Malaga-Traubenrosinen nimmt und von den Korinthen, wieviel Weissbrotwürfel und Zucker und Zitronat, welche Gewürze, welches Fett. Und die bittren Mandeln, das dürfen wohl höchstens zwei sein. Als ich zu neugierig war und natürlich auch nach den Eiern fragte, hat sie mich höflich aber bestimmt aus der Küche gewiesen.«

»Ich könnte mir denken«, Thomas fand ein neues Argument zur Beschwichtigung der Mutter, »es gibt Redensarten, die gar nicht im Wortsinn befolgt werden. Wahrscheinlich gehört der Satz ›Nimm ein Ei mehr‹ dazu. Vielleicht ist das nur die einfache Aufforderung, nicht ängstlich zu sein? Auf Nummer sicher gehen, wie man wohl sagt?«

»Sie sind nicht abergläubisch?«, fragte die Mutter. Und das war schon ein Rückzug.

»Nicht immer«, meinte Thomas, »nur wenn ich es sein möchte. Es gibt Niederlagen, für die ich nachträglich aussergewöhnliche Einflüsse suche. Aber dann kommt eines Tages die ausgleichende Gerechtigkeit. Und die führt mich bis hierher zu Ihnen. In der Schule war ich bei einem Aufsatzthema über Chamisso gescheitert. Ich fiel in eine Krankheit. Durch Ihre Tochter habe ich nun über diesen Dichter etwas erfahren, was mir sonst bis an das Ende meines Lebens gefehlt hätte.« Und da er die Mutter von dem königlichen Plumpudding wegbringen wollte, redete er auf sie ein, erzählte das, was er soeben von Mary gehört hatte.

Und er redete vom Schloss in der Champagne, von Chamissos kindlichen Spielen unter dem Wappen mit den zwei Löwen, denen ein silbernes Schild anvertraut ist, auf dem fünf Kleeblätter zu einem Herzen angeordnet sind. Und zwei Hände sind zu sehen, die nach unten weisen. Der Ansturm der Revolution zerstört die Hände, die Löwen, das Kleeblattherz. Er redete von den Eltern, den reichen Adligen, von ihrer Flucht vor der Revolution.

Und er fragte auch die Mutter Eastman: »Wie konnte es Chamisso gelingen, aufzusteigen zum bewunderten Dichter, zum Gründer eines deutschen Musenalmanachs? Wie fühlte sich der Sohn eines französischen Offiziers in der Fremde? Ohne seine Muttersprache? Wurde da nicht seine Seele zerrissen?«

»Vielleicht«, so sagte Mary zögernd und voll Dankbarkeit, weil es gelungen war, die Mutter zu beruhigen, »stimmt die Vermutung des Dichters und Arztes Kerner:

Poesie ist tiefes Schmerzen,
Und es kommt das echte Lied
Einzig aus dem Menschenherzen,
Das ein tiefes Leid durchglüht.
Doch die höchsten Poesieen
Schweigen wie der höchste Schmerz,
Nur wie Geisterschatten ziehen
Stumm sie durchs gebrochne Herz.«

Da die Mutter bei ihnen sitzen blieb, gab Mary sich Mühe, auch sie in Chamissos Welt hineinzuziehen: »Natürlich hatte niemand Chamisso gefragt, ob er wirklich Page und dann Offizier bei den Preussen werden wollte. Lieber wäre er wohl Tischler geworden. Auf dem langen Fluchtweg vom elterlichen Schloss nach Berlin hatte er bei einem Aufenthalt in Bayreuth die Kunst gelernt, Blumen anzufertigen. Und das Malen von Miniaturen schien ihm angeboren. Er hätte damit sein Auskommen gehabt. Er war nicht geeignet für die kleine preussische Hofwelt als Page einer Königin. Doch er hatte die Gnade der Aufnahme gefunden, nun musste er Fähnrich werden, dann Leutnant. Andere seines Regiments spielten in ihrer Freizeit Karten, er studierte Rhetorik und Philosophie, auch Griechisch. Natürlich war es nicht ohne Eitelkeit, wenn er nach dem Erreichen der Doktorwürde das Zwiespältige seines Zustands in einer Verdrehung aussprach: *Jetzt endlich bin ich Leutnant in der Philosophie und Doktor im Regiment Goetz.* Die Eltern gingen nach Frankreich zurück, Napoleon hatte es den Emigranten erlaubt. Er aber musste in seinem preussischen Regiment bleiben. Und wurde nach der Festung Hameln beordert. Da war er fünfundzwanzig Jahre alt. Und er hatte Mühe, das Geschehen, in das er verwickelt war, einzuordnen. Die Truppe empörte sich gegen die Kommandierenden, die eine kampflose

Übergabe ausgehandelt hatten. Für wen schlug da sein Herz? Er wird von den siegreichen Franzosen gefangen. Und kann nach Hause. Nach Hause? Die Eltern leben nicht mehr. Er geht zurück nach Deutschland, sucht alte Freunde, trifft in Hamburg eine Rosa Marie, die sein elegantes Aussehen beschreibt, sein langes schwarzes Haar, den kleinen Schnurrbart und seine *schönen, sprechenden Augen voll Treue und Klugheit.* Und sie erwähnt die *elegante polnische Kurtka mit Schnüren besetzt,* die er trug, die ihm so gut stand.«

Thomas wollte sie nicht unterbrechen, obwohl er gern seine Kenntnis angebracht hätte: Auch Peter Schlemihl trägt die Kurtka, die schwarze Jacke.

Auch die Mutter hörte schweigend zu, wie Mary mit sanfter Stimme weiterredete: »Chamisso war allein auf sich gestellt. Auf niemanden als auf sich selbst konnte er sich verlassen. Sicher, er fand Freunde, da und dort. Aber er wollte mehr, die Natur erforschen. Auch er hätte Kerners Lied singen können: *Es treibt in die Ferne mich mächtig hinaus.* Und er fand die Gelegenheit, die er suchte, an einer Expedition zum Nordpol teilzunehmen. Das war seine ›Reise um die Welt‹. Zurückgekehrt nach Berlin, anerkannt als Mitglied der Akademie der Wissenschaften, übernahm er die Aufsicht über die königlichen Herbarien. Und er war doch kein Preusse. Es quälte ihn, wie manche Dichter nun den geschlagenen Napoleon verhöhnten. Er begann ein Drama ›Der Tod Napoleons‹ dagegen zu setzen. Als erklärende Zeile schrieb er darüber: *Ich seh' die Fehler jetzt.*

Heinrich Heine hat zwei Grenadiere über Napoleon nachdenken lassen. Chamisso lässt Europa als Figur auftreten und gibt ihr die Worte für den Nachruf auf Napoleon:

Du Franklin nicht, nicht Washington, du hast gebaut
Vergänglich für die trunk'ne Lust des Augenblicks.
O hättest Freiheit du geschafft nach deiner Macht,
Noch ständen aufrecht deine Bilder…«

Vielleicht wollte Thomas in diesem Augenblick nicht mehr nachweisen, wie er als ein Schüler von Pumplün und Professor Muff seine Lektionen gut gelernt und nicht vergessen hat. Er wollte in Marys Augen nicht mehr der staunende Junge aus dem Buchladen von Haessel sein. Die beiden Namen aus Nordamerikas

Kampf um die Unabhängigkeit hatten ihn getroffen. War damals nicht auch in den Menschenrechten der Anspruch auf Glück ausgesprochen? Jetzt, gerade jetzt müsste er sie fragen: Und wo bleibt mein Glück? Das Glück hier zu sein. Schwieriger Vorgang. Wie ein Schmerz. Das Wissen: Wenn das Gefühl einer Geborgenheit in ihrer Gegenwart sein Glück sein sollte, wird es morgen oder übermorgen ein Ende haben. Und dann? Er fragte nicht. Er hörte ihr zu. Erwartungsvoll.

»Mit dem Verhüllen der Leiche brach Chamisso seinen Versuch über Napoleon ab. Der Tote wird beweint. Ein Abt legt über ihn ein Kreuz.«

Endlich stand die Mutter seufzend auf. »Dann werde ich mich nicht weiter um den Plumpudding kümmern.« Sie blieb in der Tür stehen und fragte Thomas: »Sie haben hoffentlich genug Zeit mitgebracht, Herr Koch, Sie brauchen nur Ja zu sagen, bleiben Sie bei uns zum Abendessen. Ja?«

»Ja. Danke.«

Eine halbe Hochzeit

Nun waren Mary und Thomas wieder allein. Er fühlte sich unbehaglich, er dachte über seinen Vater nach. Der wird fragen: Und wo ist das Resultat deiner Reise?

Er wird lachen, wenn er ihm von der Zahl Dreizehn erzählt. Aber er wird nicht mehr lachen, wenn er zugeben muss, dass er keinen Weg zu den gesuchten politischen Beziehungen von Freiligrath gefunden hat. Ja, wollte er das denn noch? Eine Redensart von Haessel kam ihm in den Sinn: Der Soldat soll kühn, aber nicht tollkühn sein. Er kam sich kühn und erbärmlich gleichzeitig vor, als er jetzt der schönen Mary die Bemerkung wie einen Köder auswarf: »Pumplün würde das Thema stellen, gibt es eine Verwandtschaft in einer kritischen Beurteilung der Tagesfragen zwischen Chamisso und Freiligrath?«

Mein Gott, wie schämte er sich, als Mary ihn liebenswürdig lächelnd ansah und sehr ernsthaft fragte: »Wollen wir nachsehen?« Er konnte nicht antworten. Er nickte nur und schwieg. Alles erschien ihm so unwirklich. Er sass in diesem vollendet eingerichteten Zimmer mit der grossen Standuhr und beobachtete, wie das Pendel, den ein Halbmond und Sterne zierten, die Zeit zerteilte. Und er sah, wie die Bewunderte und Verehrte seinetwegen ein in rotem Samt eingebundenes Buch aus dem Bücherschrank holte.

Während sie darin blätterte, sagte sie: »Eigentlich ist es schade, Thomas, wer fragt schon nach den Frauen der dichtenden Männer. Es wird gesagt, Chamisso hat Hitzigs Töchtern seine Geschichte vom verlorenen Schatten erzählt, und zu den Kindern gehörte wie eine Schwester die kleine Antonie Piaste. Wir wissen nur, Antonie wurde dann, als er von seinen Weltreisen zurückgekehrt war, seine Frau.«

Jetzt hatte sie die Stelle gefunden: »Chamisso schreibt ein Gedicht über das Schloss seiner Geburt. Er weiss, die Revolution ist darüber hinweggegangen, es existiert nur noch in seinen Träumen. Und er verflucht nicht die Hände, die es völlig zerstörten, er segnet den fruchtbaren Boden:

Und segn' ihn zwiefach, wer immer
Den Pflug nun über dich führt.

Er klagt nicht. Thomas, ich glaube, wir können auf eine Brücke gehen, die uns zu einem Mann führt, dem Chamisso sich verwandt gefühlt haben muss, zu dem Dichter Pierre Jean de Béranger. Der hat sogar im Gefängnis weitergedichtet, seine Lieder über das Licht der Freiheit, über einen Staat des Volkes ohne königliche Bevormundung und natürlich auch über seine Feinde, geistliche und fürstliche Herren.«

Thomas sah sie an und hörte ihr zu und sagte sich: Du bist ja wie verzaubert. Selbst ihre Formulierung vom Staat des Volkes veranlassen dich nicht zu einer Frage, die sich ja wie nebenbei stellen liesse, auf welche Weise bestimmte Gedichte in ein Blatt auf dem Kontinent mit Namen »Volksstaat« gelangten. Ob Freiligrath dem zugestimmt hat, etwa in einem kleinen Briefchen. Fern gerückt der Auftrag des Vaters. Der sitzt wahrscheinlich jetzt in der »Restauration Schatz« beim Bier.

Hier aber ist Mary Eastman mit Chamissos: »›Prophezeiung des Nostradamus auf das Jahr MM.‹

Schreibt Nostradamus, der die Zeit beschwören
Und aus den Sternen konnte prophezeien:
Im Jahr zweitausend wird von Jubelchören
Das glückliche Paris durchtönet sein;

Man wird nur einer Stimme Misslaut hören,
Die wird am Fuss des Louvre kläglich schrein:
Ihr glücklichen Franzosen, wollt des armen,
des letzten Königs Frankreichs euch erbarmen!

Der Spott über den entbehrlichen König geht noch über fünf Strophen.« Und Thomas schweigt. Sie blättert weiter, sagt: »Da steht etwas über Leipzig, Völkerschlacht hiess das wohl bei euch. Chamisso denkt über die Folgezeit nach, er nennt es:

Der Invalide im Irrenhaus

Leipzig, Leipzig! arger Boden!
Schmach für Unbill schafftest du.
Freiheit! hiess es, vorwärts, vorwärts!
Trankst mein rotes Blut, wozu?

Freiheit! rief ich, vorwärts, vorwärts!
Was ein Tor nicht alles glaubt,
Und von schwerem Säbelstreiche
Ward gespalten mir das Haupt‹.

Und so kommt der Invalide vom Schlachtfeld schliesslich ins Irrenhaus.

›*Schrei' ich wütend nach der Freiheit,*
Nach dem bluterkauften Glück,
Peitscht der Wächter mit der Peitsche
Mich in schnöde Ruh' zurück.‹

Sie schlug eine neue Seite auf. Und Thomas sah Tränen in Marys Augen. »Das kann ich nicht vorlesen«, sagte sie und reichte ihm das Buch. Er wird sie doch nicht kränken und nun laut vortragen, was sie ihm zeigte. »Der Bettler und sein Hund«. Schweigend las er Zeile für Zeile und sah vor sich einen alten, kranken Mann, der auf der Welt nichts anderes mehr hat als seinen Hund, auch der ist alt und krank. Drei Taler Abgabe werden jetzt von ihm für das Tier verlangt. Er ist am Ende. Kein Ausweg. Es bleibt nur Verzweiflung. Er wird das Letzte, was ihm das Leben bedeutete, ertränken müssen.

Wie er in die Schlinge den Hals ihm gesteckt,
Hat wedelnd der Hund die Hand ihm geleckt.

Das überwältigt den alten kranken Mann, er kann sein Unglück nicht mehr ertragen. Er setzt seinem Leben ein Ende. Der Tote wird aus dem Wasser gezogen.

Er ward verscharret in stiller Stund',
Es folgt ihm winselnd nur der Hund;
Der hat, wo den Leib die Erde deckt,
Sich hingestreckt und ist da verreckt.

Schweigend gab Thomas das Buch zurück.

Mary stand auf, stellte es wieder in den Bücherschrank, erklärte dabei, Ferdinand Freiligraths Tochter Luise, Hausmütterchen genannt, habe immer gesagt, alles, was nicht mehr gebraucht wird, muss sofort wieder an seinen Platz. Es machte ihr Freude, vor Thomas auszubreiten, was sie wusste. »Diese sehr selbstbewussten schwäbischen Dichter versahen ja alle einen, wie man so sagt, ordentlichen Beruf als Arzt, als Lehrer, als Theologe. Und oft schrieben sie über Eigenartiges aus entfernten Ländern, die sie nie gesehen hatten. Aber Chamisso hat die Sehnsucht nach weiter Ferne nicht nur seinem Geschöpf Peter Schlemihl gegeben. Er hat gesehen, was er beschrieb. Das sollten Sie sich von Ihrem Buchhändler Haessel geben lassen, seine Arbeiten über Kamtschatka, Chile, Brasilien, den Grossen Ozean und viele Inseln, über die Menschen, ihre Sprachen, *auch die sonderbare Sitte des Tabakrauchens, deren Ursprung zweifelhaft bleibt*. Und er gab nie vor, etwas anderes zu sein als ein Pflanzenforscher. Er war nach seinen Veröffentlichungen bei Wissenschaftlern und Dichtern eine Respektsperson geworden. Als er seinen zweiten Musenalmanach ins Leben brachte, wollte er, mit dem Entstehen und Vergehen von Pflanzen vertraut, Ausschau nach talentvollen Poeten halten, denen er beim Entstehen ihrer Gewächse helfen könnte.« Sie dachte nach, sagte zögernd: »Ach, jetzt brauche ich doch das Buch noch einmal.«

Er, gut erzogen, schnell und höflich, sprang auf, holte es. Ängstlich hütete er sich davor, ihre Finger beim Aushändigen des Buches zu berühren. Er wollte nicht zudringlich erscheinen.

Sie bedankte sich, blätterte darin, sagte: »Das meinte ich,

Chamisso schreibt einige Verse ›Zur Einleitung des deutschen Musenalmanachs 1833‹:

*Ihr habet auf die Stufen dieser Halle
als Wächter mich und Herold hingestellt.*

Da drängten sich viele an ihn heran. Einigen vertraute er, Gustav Schwab nahm er in die Redaktion. Andere waren ihm ans Herz gewachsen wie Kinder. Ja, auch Ferdinand Freiligrath. Aber, wir wissen es, vor allem liebte er Heinrich Heine. Er sah den deutschen Dichter in Paris als Vorkämpfer europäischer Freiheit, wie er es für sich erträumt hatte. Er konnte ihn ohne Neid anerkennen.

Chamisso ahnte in diesem Jahr 1836, als der Streit um Heines Bild begann, er wird nicht mehr lange leben. Er fühlte sich alt und krank. Und er hatte immer noch die Sehnsucht nach dem Ort seiner Geburt. Nach der Erde von Boncourt. Er wusste, er wird das Land seiner Herkunft nie wiedersehen. Er wird nicht nach Frankreich zurückkehren, wo der andere Zuflucht gefunden hatte vor dem Zugriff der Leute, in deren Sprache er, Chamisso, nun seine Gedanken niederschrieb. Aus jeder Zeile von Heine erkannte er Verwandtes:

*Ich unglücksel'ger Atlas! Eine Welt,
Die ganze Welt der Schmerzen muss ich tragen...*

Und er sah die Niedrigkeit der Feinde, wie sie in Wolfgang Menzels Manier über Heine urteilten: Seine Poesie sei geboren aus einer *gänzlichen Charakterlosigkeit* und Gesinnungslosigkeit, sie enthalte diese furchtbaren *unreinen, bösartigen, dämonischen Elemente* in erschreckender *ungezügelter Leidenschaft und aus wurmstichiger Subjektivität*. Sie nahmen ihm sogar seine Vorliebe für *das wüste, nächtliche Meer* sehr übel. Es war Chamissos dringender Wunsch, auf das Titelblatt für den Almanach des Jahres 1837 ein Bild von Heinrich Heine zu setzen. Aber er hatte in die Redaktion für den Almanach Gustav Benjamin Schwab aufgenommen, den Doktor der Theologie.

Thomas erinnerte sich, »Das Gewitter« von Schwab gehörte zum Kanon der auswendig zu lernenden Gedichte. Vielleicht war es noch einmal der Zwang, vor Mary durch Kenntnisse zu bestehen. Und er fing an die Zeilen aufzusagen:

*»Urahne, Grossmutter, Mutter und Kind
In dumpfer Stube versammelt sind...
Vier Leben endet mit einem Schlag...«*

Mary fiel ihm ins Wort: »*...und morgen ist Feiertag.* Ich verzeihe die Unterbrechung. Wissen Sie, Thomas, Gustav Schwab ist für mich eigentlich bemerkenswert durch seine Frau Sophie, die mehr wollte als Pfannkuchen herstellen wie das Rickele, die Frau von Doktor Justinus Kerner. Sophies kleines Marionettentheater für ihre Kinder war auch von Erwachsenen umlagert. Und sie schrieb die Briefe, auf die es ankam.«

Beinahe hätte er sie wieder unterbrochen und gefragt: Werden Sie mir Briefe schreiben? Aus Amerika? Er unterliess es. Und hörte ihr ruhig zu.

»Mit Schwab in der Redaktion seines Almanachs hatte Chamisso jedoch den Schwarm der erbitterten Feinde Heines auf sich gezogen. Schwab wünschte – aus Gründen der Schicklichkeit könnte er sich nicht selbst vorschlagen –, nur Uhlands Konterfei sollte den neuen Almanach zieren. Auf keinen Fall dürfe einem Heinrich Heine diese Ehre zuteil werden. Wenn das geschehe, würden alle, die sich durch Heines Darlegungen über Uhland beleidigt fühlten, ihre Arbeiten zurückziehen. Ob er, Chamisso denn nicht das Dritte Buch der ›Romantischen Schule‹ gelesen hätte.

Thomas, ich stelle mir vor: Natürlich hatte er es gelesen, der alte Mann. Mit einem weisen Lächeln. Doch auch nicht ohne die kleine Eitelkeit, nachzuforschen, was der Atlas in Paris über ihn für mitteilenswert hielt: *Von Adelbert Chamisso darf ich hier eigentlich nicht reden; obgleich Zeitgenosse der romantischen Schule, an deren Bewegungen er teilnahm, hat doch das Herz dieses Mannes sich in der letzten Zeit so wunderbar verjüngt, dass er in ganz neue Tonarten überging, sich als einen der eigentümlichsten und bedeutendsten modernen Dichter geltend machte und weit mehr dem jungen als dem alten Deutschland angehört.* Und Heine schrieb beim Vergleich mit früheren Gedichten von Uhland: *Chamissos Tränen sind vielleicht rührender, weil sie, gleich einem Quell, der aus einem Felsen springt, aus einem weit stärkeren Herzen hervorbrechen.*

Sicher meinte Heine die verschlüsselten Zeilen in Chamissos ›Der neue Ahasverus‹ mit der Anrede *Gnäd'ge Frau*, mit seiner spöttischen Andeutung über Mitleid und Erbarmen einer Gnädigen und Reichen, die gewohnt ist, Almosen zu spenden. Und fast am Ende, so vermute ich, ist er, der in Frankreich Geborene, es selbst, die Gestalt, von der sein Gedicht handelt:

Ich bin Ahasverus, sag' ich
Sieh' darauf mich an verwundert...‹

Natürlich wusste Chamisso, an welche seiner früheren Dichtungen Heine noch gedacht haben könnte: ›Weibertreu‹. Die Geschichte von den Menschen, die sich vor einem Belagerer in die Burg oben auf dem Weinsberg geflüchtet hatten. Erinnern Sie sich, Thomas, das Haus vom Doktor Kerner lag am Fusse dieses Berges. Im Grunde ist es gleichgültig, wie der Eroberer hiess, der bei aller Grausamkeit doch gnädig erscheinen wollte. Manche Kriegführende haben neben ihrer mörderischen Lust, alle Unterlegenen am Platz ihres Sieges zu töten, am Ende Angst, Frauen etwas anzutun. Dieser hier, König Konrad III., wäre völlig in Vergessenheit geraten, hätte nicht siebenhundert Jahre später Chamisso den Fall geschildert. Als alles entschieden war, Stadt und Burg in Königshand, liess der Sieger gnädig verkünden, er gestatte allen Frauen den Weggang, jede könnte je nach Kräften mit einem Gepäckstück die Burg verlassen. Da erlebte die Welt die ›Weibertreue‹. Auf ihren Schultern trugen die Frauen ihre Männer hinaus in die Freiheit.«

Also doch, Thomas liess sich zu der Frage hinreissen: »Würden Sie mich aus einer belagerten Burg hinaustragen?«

Ach, der Blick aus diesen grünlichen Augen. Hochmütig. Belustigt. Fragend. Und überlegend.

Unerwartet kam Käthe herein, Ferdinand Freiligraths Tochter. Temperamentvoll begründete sie ihren Besuch mit ihrer Neugier auf einen Gast vom Kontinent, der ihrem Bruder so ähnlich sehen soll. Nachdem sie ihn lange betrachtet hatte, sogar um ihn herum geschritten war, sagte sie: »Ja und nein.« Und sie fragte: »Herr Koch, ich habe nicht so ganz genau verstanden, was Sie eigentlich hierher zu uns nach London geführt hat.«

Und wahrheitsgemäss antwortete Thomas: »Es war der Wunsch meines Vaters. Ich sollte vom Sohn des Dichters Ferdinand Freiligrath, von Herrn Wolfgang, erfahren, wie die Familie die schweren Jahre der Verbannung vom Vaterland ertragen hat.«

»Und warum?«

Wieder sagte Thomas die Wahrheit: »Weil jetzt plötzlich so viele der frühen aber auch der letzten Gedichte von Herrn Freiligrath in der Zeitung stehen. Mein Vater will die Zusammenhänge zwischen den Zeiten damals und heute ergründen.«

»Und dann?«

Nein, Thomas wurde vor dieser Dame nicht einen Augenblick verlegen. Er kämpfte für sein Glück, hier bei Mary Eastman als Gast sein zu dürfen. Er musste eine schnelle Antwort finden. Nach der Auffassung des Buchhändlers Haessel, so hatte er ihn jedenfalls verstanden, gab es schwere, unverzeihliche, schwarze Lügen und kleine, verzeihliche, weisse Lügen. Er entschied sich für eine weisse Lüge: »Mein Vater möchte den Namen Freiligrath herausheben.« Natürlich sagte er jetzt nicht, für eine Anklage. Und einen kleinen Augenblick glaubte er selber, was er da redete: »Mein Vater möchte ein Weinfest veranstalten, dabei sollen Freiligraths Gedichte vorgetragen werden. Ich sollte in London suchen, ob ich ihm noch etwas Unbekanntes mitbringen könnte.«

»Ach wie schön«, sagte Käthe. »Und worüber redet ihr gerade«, fragte sie Mary.

»Ich versuche unserem Gast den Streit um den Abdruck von Heines Porträt im Musenalmanach zu erklären. Du weist, Kato, das ist die alte Geschichte. Mit vielen seltsamen Personen in ihrer Beziehung schliesslich zu Ferdinand Freiligrath. Ich versuche mühsam, sie ans Licht unserer Tage zu holen. Ich bin gerade erst bei Chamisso.«

»Kann ich helfen?« fragte Käthe.

»Du bist uns willkommen«, sagte Mary. Und Thomas registrierte das Uns. »Dann musst du aber auch zum Abendessen bleiben.«

»Was gibt's denn für eine Suppe?«, fragte Käthe in ihrer lebhaften Art.

»Mulligatawny Soup with mutton and vegetables.«

»Bin ich ein Glückskind«, rief sie temperamentvoll aus. »Vater hat das bei euch so gern gegessen. Die berühmte Suppe aus Hammelfleisch und Gemüse. Zu Hause hat er dann sehr viel doziert über den Geist der Kochkunst. Die Suppe könne man mit der Ouvertüre bei einer Oper vergleichen. Zwar hätten französische Köche behauptet, in dieser Welt seien nur Franzosen imstande, die Kunst der Suppe zu zelebrieren. Aber diese Mulligatawny Soup im Hause Eastman galt Vater immer als der Gegenbeweis. Er wusste, die Zutaten gehören zu einer übergeordneten Idee. Das ist nicht nur ein Gemisch von Wasser, Fleisch, Gemüse und Salz. Mit jedem Gewürz kommt ein Gruss aus einer der Kolonien des englischen Königreiches auf den Tisch. Wenn er gut gelaunt war, begann Vater aufzählen: Chili, Kümmel, schwarzer Pfeffer, Cardamom aus Ceylon, Coriander, Knoblauch, Ingwer, Rote Peperoni und Zitronensaft.«

Als sie dann bei Tische sassen, konnte Thomas nicht herausfinden, ob ihm die Suppe mit den fremden Gewürzen angenehm war. Gefragt nach seinen Urteil, antwortete er mit einem kleinen Zögern: »Man schmeckt die einzelnen Kolonien heraus.«

Die Damen gaben sich entzückt über den höflichen jungen Mann, der noch dazu dem abwesenden Herrn Wolfgang so ähnlich sah.

Nicht oft verliess die alte Köchin ihren Herd. Aber Rosalinde, nach jahrelanger Herrschaft über die Küche im Hause Eastman vertraulich Rose genannt, wollte jetzt doch den Gast vom Kontinent sehen, sein Ausspruch über den Geschmack der Kolonien war ihr zugetragen worden. Sie band sich sogar die Schütze ab. Über ihr faltenreiches Gesicht ging ein Lächeln, als sie Thomas sah. Ach, dieser junge Mann, der dem Verlobten von Mary so ähnlich sah, war ja eigentlich auch noch ein Kind. Und der kannte schon eine so raffinierte Kunst, Komplimente zu machen. Er gefiel ihr, und für ihn sagte sie die Vorspeise an: »Fried slices of codfish and anchovy sauce.« Und sie ging sehr zufrieden über einen so verständigen Gast zurück in ihre Küche.

Käthe sass neben Thomas. Sie fühlte sich als seine Tischdame auf eine gewisse mütterliche Weise für ihn verantwortlich und erklärte ihm, was er jetzt als Vorspeise auf dem Teller hatte: »Gebackene Stückchen vom Kabeljau mit Anchovis-Sauce. Sie wissen, die sehr kleinen Sardellen aus dem Mittelmeer, auch aus der Nordsee. Die beste Fangzeit ist jetzt, vom Dezember bis zum April. Da sind sie fest, aussen weiss und innen rötlich. Schon Aristoteles rühmte sie als einen köstlichen Genuss. Schauen Sie mich nicht so fragend an, das habe ich alles von meinem Vater gelernt. Es wird immer davon geredet, dass viel er vom Wein versteht und gern trinkt. Aber er ist auch ein Feinschmecker, er kennt sich aus in den Vorzügen der von Land zu Land und von Haus zu Haus verschiedenen Gerichtsverfahren – merken Sie den Doppelsinnn? Zu den Geheimnissen der Gerichte im Hause Eastman gehört die Zubereitung der vollendeten Anchovis-Sauce. Früher habe ich oft zugesehen, wie nach dem Wässern und Entgräten die Fische kleingeschnitten und eine Viertelstunde lang in Wasser gekocht werden. Dann kommen die Zutaten. Butter, Pfeffer, geriebene Muskatnuss und Portwein. Und alles wird noch einmal eine kleine Weile gekocht. Das ist Roses Schöpfung, besser als jede Sauce auf dem Kontinent. Waren Sie schon einmal hier auf dem Fischmarkt, Thomas?« Sie redete weiter ohne eine Antwort abzuwarten. »Der Kabeljau muss frisch sein, dafür ist die Zeit jetzt gerade noch gut. Unsrer kommt meist aus Schottland. Ich glaube, hier bei Eastman dämpfen sie die Fischstücke in Fleischbrühe. Und noch ein Geheimnis von Rose: Sie nimmt etwas Macis aus Ostindien, Sie wissen Muskatblüte, das ist aromatischer als Muskatnuss.«

Käthe hatte sich schon in der Küche nach dem Hauptgericht erkundigt, sie verriet es ihrem Tischnachbarn: »Roastbeef, Yorkshire pudding, Brussel sprouts and roast potatoes. Von den tausenderlei Arten Rindfleisch zu bereiten, ist die englische Zubereitung des Rinderbratens schon längst auf den Kontinent gesprungen. Es muss ein saftiges Rippenstück sein, gut abgehangen. Es wird mit einem reinen Tuch sorgfältig abgewischt. Und es darf nicht durchgebraten sein. Aber dann: Angerichtet auf Yorkshire pudding. Dazu gehört auch wieder eine besondere Kunst, der Teig aus Eiern, Mehl und Milch und Salz muss in gut eingefetteten Formen sehr heiss gebacken werden. Und der Rosenkohl? Der ist bei zivilisierten Menschen mit seinem Namen an Brüssel gebunden. Fragen Sie mich nicht, warum. Wir haben ihn im Keller in einem Sandbett eingeschlagen, der Vorrat reicht bis zum Frühjahr. Beim Kochen muss man aufpassen, er darf nicht zu weich werden. Immer gehört ein wenig Muskatnuss dazu.«

Natürlich konnte Thomas nicht schweigend am Tisch sitzen und sich nur das Essen erklären lassen. Von seinem Vater hatte er gelernt, wie man die Damenwelt verzaubern konnte: Haarsträubendes erzählen. Bei Vaters Kundschaft gab es immer Skandalgeschichten, Ehebruch und Geldhinterziehung. Er, Thomas, entschied sich für Mord und Totschlag aus dem unerschöpflichen Pitaval von Eduard Hitzig. Er nahm den Kriminalfall aus Boston von der Ermordung des Arztes George Parkman durch den Professor der Chemie John W. Webster. Und er unterliess es nicht, sich an Mary zu wenden: »Das passierte etwa zehn Jahre später als

Ihre Geschichte vom Streit um Heines Bild.« Und zu Käthe meinte er: »Ein Gerichtsverfahren im einfachen Wortsinn.« Zwischen Hauptgericht und Nachtisch gelang es ihm, die Aufmerksamkeit der drei am Tisch versammelten Damen zu gewinnen.

Wir wenden uns für einige Augenblicke dem Schauplatz des Geschehens zu: Professor Websters Laboratorium. Hier fand sich schliesslich der zerstückelte Leichnam des seit drei Tagen vermissten Dr. Parkman. Der Chemieprofessor war bekannt durch seinen leichtsinnigen Umgang mit dem Geld anderer. Unter dem Vorwand, Dr. Parkman die Schulden zu zahlen, hatte er ihn in sein Laboratorium gelockt. Es kam zum Streit. Und Webster erschlug Parkman und verwischte die Spuren. Aber es gelang ihm nicht, seine Schuld zu verschweigen, am Ende gestand er die Tat. Er wurde zum Tode verurteilt und hingerichtet. Die Reaktion der Prozessbeobachter verdient erwähnt zu werden. Die Familie des Mörders wurde nicht geächtet, Mutter und Töchter wurden von einer Welle des Mitgefühls fast überschwemmt. Die Töchter konnten sich nun vor Heiratsanträgen Mitleidiger kaum retten. Es war bekannt geworden, wie der Professor bereits zu Lebzeiten seine Angehörigen fast der Armut überliess, während er für sich selbst verschwenderisch sorgte. Thomas war in seiner Schilderung nicht sparsam mit ausschmückenden unheimlichen Einzelheiten gewesen.

Schliesslich erlöste Käthe die Damengesellschaft aus der Betroffenheit über die schaurige Geschichte von Dr. Parkman und seinem Mörder Professor Webster: »Freuen wir uns auf den Nachtisch. Apple fritters, tartlets of greengage jam, orange jelly. Der Deutsche nennt das vielleicht Apfel im Schlafrock. Dazu Törtchen mit Marmelade aus Reineclauden und Orangengelee. Und spätestens bei diesem Nachtisch, lieber Thomas, werden Sie beobachtet haben, jeder Gang ist auch immer für das Auge bestimmt. Ferdinand Freiligrath hat ja nicht nur vom Gerichtsverfahren geredet, er sagte, ein gelungener Gang ist auch einem Gemälde zu vergleichen. Die Farbzusammenstellung gibt erst die Vollendung.« Unvermittelt fragte Käthe den Gast: »Wie lange werden Sie noch in London bleiben?«

Ach, was sollte er antworten? »Ich werde wohl bald abreisen«, erklärte er unbestimmt. »Nicht vor dem 15. März«, verfügte Käthe.

»Aber Kato, was soll das?« Marys Stimme klang aufgeregt und verweisend. Und es fand sich niemand, der Thomas über die Bedeutung dieses Tages für die Familien Freiligrath und Eastman aufklärte. So wollte er wenigstens den nächsten Tag retten und fragte Mary: »Wann werde ich das Ende von der Geschichte mit Heines Bild erfahren?«

Sie sagte: »Morgen.«

Und Käthe meinte: »Vielleicht kann ich helfen. Wenn Sie wollen, dann könnten wir bei mir dem Geheimnis von Heines Bild auf den Grund gehen. Und dabei Tee trinken.«

Zum Abschied verbeugte sich Thomas vor Marys Mutter: »Wenn mein Vater ein Essen ähnlich wie ich an diesem Abend erleben durfte, hatte er jedesmal für die Gastgeberin einen besonderen Spruch. Heute möchte ich die Worte meines Vaters bei Ihnen wiederholen: Gnädige Frau, es war eine halbe Hochzeit.«

»Der alte Spuk«

Am andern Tag erschien Thomas Koch aus Bad Lausigk mit drei höchst unterschiedlichen Blumengebinden bei Mary. Es verursachte einigen Wirrwarr, da der junge Mann in letzter Minute seinen Plan änderte und die eine schöne gelbe für Mary bestimmte Treibhausrose doch lieber der Mutter gab. In seiner Verlegenheit hielt er der Verlobten die beiden anderen Sträusse hin. Orchideen.

»Bitte, suchen Sie sich aus, nehmen Sie die Blume, die Ihnen am besten gefällt.« Dann erst nach einigem Hin und Her machten sie sich auf den Weg zu Freiligraths Tochter.

»Eigentlich können Sie stolz darauf sein, Thomas, eine Einladung zum Tee bei Käthe ist nichts Alltägliches. Ich glaube, wir sollten sie bitten, uns ihre geheimnisvolle Schatulle mit Schriftsachen zu zeigen. Manches war Ferdinand Freiligrath einfach zu lästig, mit auf den Kontinent zu nehmen.«

Aber ja, wie er da so an diesem etwas dunklen Märznachmittag an ihrer Seite gehen durfte, hätte er gern seinen Auftrag, Belastendes über den Dichter zu finden, vergessen. Er rief sich zur Ordnung: Vielleicht kommt jetzt deine Zeit, Thomas. Und alles fällt dir zu. Eine Schatulle wird aufgemacht. Endlich die Briefe von Marx und Engels. Und wenn du sie nur zum Ansehen aus den Händen der Frau Käthe nimmst und dir den Inhalt einprägst, so ist das doch kein Verrat an deiner Zuneigung zu Mary. Du wirst nichts verlieren. Nicht das Vertrauen von Mary. Und nicht das

Vertrauen vom Vater. Soll der dann mit dem Ergebnis deiner Reise machen, was er will.

Mary sagte: »Hören Sie, es schlägt gerade erst drei Uhr, wir sind viel zu schnell gelaufen. Käthe mag es nicht, wenn man vor der angekündigten Zeit erscheint. Aber wir können auch nicht hier auf der Strasse herumstehen. Kommen Sie, Thomas.« Sie führte ihn in ein kleines Haus, ein kunstvolles schmiedeeisernes Abbild einer Kaffeekanne war draussen über der Tür angebracht, das Kennzeichen, hier gibt es keine alkoholischen Getränke. Der Raum war verwinkelt, sehr dunkel, nur durch einige Kerzen beleuchtet. Es schien ein beliebter Ort zu sein, mit Mühe fanden sie in der Ecke noch einen kleinen Tisch.

Der Wirt kam nach einer Weile, begrüsste Mary: »Sie waren lange nicht hier. Sie sind doch nicht etwa fremd gegangen?« Er setzte hinzu: »Ich meine in andere Kaffeehäuser? Und da haben wir ja auch den Herrn Wolfgang. Darf es Kaffee sein? Und wie immer, meine Honigplätzchen dazu?«

Zu seinem Erstaunen korrigierte Mary den Wirt nicht. Die Verwirrung wuchs, als sie ihm ein Zeichen gab, er solle schweigen. Thomas war in einen Zustand geraten, der ihn nicht erfreuen konnte. »Warum machen Sie das?«, fragte er, als der Wirt sich entfernt hatte.

»Später erkläre ich alles«, antwortete sie. Und zum ersten Mal erlebte er, dass sie vor ihm verlegen war.

»Sehe ich ihm denn wirklich so ähnlich«, wollte er wissen.

»Meine Mutter glaubt das«, entgegnete sie. »Auch Käthe war erstaunt.«

»Und wie heisst jetzt dieses Spiel?«, fragte er.

»Vergessen Sie nicht, Sie suchten bei mir etwas über Ferdinand Freiligrath. Ich wollte nichts von Ihnen.« Da hatte sie den Ton einer Überlegenheit wieder gefunden.

»Sie täuschen nur etwas vor«, sagte er, »aber Sie tauschen nicht.« Sein Einwand war schwach und verdiente keine Anwort, er wusste es, noch ehe er den Satz ausgesprochen hatte.

»Ich bin Ihnen das Ende der Geschichte vom Streit um Heines Bild schuldig«, sagte Mary, »der Weg führt über Uhland.«

In seiner Verwirrung, dass er hier für Marys Verlobten gehalten wurde, hätte er fast seine eigenen Vorsätze vergessen und wäre wieder in die Rolle des Schülers gefallen. Aber er sprach seine Gedanken nicht aus, wie es gewesen war mit dem Professor

Christian Muff und seiner besonderen Vorliebe für Uhland, den Dichter mit seinem zur Kriegerbeerdigung unentbehrlichen Lied »Der gute Kamerad«. Würde er, Thomas, im Schlaf aufgeschreckt, könnte er als erstes nur aus dem *Kanon auswendig zu lernender Gedichte* stammeln: *Es gingen drei Jäger wohl auf die Birsch, sie wollten erjagen den weissen Hirsch.* So war er auch noch vollgestopft mit Uhlands »Schwäbische Kunde«, mit den Versen von den Schwabenstreichen, wie ein Ritter aus Schwaben im Heiligen Land fünfzig Türken überwindet und bei dieser Gelegenheit einen der feindlichen Reiter samt Pferd von oben bis unten spaltet.

Der Wirt kam, Thomas bedankte sich für das Servieren, kostete den Kaffee und lobte die Honigplätzchen. Etwas später fragte er Mary flüsternd: »Und wieviel Trinkgeld hat Wolfgang Freiligrath immer gegeben?« Er hatte das vertrauliche Wort Wolf vermieden. Als sie den Kopf schüttelte, sagte er: »Es ist Ihr Spiel, da darf ich kein Falschspieler sein.«

»Dem Wirt gibt man kein Trinkgeld«, sagte sie und redete ohne Übergang weiter: »Wir sind jetzt bei Heines Bild. Im Frühjahr 1836 wird beim Verleger Reimer in Berlin die nächste Ausgabe vom Musen-Almanach vorbereitet. Chamisso wünschte, es sollte ein Porträt von Heine vorangestellt werden. Da empörten sich die Schwäbischen Dichter. Dieser Mensch habe in seiner neugefassten Pariser Abhandlung ›Die Romantische Schule‹ den ehrwürdigen Ludwig Uhland beleidigt. Soweit waren wir gestern.«

Von einem entfernten Tisch aus fühlte Thomas sich beobachtet. Aber es beunruhigte ihn nicht. Er wollte sich nicht ablenken lassen und hörte Mary zu.

»Es galt als ein offenes Geheimnis«, sagte sie, »bald nach dem ›Guten Kameraden‹ war Uhlands dichterisches Schaffen erloschen. Wolfgang hat oft vermutet, dass auch sein Vater eine tiefsitzende Urangst hatte, eines Tages könnte ihm der Pegasus nicht mehr gehorchen, und alle Musen würden ihm davonlaufen. Wir müssen bedenken: Er sitzt da in Amsterdam bei einer ungeliebten Arbeit als Kaufmann, aber mit der Anerkennung seiner Gedichte scheint sich alles zum Guten zu wenden. Er hat die besten Arbeiten für den neuen Almanach ausgesucht. Und gerade jetzt, im Februar 1836, konnte er richtig froh sein: Der Verleger Cotta hatte sich unaufgefordert an ihn gewandt und ihn gefragt, woran er denn arbeite, und ob er wohl etwas schicken könnte. Das war wie ein Ritterschlag. So nennt man das ja wohl, wenn einer besonders geehrt wird. Und als Wolfgang Menzel im Stuttgarter Literaturblatt den Namen Freiligrath in gesperrter Schrift drucken liess und von seinen Gedichten schrieb, sie seien *durch reiche Phantasie ausgezeichnet,* war er sehr stolz über das Lob dieses Mannes, den er einen *ästhetischen Papst* nannte.«

»Woher wissen Sie das?«, fragte Thomas.

»Ich weiss es von Wolf. Er hat sehr darunter gelitten, als er erfuhr, was sich mit seinem Vater alles ereignet hatte. Damals in Amsterdam war Freiligrath für die Dichter vom Schwäbischen Kreis schon ein Begriff. Der Prediger und Oberstudienrat von Tübingen, Gustav Schwab, hatte ihm geschrieben, er habe *Ansprüche auf den Titel eines Meeresdichters.* Auch Uhland hatte einen vier Seiten langen Brief an ihn gerichtet, hatte ihn gebeten, sich umzusehen, ob sich vielleicht in Holland Geeignetes für eine Sammlung altdeutscher Volkspoesie finden liesse und hatte ihm einen Gedichtband angekündigt, sogar mit seinem Bildnis. Aber der Glückliche und doch gleichzeitig Unglückliche von Amsterdam wusste genau, er, der in Detmold Geborene, dem Süden eigentlich nicht Zugehörige, hatte nur durch Chamisso Eingang in diesen besonderen schwäbischen *theologischen Garten* göttergleicher Dichter gefunden. Ja, er war unglücklich in Amsterdam, er wollte weg: *Hier blühen mir keine Rosen.* Da hörte er plötzlich, dass alle die anderen, auch Doktor Kerner, ihre Beiträge für Chamissos Musenalmanach zurückzogen. Der Gedanke schmerzte, nun müsste er sich ihnen wohl anschliessen und auch seine Gedichte zurückrufen. Gerade sein ›Leviathan‹ lag ihm am Herzen. Thomas, das ist ein düsteres Wortgemälde vom gefangenen und verendenden Walfisch und von seinem, des Poeten, Wunsch nach einem Ende jenseits des Meeres, *so stürb' ich wenigstens nicht hier.*«

Wieder fühlte sich Thomas beobachtet von diesem Mann mit dem sehr wirren grauen Haar an dem entfernten Tisch. Mary bemerkte seine Unruhe.

»Thomas, Sie hören mir doch zu? Freiligrath hatte auch das Gedicht ›Ein Flüchtling‹ für den Almanach vorgesehen. Immer wenn ich an diese Verse mit seinem Traum vom verfolgten Reiter auf schweissbedecktem Rosse denke, sehe ich William Turners fahles Pferd vor mir. Und seltsamerweise wünschte er für diesen Almanach noch den Abdruck des Gedichts ›Vorgefühl‹. Er sieht sich im Traum als rastlosen müden alten Mann, den niemand mehr kennt. Der Schluss ist mir nie mehr aus dem Sinn gegangen, weil ich ihn schwer deuten kann, ich weiss nicht, wollte Ferdinand Freiligrath bei der letzten Zeile ernst oder lustig sein:

Dann starb ich selbst; ich sah mich auf der Bahr',
Doch schaut ich keinen, klagend um mein Los.
Mein Sterbehemd war rein und weiss, doch war
Es nicht das Hemd der Waschfrau Chamissos.«

»Sind wir jetzt endlich bei Chamissos Almanach und Heines Bild angelangt?«, fragte Thomas, nur um Mary zu beweisen, dass er zugehört hatte, obwohl ihn der Unbekannte störte.

»Ja. Vielleicht waren die Herren in Schwaben neidisch auf die Gedankengänge von Heine, Worte, wie hingehaucht und doch schonungslos. Sie glaubten wahrscheinlich, ihm sei alles mit Leichtigkeit zugefallen. Dagegen hatte Freiligrath einmal einem Freund bekannt, sein Stil zucke wie ein widerspenstiges Tier unter ihm herum, als hätte es den Teufel im Leibe.«

Nein, es war nicht der Teufel, der jetzt an ihren Tisch herantrat, obwohl der Mann leider nicht gerade sehr manierlich aussah. Der Beobachter vom entfernten Tisch. Es wäre überhaupt besser gewesen, wir hätten diese Begegnung nicht erleben müssen. Sein grauer, spärlicher, wirr gekrauster Haarwuchs über seinem aufgedunsenen Gesicht mit den schwarzgrauen Bartstoppeln, zeigte Anzeichen eines Abgleitens in eine traurige Welt. Wir können ihm nun nicht mehr ausweichen, auch wenn uns seine ungepflegte, graubraune mit Watte gefütterte Jacke, seine zerbeulte, grauschwarze Hose und seine ungeputzten Schuhe gar nicht gefallen. Sollte denn, Gott behüte, sein Äusseres seinem Inneren entsprechen? Was will er von uns. Ein Obdachloser? Ein Bettler?

»Guten Tag«, sagte der Mann, »darf ich mich einen Augenblick zu Ihnen setzen?«

»O«, sagte Mary, »sind Sie nicht der Herr Greymount? Ich wusste gar nicht, dass Sie immer noch in London sind. Sie haben sich verändert. Sie sind korpulenter geworden.«

Ach Gott, jetzt galt doch hier vor dem Wirt Thomas als ihr Verlobter Wolf. Also musste sie eine Anrede finden, ohne sich zu verraten. Gleichzeitig aber sollte Thomas erfahren, wer der ungebetene Besucher am Tisch war. »Mein Lieber«, sagte sie zu ihrem Gast aus Lausigk, »ich erinnere mich noch, wie Bekannte von

Vater Freiligrath oft meinen: Der Journalist Greymount ist ein rechter Artist, seine Worte kann er in akrobatische Kunststückchen verwandeln.« Und zu Greymount: »Schreiben Sie noch für deutsche Zeitungen?«

»Aber ja doch, nur, die einen zahlen gut, andere gar nicht oder schlecht. Die ›Kreuzzeitung‹ ist meine neue Heimat.«

»Das Blatt mit dem Eisernen Kreuz am Kopf«, sagte Thomas, um nicht stumm zu bleiben, er kannte die »Neue Preussische Zeitung«. Haessel hatte ihm erklärt, warum er das zweimal täglich in Berlin erscheinende Blatt hielt: Wenn ich wissen will, was die andere Seite denkt, muss ich mir auch die Meinung der Hochkonservativen zu Gemüte führen.

Greymount redete weiter: »Und wissen Sie das Neueste? Ich bin jetzt auf dem Sprung zum Kontinent. Da gibt es in Leipzig einen Prozess gegen drei Hochverräter. Darüber lohnt sich zu schreiben. Vor allem über den angeklagten Wilhelm Liebknecht und seine alten Verbindungen hierher nach London. Da weiss ich gut Bescheid. Manchmal haben die dort ja auch etwas von mir im ›Volksstaat‹ abgedruckt. Da stand ich dann ganz in der Nähe der Gedichte von Ferdinand Freiligrath. Aber die ›Kreuzzeitung‹ zahlt besser. Und jetzt bin ich beim Chefredakteur der königlich sächsischen ›Leipziger Zeitung‹ angemeldet, beim Herrn von Witzleben. Da kann ich natürlich nicht als der alte, brave Greymount aus London erscheinen. Da muss es schon einer von Adel sein, ein Heinrich von Schwarzhügel oder so ähnlich.« Er lachte, so war es nicht deutlich, ob er sich mit seiner Bemerkung nur wichtig machen wollte. Er sagte zu Thomas: »Ich weiss ja nicht, wie Sie jetzt zu Ihrem Vater stehen. Aber es ist für mich schon sehr finster, wie da sein Gedicht aus alten Tagen von der Revolution in der Leipziger Anklageschrift auftaucht. Auch wenn Sie mich verwünschen sollten, ich muss es Ihnen sagen: Ich halte es gar nicht für so abwegig, Ferdinand Freiligrath mit auf die Anklagebank zu bringen. Wenn nicht in Leipzig, dann doch an dem Ort, wo er sich gerade aufhält. Hätte er es sich nicht selber zuzuschreiben als so genannter Trompeter der Revolution?«

Ach, der Aufschrei von Mary. »Er wollte zur Hochzeit hier sein. Er muss mir doch auch ein Hochzeitslied dichten, wie für Käthe und Luise.«

»Das schafft er notfalls auch im Gefängnis«, meinte Greymount, und er lachte.

Thomas, der bis ans Ende seines Lebens durch den Schulunterricht auch mit lateinischen Sprüchen versehen war, dachte über die drei Worte nach: Mens agitat molem. Die Gesinnung des Herzens bewegt den Körper. Und er fragte sich, wie ist das mit Greymount? Was war zuerst verfettet auf der Jagd nach den Gulden der »Kreuzzeitung«? Der Geist oder der Leib?

Aber jetzt musste er Mary helfen und die Sohnesrolle spielen. Da er an Bad Lausigk mit all den Sagen und Märchen gebunden war, fiel ihm nichts Besseres ein: »Es gibt auf der Welt die Sohnesliebe. Jeder gebildete Mensch kennt den Grafen Wiprecht, den Zweiten seines Namens. So wie der von seinem Sohn aus der Gefangenschaft befreit wurde, so wird Freiligraths Sohn seinem Vater beistehen.« Und Thomas wagte es, einen Augenblick seine Hand auf Marys Hand zu legen. »Ich glaube«, sagte er, »wir sollten jetzt gehen, sonst kommen wir zu spät.« Er rief den Wirt und zahlte ohne Trinkgeld.

Der Wirt nahm die vertrauliche Anrede: »Danke, Herr Wolf Freiligrath. Und nun muss ich Sie erinnern: Vergessen Sie Ihre Blumen nicht, die schönen Orchideen.«

Doch Greymount war nicht so leicht abzuschütteln. »Darf ich Sie noch ein Stück begleiten? Ich freue mich wirklich über unsere Begegnung, in letzter Zeit habe ich Sie gar nicht mehr gesehen, Herr Wolf Freiligrath.« Draussen redete er weiter. »Sehen Sie, wenn ich so über den Angeklagten Wilhelm Liebknecht in seiner Beziehung zu bestimmten Dichtern nachdenke, dann muss ich mich schon fragen, ist der Pegasus nicht eigentlich das trojanische Pferd? Und die Glaubensbekenntnisse sind die Teufel im zuckenden Leib dieses Flügelrosses.«

»Vorsicht, Herr Greymount, mit Ihren Pferdebildern«, Thomas kämpfte für Mary, »denken Sie an das Pferd Bayard, das mit dem Namen des Ritters ohne Furcht und Tadel eins geworden ist. Ganz allein hielt es bei Neapel mit seinem Herrn eine Brücke gegen zweihundert feindliche Reiter.«

Greymount meinte mit einem unbestimmten Lächeln: »Man muss eben auf das richtige Pferd setzen, wenn man es mit dem Wolf zu tun hat.«

Mary wurde ungeduldig: »Herr Greymount, wir haben jetzt keine Zeit. Ich mache einen Vorschlag. Kommen Sie am 15. März abends zu uns, dann können wir weiter reden über Pferde und Teufel und Wölfe.«

Der Eingeladene dankte, blieb stehen und blickte ihnen lange nach.

»Warum«, fragte Thomas, »sollte ich vor dem Wirt und auch noch vor Greymount Ihr Verlobter sein?«

»Weil in ganz London niemand denken soll, ich gehe mit einem anderen.«

»Dann bin ich eigentlich noch weniger als Peter Schlemihls Schatten, der konnte ja doch wenigstens zusammengerollt und in der Tasche getragen werden. Aber mich mit Namen Thomas Koch haben Sie jetzt ausgelöscht.«

Und sollte er mehr als hundert Jahre alt werden, diesen Ausdruck des Schreckens in den wunderbaren grünlichen Augen der Tochter des Meeres wird er nicht vergessen.

Die letzte Wegstrecke bis zum Haus von Käthe Kroeker gingen sie schweigend nebeneinander. Sie wurden schon erwartet. Tee und Kekse standen bereit. Die Einrichtung muss nicht beschrieben werden, alles war von einer soliden Übersichtlichkeit, wie es sich für einen wohlhabenden, deutschen Kaufmann im Ausland gehörte. Und ringsum auf Tischen und Fensterbänken Blumen.

Thomas begann die Unterhaltung, er meinte, die Geschichte mit Heines Bild sei doch sehr schwierig.

»Weil wir uns zu lange bei Doktor Justinus Kerner aufgehalten haben«, sagte Mary.

»Und zuletzt bei Adelbert Chamisso«, ergänzte Thomas.

»Wollen Sie alles ganz genau wissen?«, fragte Käthe. »Vor kurzem war Luise hier, wir haben viele Papiere zusammen durchgesehen. Briefe, Abschriften von Briefen, Auszüge aus Büchern. Dann hole ich mal, was ich habe.«

»Das Hausmütterchen war bei dir? Bei mir hat sie sich nicht sehen lassen.« Mary liess es sich merken, dass sie gekränkt war.

Und Thomas überlegte: Also es gibt doch Briefe.

»Aber Luise lässt dich grüssen, das hatte ich wohl vergessen.«

Nun waren sie noch einmal einen Augenblick allein. Und Mary fragte: »Wissen Sie das mit dem Prozess in Leipzig? Mit dem Gedicht von Vater Freiligrath in der Anklageschrift?«

»Ja«, sagte er nur.

»Sind Sie deswegen hier?«, wollte sie wissen.

Er konnte nicht antworten, Käthe war mit der Schatulle zurückgekommen. »Es ist viel zu wenig von Frauen die Rede«, erklärte sie. »Aber bin ich überzeugt, mancher Dichter schreibt manches nur für eine ganz bestimmte Auserwählte. Das muss nicht immer die Ehefrau sein.«

»Kato, unsere Gelehrte«, Marys Stimme klang traurig. »Du hast ja auch ein berühmtes Hochzeitsgedicht vom Herrn Papa bekommen.«

»Luise auch. Nur keinen Neid. Das hat er doch alles für die Öffentlichkeit bestimmt. Nein, nein, ich meine anderes, Geheimnisvolles. Und seltsamerweise findet sich hier in der Schatulle eine Abschrift.« Käthe zog ein Blatt hervor und meinte: »Es muss eine ganz besondere Beziehung zwischen diesen beiden gewesen sein, zwischen Sophie, der Frau des Dichters Gustav Schwab, und dem Doktor Justinus Kerner. Sie hatte ihm mitgeteilt: *Was sagst Du dazu, dass Du auf meinem kleinen Marionetten-Theater, das meine Kinder haben, auftrittst und Teufel austreibst, Du solltest wirklich einmal als Zuschauer dabei sein.*

Justinus Kerner konnte ihr, der phantasievollen Erfinderin von Puppenspielen, sogar seine Beobachtung über die Geister schreiben: *Wenn so ein Geist sich auch ganz einfältig und noch ganz als gemeiner Mensch geberdet, so sagt mir das nichts gegen seine Qualität. Solche Geister sinken ja unter den Menschen, und nur deswegen suchen sie Hilfe bei Menschen. Es gibt Geister, die ganz Tiere sind, die in Hundsgestalten etc. erscheinen, diese fordern aber noch kein Gebet. Es gibt Menschen, deren Geistiges durchaus das einer Sau ist. Fällt der Körper weg, so kommt die Sau, der Saugeist heraus, der sich dann auch als Sau figuriert und auch so für einen, der Geister sehen kann, sichtbar wird. Es laufen viel mehr Tiere in Wäldern und Feldern, die ehemals sogenannte Menschen waren, als Tiere, die wirklich Tiere sind, darin laufen. Erstere uns unsichtbar, letztere uns natürlich sichtbar. –*

Dies sind reine Wahrheiten.«

Das war kein geglückter Anfang für diesen Besuch. Es klang zu boshaft. Thomas sah, wie Mary die Lippen zusammenpresste. Nun musste er sich auch hier als ihr Ritter beweisen: »Also gut, Sie haben mich erkannt, Frau Käthe«, sagte er, »ich bin eigentlich ein Hund, erscheine aber hier in England ausnahmsweise in Menschengestalt. Und deshalb bin ich ja auch als Gast anerkannt in Ihrem Hause und suche Ihre Hilfe. Darf ich, obwohl mein Geist niederer Art ist, doch jetzt eine ganz präzise Frage stellen: Was hat Ihr Herr Vater, der Dichter Ferdinand Freiligrath, mit Heines Bild zu tun?«

»Lieber Herr Koch, wenn Sie so treu sind, wie es Hunden nachgesagt wird, dann verdienen Sie auch als Belohnung meine Antwort. Oder noch besser, wir lassen Sophie zu Worte kommen. Und dann haben Sie des Rätsels Lösung.«

Thomas verbeugte sich und nahm ihren Ton auf: »Der treue Hund dankt.«

Käthe lachte. »Also weiter. Für Vater muss der Brief von Sophie Schwab an Doktor Justinus Kerner so wichtig gewesen sein, dass er die Abschrift aufgehoben hat. Sie schreibt am 8. März 1836: *Nun will ich Dir auch die verdriessliche Geschichte erzählen, die mein lieber Mann dieses Jahr mit dem Musenalmanach hat. Reimer wünschte ausserordentlich, eine gute Zeichnung von Uhland zu bekommen, um dem diesjährigen Musenalmanach sein Bild vorne hin zu drucken, er schickte deshalb einen Professor Felsing aus Darmstadt hieher, um die Zeichnung zu machen. Mein lieber Mann, der aber wohl weiss, wie verhasst Uhland das Zeichnen seines Bildnisses ist, munterte diesen Felsing auch noch auf, nach Tübingen zu reisen, um Uhland selbst zu sehen, und gab ihm einen Brief an ihn mit. Nun muss Felsing aber dem Uhland so ungeschickt an den Hals gekommen sein, und da dieser die Art und Weise von Uhland überhaupt nicht kannte, muss ihn die unfreundliche Aufnahme so abgeschreckt haben, dass er nach seiner Rückkunft dem Verleger erklärt hat, er werde nie das Bild von Uhland zeichnen oder stechen.*«

»Mary sagte mir vorhin, Uhland habe sogar sein Bild an Ihren Vater nach Amsterdam geschickt.«

»Ja, ja, Herr Koch, das mag schon sein. Jetzt wollen wir lieber auf Sophie Schwab hören: *In dieser Not hat nun Reimer, wie wir glaubten, mit Zustimmung der Berliner, an Heine um sein Bild geschrieben; meinem lieben Mann war dies gleich sehr unangenehm, er erfuhr es aber erst, nachdem es schon geschehen war, Niembsch...*« Käthe ergänzte, »Lenau, *sagte auch gleich, da gebe er nichts in den Almanach, verbot aber, dies gegen den Verleger zu äussern. Inzwischen kam nun das Verbot der Heineschen Schriften und dergleichen...*«

Mary unterbrach Käthe: »Da sind wir wieder bei Wolfgang Menzel. Das Verbot geht auf ihn zurück. Sein Buch ›Die deutsche Literatur‹ galt für manchen, auch für Ferdinand Freiligrath in seiner Amsterdamer Zeit, fast als Bibel. Er hatte wohl damals nicht wahrgenommen, wie durch neue Schriften von Menzel eine Flut von Verboten in die Welt gesetzt wurde. Menzel schrieb wie ein Besessener gegen alle, die sich mit Heine als ›Junges Deutschland‹ verstanden und sich in ihren Schriften für Meinungsfreiheit und ein Weltbürgertum aussprachen. Menzel der Denunziant.«

»Vater jedenfalls hat ihn so nicht genannt«, entgegnete Käthe. »Also bitte, weiter mit Sophie Schwab: ... *und wir hofften, die Sache werde sich zerschlagen. Nun kommt aber kürzlich die Nachricht, dass das Heinesche Bild schon gestochen wird. Chamisso ist so krank, dass er wünscht, mein lieber Mann soll die Sorge für den Almanach fast ganz übernehmen, inzwischen kommt nun das niederträchtige Urteil von Heine über Uhland und die schwäbischen Dichter in seinem neuesten Buche; Menzel, Graf Alexander, alle erklären, sie geben keine Beiträge und auch mein Mann findet, dass seine Ehre es nicht erlaubt, besonders seine Freundschaft für Uhland nicht, seinen Namen im Almanach zu nennen. So musste er also nun dem Verleger die Erklärung machen, dass er jedenfalls für dieses Jahr von der Redaktion zurücktrete, dieser wird wahrscheinlich in ziemliche Verlegenheit dadurch versetzt werden, was meinem lieben Mann sehr leid ist, er hat sich deshalb auch angeboten, die Geschäfte davon zu besorgen, nur soll sein Name nicht genannt werden. Gustav vermutet, dass Du und Mayer auch wohl in diesen allgemeinen Rücktritt einstimmen werden. Leb wohl! Wir grüssen Euch herzlich, Deine Freundin Sophie Schwab.*«

Mary rückte die Schatulle ein wenig beiseite. »So ungefähr habe ich das ja schon alles unserem Gast längst erklärt. Nur den schwäbischen Juristen und Dichter Karl Mayer habe ich vergessen.« Der Ton, in dem sie zu Käthe redete, klang etwas gereizt: »Ich glaube, in Wirklichkeit fühlte sich Schwab gekränkt, weil er von Heine nur in drei Zeilen erwähnt wird. Und weil er die ironische Art von Heine nicht verstehen kann oder verstehen will. Das war dann auch für die Ehefrau Sophie schmerzlich.«

Käthe stellte die Schatulle wieder an ihren Platz, griff erneut hinein. »Das wollen wir überprüfen. Heine hat am 2. April 1833 in Paris ›Zur Geschichte der neueren schönen Literatur in Deutschland‹ im ›Vorbericht‹ geschrieben: Er verstecke seine Gedanken nicht und enthülle die delikatesten Gegenstände schonungslos. Es sei ihm gleichgültig, ob Junker und Pfaffen, die seine Worte fürchten, in ihm den Juden oder den Atheisten sähen. Über die wichtigste Frage der Menschheit gebe er sein Bekenntnis ab: *Anfang und Ende aller Dinge ist in Gott.* Zwei Jahre später, im Herbst erscheint ›Die romantische Schule‹. Wir brauchen das 3. Buch. Schweigen über Uhland könnte als Feigheit oder gar Perfidie gedeutet werden und ehrliche Worte als Mangel an Nächstenliebe. *Die Sippen und Magen (Verwandten) der Uhlandschen Muse und die Hintersassen seines Ruhmes werde ich mit der Begeisterung, die mir heute zu Gebote steht, schwerlich befriedigen.* Und weiter: *Herr Justinus Kerner, der fast gar nicht bekannt ist, verdient hier ebenfalls eine preisende Erwähnung; auch er dichtete in derselben Tonart und Weise die wackersten Lieder; er ist ein Landsmann des Herrn Uhland. Dasselbe ist der Fall bei Herrn Gustav Schwab, einem berühmteren Dichter, der ebenfalls aus den schwäbischen Gauen hervorgeblüht, und uns noch jährlich mit hübschen und duftenden Liedern erquickt.«*

»Das sind die Zeilen«, sagte Mary. »Ich kenne das doch alles.«

Käthe zog ein anderes Blatt aus der Schatulle hervor. »Aber ich darf es doch Herrn Thomas erläutern. Hören Sie zu. Da lebte Heine nun in Frankreich: *Ja, einst war es anders. Wie oft, auf den Trümmern des alten Schlosses zu Düsseldorf am Rhein, sass ich und deklamierte vor mich hin das schönste aller Uhlandschen Lieder.* Er meint das Lied vom *schönen Schäfer.* Aber zwanzig Jahre sind seitdem verflossen. Heine hat zuviel gesehen. *Der alte Spuk wirkt nicht mehr auf mein Gemüth.* Es ergreift ihn hier im Haus auf dem Boulevard Montmartre nicht mehr *das unnennbare Weh.* Uhland repräsentiere die ganze Periode der Leute, die von den Erinnerungen an den so genannten Freiheitskrieg zehren, der Nachbeter auf den Turnplätzen. Das sind die *älteren Patrioten.* Uhland, so erklärt Heine, habe seit zwanzig Jahren keine neuen Gedichte mehr gebracht. Er meinte es mit der neuen Zeit ehrlich. So konnte er kein altes Lied von der alten Zeit mehr singen.

Und da sein Pegasus nur ein Ritterross war, das gern in die Vergangenheit zurücktrabte, aber gleich stätig, er meint störrisch, *wurde, wenn es vorwärts sollte in das moderne Leben, da ist der wackere Uhland lächelnd abgestiegen, liess ruhig absatteln und den unfügsamen Gaul nach dem Stall bringen.«*

Käthe redete in einer Art von wütendem Eifer, sie musste genau erklären, wie es zu der Abneigung ihres Vaters gegen Heine gekommen war. Sie wollte ihren Vater gleichzeitig verteidigen: »Heine schreibt über die *schärferen Blicke,* denen es nicht entgangen sei, dass Uhlands hohes Ritterross nie recht zu seinem bürgerlichen Reiter gepasst habe, der *auf dem Haupte, statt eines*

Helmes nur einen Tübinger Doktorhut getragen hat. Diese mit dem schärferen Blick hätten entdeckt, *dass er die starken Klänge der Heldensage und des Volkslieds in seinem Gemüthe gleichsam weichgekocht habe, um sie geniessbar zu machen für das moderne Publikum.* Und dann noch einmal ein Satz, der natürlich auch von Schwab und von seiner Frau Sophie als kränkend empfunden werden musste: *Aber wie gesagt, die meisten jener Uhlandschen Zeitgenossen, mitsamt ihren Gedichten, geraten in Vergessenheit; letztere findet man nur mit Mühe in verschollenen Sammlungen.* Schliesslich schreibt er über Uhland, den Stolz des glücklichen Schwabenlandes: *Und wir verehren und lieben ihn jetzt vielleicht um so inniger, da wir im Begriffe sind, uns auf immer von ihm zu trennen.* Und: *Das fromme, friedsame Deutschland* lasse jetzt die Zeit hinter sich, *die uns aus Uhland's Gedichten so sterbebleich anschaut, und es nimmt Abschied mit einem Kusse. Und noch ein Kuss, meinetwegen sogar eine Thräne!*«

Käthe griff zur Teetasse. »Es regt mich heute noch so auf, dass mir die Finger zittern. Nun stellen Sie sich vor, Thomas, Schwab teilt meinem Vater am 16. März 1836 mit, er habe seine Mitarbeit an der Redaktion des Musenalmanach niedergelegt, weil gegen seinen Wunsch dem Buch das Bild Heines vorgesetzt wird, desselben Heine, der eben noch in seiner Schrift ›Die romantische Schule‹ vor allem Uhland so bitter verhöhnt habe. Und nun macht es meinen Vater, wie er sagte, rasend, dass er schon Gedichte hingeschickt hat. Wenn du es genau wissen willst, Mary, noch heute, da ausser Vater und Menzel alle Beteiligten nicht mehr leben, bin ich über Heine empört.«

»Wolfgang hat mir aber auch von der merkwürdigen Frage erzählt, die Vater Freiligrath hatte«, entgegnete Mary, »ob denn Chamisso den Almanach allein weiterführen wird? War da nicht schon sein Gedanke eines Bedauerns, dann nicht dabei zu sein?«

»Vater wollte wissen, wer die unglückliche Idee mit dem Bild gehabt hatte. Er hätte sich über ein Bild von Kerner oder Lenau gefreut. Er forderte seine Beiträge umgehend zurück. Das war am 10. April 1836.«

»Natürlich hatte Freiligrath mit dem Rückruf seiner Gedichte Chamisso gekränkt«, sagte Mary. »Und nun hört er, Chamisso wird sich durch die Proteste nicht beirren lassen. Der Almanach wird mit Heines Bild erscheinen. So musste er sich nach einem Ausweg umsehen. Er wollte doch gedruckt werden.«

»Ja, ja, hier ist eine Abschrift vom 18. Mai. Vater schreibt an Chamisso: *Ich muss gestehen, dass ich über Heines freches Herunterreissen des edlen Uhland aufs Höchste indigniert war und bin, und mich, nachdem ich seine ›Ecole Romantique‹ gelesen, auch jetzt noch nicht recht mit dem Gedanken, sein Bild dem Almanach vorgesetzt zu sehen, versöhnen kann.*«

Mary kannte das Papier: »Oft hat mir Wolfgang diesen seltsamen Satz seines Vaters vorgehalten: *Ich kann noch einlenken... und oft ist die eiserne Konsequenz die grösste Inkonsequenz.* Das, liebe Kato, kann ich einfach nicht verstehen.«

»Weil du alles mit den Augen von Wolfgang siehst. Vergiss doch nicht die herzliche Verbundenheit zwischen Vater und Ludwig Uhland.«

»Aber war nicht Chamisso sein Entdecker, sein väterlicher Freund?«

»Ja, gut, Vater hat Chamisso doch den Reuebrief geschrieben.«

»Aber dann später? Auf drei Briefe von Chamisso hat er nicht geantwortet. Das hat er bitter bereut. Er war der Betroffene, so wie er es beschrieben hat:

Dann kniest du nieder an der Gruft...
Und sprichst: O schau auf mich herab,
Der hier an deinem Grabe weint!
Vergib, dass ich gekränkt dich hab'!
O Gott, es war nicht bös gemeint!

Er aber sieht und hört dich nicht,
Kommt nicht...«

Ein Blatt war aus der Schatulle zu Boden gefallen. Thomas hob es auf, las die Zeilen, fragte die Gastgeberin. »Ist das die Handschrift Ihres Vaters?«

»Nein«, sagte sie, »das hatte uns Justinus Kerner geschickt.«

»Darf ich es vorlesen?« Mit Herzklopfen las er es vor. Für Mary.

»Schmerz ist der Grundton der Natur;
Schmerz des Waldes rauschend Singen,
Schmerz des Baches murmelnd Springen,
Und zumeist aus Menschenscherz
Tönt als Grundton Schmerz, nur Schmerz!«

Sie sollte um seine Angst wissen, dass er ihre Zuneigung verlieren könnte. Aber sie schien nicht zugehört zu haben, sie suchte etwas in der Schatulle.

Mary war sicher, es musste eine Abschrift der Verse aus Heines ›Testament‹ geben. Sie wollte es Käthe vorhalten als eine kleine Herausforderung, weil Freiligraths Tochter noch immer in der Erinnerung an den alten Streit um Heines Bild unversöhnlich im Kreise der schwäbischen Dichter stand. Mary gab das Blatt Thomas und bat ihn, auch diese vier Zeilen noch vorzutragen.

Ein treues Abbild von meinem Steiss,
Vermach ich der schwäbischen Schule; ich weiss,
Ihr wolltet mein Gesicht nicht haben,
Nun könnt Ihr am Gegenteil euch laben.

Der Engel des Dichters

Käthe kam an diesem 15. März schon am frühen Nachmittag ins Haus Eastman. Sie wollte bei den Geburstagsvorbereitungen helfen. Sie hatte Blumen für den Tischschmuck zum festlichen Abendessen mitgebracht. »Wieviel Personen kommen denn?«, fragte sie.

»Da habe ich noch jemanden eingeladen. Er ist alt und dick geworden. Du kennst ihn auch. Greymount.« Mary lächelte verlegen. »Ich war in einer peinlichen Situation.« Und sie erzählte Käthe die Geschichte, wie sie im Kaffeehaus den Irrtum des Wirtes, Thomas sei Wolf, nicht aufgeklärt hatte, und wie der Herr Greymount merkwürdige, gefährliche Andeutungen über Vater Ferdinand Freiligrath gemacht habe. Sie musste versuchen, ihn durch eine Einladung versöhnlich zu stimmen.

»Versöhnung?«, fragte Kato. »Was ist das? Versöhnung mit einem Abgefallenen? Versöhnung mit einem Gesinnungslump? Was weisst du denn überhaupt von Greymount?«

»Nichts Bestimmtes«, musste Mary zugeben, und sie setzte nicht ohne leisen Vorwurf hinzu: »Manches von euch blieb ja auch vor mir verschlossen. Es gibt noch immer Augenblicke, da glaube ich, ihr meint, ich passe nicht zu Wolfgang. Oder anders, ihr glaubt, ich bin schuld daran, dass er sich von der Dichtkunst abgewendet hat. Und dafür soll ich vielleicht bestraft werden, vor allem, weil er jetzt weit weg ist, in Amerika. Und weil er lieber Felle gerben will, als nach dem Lorbeerkranz der Dichter zu streben. Dabei weisst du gar nicht, Kato, was mir die Welt von Ferdinand Freiligrath bedeutet. Vielleicht verstehe ich, die Familienfremde, ihn besser als ihr.«

Der Türklopfer war in diesem Augenblick deutlich zu hören. Kato sagte befremdet: »So früh, wer soll das sein? Rose erwartet uns doch jetzt in der Küche.«

Eintrat Greymount. Es muss angemerkt werden, dass er sich für diesen Besuch wenigstens seine Schuhe gesäubert hatte. »Danke für die Einladung.« Er sah sich um. »Bin ich der Erste? Sie haben mir keinen genauen Zeitpunkt gesagt, Verehrteste, so dachte ich mir: Besser früh als gar nicht. Also meine Gratulation.« Er überreichte Mary einen Strauss Narzissen, ging auf Käthe zu, sagte mit einer gewissen Vertraulichkeit: »Hallo, Kato.«

Sie übersah seine ausgestreckte Hand, erwiderte ohne Lächeln: »Hallo, Dr. Hans Werstel.«

»Jetzt verstehe ich gar nichts«, sagte Mary.

»Das kannst du auch nicht, den Dr. Hans Werstel gab es schon lange vor meiner Geburt, er gehört in die Zunft Gelegenheitsdreher, die nicht aufhören können zu schreiben, und dabei drehen sie ihre Namen wie ihre Überzeugungen hierhin oder dorthin.«

»Vorsicht, meine Verehrteste, vielleicht habe ich mich nie gedreht, sondern bin immer geblieben, wo ich war, in Gottes Hand.«

Käthes Entgegnung ging unter, da Frau Eastman hereinkam. Gastfreundlich fragte die Hausherrin: »Was darf ich Ihnen anbieten, Tee oder Kaffee oder Wein oder Likör, Herr…?«

»Greymount«, erklärte Mary, »das ist Herr Greymount.«

»Wasser«, erwiderte er mit einer Verbeugung, »gnädige Frau, ich trinke nur Wasser.«

»O wie bescheiden«, meinte Käthe sarkastisch.

»Stell dir vor, Mutter, Herr Greymount will verreisen«, erklärte Mary, »zu einem Prozess auf dem Kontinent. Aber das kann er dir selbst erzählen. Dann lassen wir euch jetzt mal einen Augenblick allein und gehen in die Küche. Wir müssen abschmecken.«

»Also wirklich Mary, das war kein Meisterstück von dir, den Werstel einzuladen«, meinte Käthe auf dem Weg zur Küche.

»Und wie soll ich dem Werstel oder Greymount erklären, dass Thomas Koch nicht Wolfgang Freiligrath ist?«, fragte Mary.

»Du wirst sehen, Mary«, meinte Käthe. »Wir werden ihm gewachsen sein, schliesslich kenne ich nicht nur seinen Namen, ich weiss, mit welchen Worten er die Wendungen auf seiner Wegstrecke markiert hat. Anfangs war er der Allergestrengste im Bekenntnis zum Kommunistischen Manifest. Er schrieb immer wieder über die neue Gerechtigkeit, die unausweichlich kommen müsste. Er veröffentlichte in vielen Zeitungen seine Artikel unter seinem Namen Doktor der Philosophie Hans Werstel. Er bezeichnete sich als einen Hüter und Sänger der Revolution. Da wollte er den ›Trompeter der Revolution‹ übertrumpfen. Vaters Freund, der Redakteur Friedrich Wilhelm Wolff, war in der ›Neuen Rheinischen Zeitung‹ für Glossen aus den deutschen Kleinstaaten im Ressort ›Aus dem Reich‹ verantwortlich. Er machte sich lustig über einen gelehrten Hanswurstel, dem grosse Fässer mit ethischem Honig zur Verfügung stehen, aus denen er ununterbrochen schöpft und alle von ihm beschriebenen Personen mit einer Süsse überzieht, die zum Ersticken führen kann. Und die Frage wurde gestellt: Will er sie ersticken? Jeder Eingeweihte wusste natürlich, gemeint war Dr. Hans Werstel. Das ist, so sehe ich es, ein Grund für seinen Hass auf Wolff. Aber es kam sicher noch anderes dazu. Vielleicht eine unglückliche Liebe zu einem Mädchen mit grossen, dunklen Augen und langem, rotem Haar, die es sich zum Vergnügen machte, ihre Liebhaber gleichzeitig einzuladen. Möglicherweise wurde er auch dort verlacht. Weisst du Mary, ein so tiefer Hass kann nur durch Niedrigkeit der Selbsteinschätzung entstehen. Und durch die Angst, ausgelacht zu werden ohne selber mitlachen zu können.«

Kato blieb vor der Küchentür stehen. »Warte noch einen Augenblick, Mary, ich denke nach, wie tief auch sein Neid eingewurzelt sein muss. Es gibt ein Flugblatt aus der Zeit, als mein dritter Geburtstag gefeiert wurde, also 1848, da kannst du dir ausrechnen, wie alt ich jetzt bin. Das Flugblatt liegt auch in der Schatulle. Dazu gehört ein Blatt aus dem ›Anzeiger für die politische Polizei Deutschlands‹. Schade, das hätte ich dir zeigen sollen, das wäre sicher auch für Thomas wichtig gewesen. Der Text ist wie eingebrannt in mein Gedächtnis: *Freiligrath, Ferdinand, der, schändlichen Undanks voll, seinen ehemaligen Wohltäter, Seine Majestät den König von Preussen, in dem bekannten Schandgedicht ›Die Toten an die Lebenden‹ auf das Gröblichste und Gemeinste beschimpfte und auch ausserdem wegen dieses Gedichtes, einer Pestbeule in der Geschichte deutscher Dichtung, der Anklage auf Hochverrat unterworfen und im August 1848 zu Düsseldorf verhaftet wurde. Vor die Assisen gestellt, wurde er aber freigesprochen. Später wiederholt des Hochverrats beschuldet, flüchtete er und lebt jetzt als politischer Flüchtling in London.*

Aber nun stell dir einen Scherenschnitt vor, Mary. Ein strenges Rechteck, das ist der Raum, in dem sich alles abspielt. Eine Gefängniszelle. Rechts oben in der Ecke ein kleines vergittertes Fenster. Am Rand steht stramm ausgerichtet der bärtige Gefängniswärter mit seiner Dienstmütze, in der rechten Hand hält er am Bund drei Schlüssel. Ein Stock zum Prügeln hängt zu seiner Linken deutlich sichtbar herab. An ihm, dem vorschriftsgemäss Uniformierten geht kein Weg vorbei. Er ist der Staat. Er ist das Recht. Er ist die Ordnung. Ein karger Tisch steht mitten im Raum, darunter ein Krug. Wasser soll ja sein. Auf dem Tisch unter dem vergitterten Fenster sitzt Lupus, der Wolf, an eine von hoch da droben kommende Kette gelegt. Die Haltung des schlanken Tieres mit dem ausdrucksvollen Schweif zeigt höchste Aufmerksamkeit, denn er hält in seiner rechten erhobenen Pfote ein Blatt, offensichtlich ein Zeitungsblatt. Ihm gegenüber hat ein Mann am Tische Platz genommen. Und wenn wir es nicht jetzt schon wüssten, wer er ist, die fünf in die Tischkante eingeschriebenen Worte sagen es: ›Die Toten an die Lebenden‹. Das ist in grossen Buchstaben eingeritzt. Lässig, elegant, also ohne Furcht, sitzt Ferdinand Freiligrath als Gefangener in der Zelle. Zwei Schreibfedern sind der Nachweis für seine Tätigkeit. Die eine hält er in seiner rechten Hand, die andere Feder steckt als Reserve in einem Tintenfass. Und ganz sacht, doch unaufhaltsam schwebt aus der Höhe vorüber am Gefängniswärter ein geflügelter Engel heran. Mit seiner linken Hand, und auch das wusste der Hersteller des Scherenschnittes, die nach uralter Überlieferung immer die Hand der Gerechtigkeit ist, hält er den Lorbeerkranz über das Haupt des Dichters. Es sieht aus wie ein Heiligenschein.« Und Kato fragte Mary: »Glaubst du, dass irgendein Mensch jemals auch nur in Gedanken einen Lorbeerkranz für Werstel-Greymount malen wird?«

»Aber er hat gesagt, Ferdinand Freiligrath muss endlich verurteilt werden. Er hat gesagt, schon ist das Gedicht ›Die Revolution‹ Gegenstand der Anklage gegen drei Hochverräter in einem Prozess in Leipzig. Dann sollten es nur noch wenige Schritte sein…«

»Von einem Werstel lassen wir uns nicht einschüchtern. Komm, Mary, jetzt widmen wir uns nicht einem Schwurgericht, wir wollen die Gerichte zu deinem Geburtstagsessen überprüfen.

Womit beginnen wir das Konzert?«, fragte Kato die alte Köchin Rose. »Welche Ouvertüre können wir erwarten?«

»Clear oxtail soup.«

»Mary, ich sage dir, der Dr. Werstel sollte lieber keine Suppen mehr essen, so dick wie der geworden ist. Heute Abend möchte ich wieder neben Thomas sitzen, er wird von mir das letzte Geheimnis der klaren Ochsenschweifsuppe erfahren. Wir drei hier in der Küche wissen, das ist nicht die Zugabe von Madeira, das ist die Messerspitze Cayennepfeffer, aber nur wenn das Gewürz kurz vor dem Servieren zugefügt wird, kann der wahre Geschmack herausgelockt werden, das stimmt doch, Rose? Und was gibt's dann?«

»Es ist alles vorbereitet«, sagte Rose mit der Ruhe einer erfahrenen Frau, die sich auch vor zudringlichen Herrschaften behaupten kann. »Das Filet vom Steinbutt darf nicht zu lange im Ofen stehen. Hoffentlich sind die Gäste pünktlich. Weiter, meine jungen Damen. Ich habe Marys Lieblingsgericht ausgesucht: Filets von jungen Hasen mit Johannisbeergelee. Sie sehen, das Fleisch ist schon gehäutet und gespickt. Weiter. Ragout vom Hummer. Gebackene Champignons. Truthahn auf meine Art. Er ist fast gar, Sie können sich überzeugen, schön gedämpft in heller Fleischbrühe und Weisswein, dazu Wurzelwerk, Zwiebeln und ein Kräuterstrauss. Zum Garnieren nehme ich kleine Möhren, Blumenkohlrosen und weisse, zu Kugeln geschnittene Rüben, alles in Salzwasser mit Butter weichgekocht. Weiter. Fasanenpastete, fertig und ausgekühlt. Sie wissen, meine Damen, da kann mir keiner was vormachen. Auf der Farce von Gänseleber, Fasanenleber und Speck habe ich die vom Knochen gelösten Fasanenstücke und die Champignonscheiben in meiner Art angeordnet. Wenn Sie die Pastete aufschneiden, werden Sie sehen, jede Scheibe hat ein Gesicht mit Augen, Mund und Nase.«

»Und als Nachtisch Plumpudding«, sagte Mary. »Auch für unseren Gast aus Leipzig. Der hat bisher nur davon gehört.«

Rose liess sich durch Käthes temperamentvolle Umschau in den Töpfen nicht beirren. Sie gehörte seit Marys Geburt fast wie eine Familienangehörige zum Hause Eastman. Fast. Sie legte Wert darauf, allein in der Küche zu essen. Unter keinen Umständen wollte sie mit am Familientisch sitzen. Auch beteiligte sie sich nicht an Familienausflügen ins Grüne, aber sie bereitete mit grosser Umsicht die Picknickkörbe vor. Doch diese nun erwachsenen

Damen waren auch wie ihre Kinder, so konnte sie ihnen sagen, was sie dachte: »Es hat mir weh getan, wie es gestern mit Ihrer Frau Mutter zum Streit über den Nachtisch gekommen ist. Für ein grosses Fest habe ich nie den gewöhnlichen Plumpudding gemacht. Auch nicht den feinen. Heute gibt es Plumpudding Queens, und der ist unvergleichlich. Ich bin so lange hier im Hause, wie Mary alt ist. Fünfundzwanzig Jahre. Also meine Damen, ich bin immer froh, wenn Sie beide in die Küche kommen, ich bin jetzt genau so froh, wenn Sie aus der Küche gehen. Bei den letzten Feinheiten darf mir keiner zusehen.«

Käthe lachte. »Gut, wir verschwinden.« Auf dem Weg zurück zum Salon zu Frau Eastman und zu Greymount erinnerte sie noch einmal an die vergangene Zeit: »Als mein sechster Geburtstag gefeiert wurde, da trafen sich die verfolgten und nach London geflohenen Mitarbeiter der verbotenen ›Neuen Rheinischen Zeitung‹ hier alle wieder, Lupus, Marx, auch Vater. Ein Dr. Hans Werstel gehörte keinesfalls dazu. Auch darum vergrösserte sich sein Hass, und in seine Zeilen, die er hier und da als Greymount veröffentlichte, geriet die Vokabel vom Wolfs-Rudel.«

Ach, die stolze Mary musste zugeben: »Irgendwann früher und irgendwo haben Wolfgang und ich ihn einmal in einer Gesellschaft getroffen. Da wurde er mir nur als ein bekannter Journalist vorgestellt. Und jetzt? Jetzt habe ich ihn zu meinem Geburtstag eingeladen. Und mein Wolf ist nicht da. Ich wünschte, ich könnte jetzt weglaufen. Irgendwohin. Weit weg. Nur weg.«

Käthe umarmte sie. »Ob du es mir glaubst oder nicht, ich verstehe dich. Und ich habe dir auch mein besonderes Geburtstagsgeschenk mitgebracht: Berthold Auerbachs Roman ›Barfüssele‹. Soeben in Englisch erschienen. Mit allen Illustrationen von Benjamin Vautier. Und für dich habe ich meine englische Übersetzung von Vaters Gedicht ›Barfüssele‹ noch einmal abgeschrieben und ins Buch gelegt. Du kannst also gar nicht weglaufen. Du musst jetzt beurteilen, wie schwierig es ist, eine angemessene Übertragung für Vaters Worte zu finden.«

Und Käthe sah, wie Mary, das stolze Kind, zu Tränen gerührt war. So redete sie weiter: »Wenn du nur einmal diese eine einzige Strophe nimmst, dann kannst du ahnen, wie ich geschwitzt habe.

Im Wälderwams auf hohem Sitz,
Im Dreispitz in der Zipfelmütz,

So fährt er stolz durch Land und Leut'
Der Vautier ist sein Fuhrmann heut.

Wie würdest du denn ›Wälderwams‹ übersetzen? Ich habe dafür ›doublet green‹ genommen. Grünes Wams. Für das Wort ›Fuhrmann‹ ›choachman‹. Also hör zu, die vier Zeilen wenigstens:

He sits, in doublet green, on high,
Three cornered hat all cocked away,
Thus proudly drives he on his way,
Vautier his coachman is to day.

»Na, wo bleibt ihr denn?« Marys Mutter suchte sie. »Die anderen Gäste müssen doch bald kommen. Käthe, dein Mann sollte wohl gleich hier sein. Und deine Schwester Luise, sie wollte auch ihren Mann mitbringen. Ach, das habe ich in der Aufregung ganz vergessen, Mary, da ist heute Morgen ein Brief für dich abgegeben worden.« Und sie betonte: »Ich habe ihn nicht aufgemacht. Ich glaube von Herrn Thomas Koch, wenn ich den Absender auf dem Umschlag richtig entziffert habe. Dann wird er wohl fernbleiben. Wir werden ein Gedeck wegräumen.«

Käthe, wie immer temperamentvoll und überlegen: »Hoffentlich nicht. Aber jetzt wollen wir Herrn Greymount nicht so lange allein lassen. Kommen Sie Frau Eastman, Mary soll den Brief in Ruhe lesen.«

Er und ich

Das Schreiben war ohne Anrede und ohne Überschrift. Thomas hatte nur seinen Namen und das Datum und den Ort seines Aufenthalts eingesetzt: »Kleins Gasthof«.

Es begann mit den drei Worten: Er und ich.

Ich kam mir nach der Teestunde mit Ihnen, verehrte Mary, bei Käthe Kroeker-Freiligrath in dieser grossen fremden Stadt sehr verloren vor. Ich lief durch die Strassen. Wie betäubt. Ich konnte an nichts anderes denken als an die Liebe der Mary Eastman. Sie haben mich in Ihre Welt hineingezogen. Aber in Wirklichkeit haben Sie nur einen gefährlichen Gebrauch von meiner Anwesenheit gemacht, um vor aller Augen zu beweisen, Ihr Bündnis mit Wolfgang ist unantastbar.

Was sollte ich am frühen Abend allein in »Kleins Gasthof«? Sie werden es sicher kennen, es ist eigentlich mehr eine Herberge für nicht sehr begüterte Gäste, vor allem für Flüchtlinge aus den verschiedensten Ländern, darunter viele Deutsche. Mein sparsamer Vater hatte es sich von einem befreundeten Handlungsreisenden empfehlen lassen. Mein Zimmer im vierten Stock machte dem Namen des Besitzers wirklich alle Ehre, es war so klein, dass ausser dem Bett und einem Schrank nicht einmal ein Stuhl Platz hatte. Dafür aber war ein anderes Zimmer im ersten Stock fast übergross. An der Tür stand in deutscher und englischer Sprache die Bestimmung. Ich las: »Essensraum«. Darunter: »Es ist nicht gestattet, die Tür zuzuschlagen. Verursachen Sie keinen Lärm.«

Jedesmal wenn ich dort eintrete, bin ich über Herrn Klein erstaunt. Er hat alles in seinem Gasthof äusserst kärglich eingerichtet, auch der Blumenschmuck, auf den er wegen der Landessitte natürlich nicht verzichten darf, ist kümmerlich und künstlich. Aber an der Wand dieses Zimmers, rechts neben der Tür, steht ein Regal voller Bücher. Nahrung für die verlorenen Seelen, die nicht wissen, wohin in dieser grossen, fremden Stadt. Das Zimmer ist Tag und Nacht geöffnet. Und wie eine ewige Lampe in einer Kirche für Altgläubige hat Herr Klein einen Ölleuchter auf einen Ecktisch gestellt. Aber an diesem Abend wollte ich nicht dort so allein sitzen und lesen.

Ich geriet in Wilton's Music Hall. Vielleicht war es sogar Ellen Wilton, die Frau des Herrn John, die mich freundlich auf ihren besonderen Stolz aufmerksam machte. Sie führte mich in einen Raum, den sie »The old Mahagony Bar« nannte. Alles Mahagoni, betonte sie, das edle Holz aus Indien. Natürlich habe ich dort getrunken, vielleicht zu viel durcheinander. Irgendwann kam Frau Ellen wieder und sagte, ich müsste mir unbedingt jetzt im grossen Spiegelsaal das Konzert anhören. Ich zahlte, was ich schuldig war, und liess mich von der Musik nun doch zu Träumen verführen.

Als ich mich dann endlich auf den Weg zu »Kleins Gasthof« machen wollte, wurde ich plötzlich angeredet: »Ach, Sie sind's wieder!« Ja, da stand nun der Herr Greymount vor mir, unverkennbar mit seinem wirr abstehenden Haar, dem schlechten Bartwuchs, der abgeschabten grauen Jacke und den ungeputzten Schuhen.

»Ja«, sagte ich, »in der Tat, ich bins.«

Er: »Immer noch ein Wolf im grossen Rudel der Wölfe?«

Ich wehrte mich: »Ich bin kein Tier aus einem Rudel.«

Er: »Sie haben zwei Fehler gemacht. Niemals hätte Wolfgang Freiligrath seiner Schwester Orchideen gebracht. Um diese Jahreszeit durften es nur Narzissen sein. Und der zweite Fehler, Sie haben da einen alten Kerl aus der Vorzeit genannt, der mit Sicherheit völlig ausserhalb der Vorstellungswelt des Freiligrathssohnes liegt. Irgendwo angesiedelt im Sächsischen.«

Ich: »Nicht irgendwo und nicht irgendwer. Graf Wiprecht aus Lausigk.« Und jetzt blieb mir gar nichts anderes übrig, ich musste zugeben: »Es stimmt, ich bin nicht Wolfgang Freiligrath.« Aber sein Name kam mir so gekünstelt vor, ich setzte zum Gegenangriff an und fragte: »Und Sie sind immer nur Greymount?«

Mag sein, er wollte mich einschüchtern: »Ja, das Grau gehört zu mir.« Und er steigerte sich, weil ich lachte. Sie wissen, verehrte Mary, ich bin nicht ängstlich. Er redete fast wirres Zeug, etwa in der Art: Er ist der Graue Zwerg, der so klein ist, dass er durch jedes Schlüsselloch kommt. Er ist der Graumann vom Friedhof, der den Sterbenden im letzten Augenblick das Allerletzte von den Lippen abgelesen hat. Und wenn man ihn, wie von einem gewissen Lupus geschehen, in der einen Zeitung nicht haben will, ja sogar verunglimpft, kommt er in einer anderen Zeitung wieder. Er erforscht Strukturen und Dominanten. Er lebt von Leuten, die von ihm abhängig sind, von kummervollen Gestalten, die nicht schreiben können, und trotzdem in manchen Redaktionen sitzen, die schmücken sich dann mit seinen Federn. Sein Wortschwall ging wie ein Wasserfall auf mich herab, immer weiter, fast ohne Ende: Er hat sich für das undurchschaubare Grau entschieden. Es ist nicht schwarz und nicht weiss, also auch nicht Ja und nicht Nein. Nicht oben und nicht unten. Und doch ist immer eine kleine und ständig wechselnde Variante überraschender Farben möglich. Er bevorzugt Braun. Natürlich gibt es auch ein Blau als Zugabe oder ein Grün oder ein Gelb. Vielleicht, so hat er gesagt, ist er auch die Graue Fliege mit quer gestelltem Kopf und sehr breiter Stirn, die sicher jeder kennt. Als Larve hat sie längst das ihre getan, sie frisst die Körner von Gerste und Hafer aus. Sie kann auch schon bei der Wintersaat an den frühen Blättchen nagen und so die Pflanzen töten. Und manch einer wird ihn noch als den Grauwürger, den Vogel mit den dunklen Schwingen, erleben. Dann war er mit seiner Grauarie am Ende, und er fragte mich, ob wir ein Bier zusammen trinken wollen.

Aus Neugier ging ich mit ihm in eine Bierhalle. Eine ganze Weile sassen wir schweigend da. Wir tranken, stellten die Krüge zurück, tranken wieder. Dieses Abwarten, wer zuerst das Wort nehmen wird, erschien mir als eine Art Zweikampf.

Manchmal tut man etwas, das man eigentlich gar nicht möchte. Ich hatte doch in der »Mahagony Bar« genug getrunken. Auch wollte ich das Geheimnis des Herrn Greymount gar nicht ergründen. Es war die reine Neugier jenseits der Vernunft. Aber eines habe ich schon als Kind gelernt. Ich kann schweigen. Dieses Spiel habe ich oft mit meinem Bruder geübt. Beides gehört zusammen, dem anderen so lange in die Augen zu schauen, bis der den Blick senkt, und solange still zu warten, bis der andere den Mund auftut. Während Greymount mir nun gegenüber sass, überlegte ich, wie alt er wohl sein muss. Jedenfalls viel älter als ich. Was hat er mit seiner Zeit gemacht?

Er hielt das Schweigen nicht mehr aus, sagte: »Sie wollten sich also unter einem anderen Namen verbergen. Wolf. Ausgerechnet.«

Er antwortete nicht, als ich ihn fragte: »Was haben Sie gegen Wolf?« Und seltsam, er kam an diesem ganzen langen Abend bis spät in die Nacht nie mehr auf das Wort »Wolf« zurück. Es ist ja alles, meinte er, nur ein dummer Zufall. Dass der Wirt zu ihm kam und sagte: »Da sitzt Wolfgang Freiligrath mit Mary Eastman.« Als er von unserer Anwesenheit erfahren hatte, sei zu viel aus den vergangenen Zeiten in ihm hochgekommen.

Er trank sehr schnell und hörte kaum richtig hin, als ich meinen Namen Thomas Koch nannte. Ich habe das einfach als ein Spiel erklärt, sehr verehrte Mary, damit er uns dann am 15. März nicht vor allen Gästen beschämt. Von ihm habe ich erfahren, es ist Ihr Geburtstag.

Er redete wie im Selbstgespräch: »Es kann nicht mit rechten Dingen zugegangen sein.«

Ich fragte: »Was denn?«

Er antwortete nicht. Er flüsterte nur den Namen: Johanna Kinkel. Nur ihretwegen sei er nach London gekommen, behauptete er, damals im November 1858. Am Tag seiner Ankunft aber sei sie auf eine für ihn unerklärliche Weise gestorben. Wenig später habe er dann Freiligraths Verse »Nach Johanna Kinkels Begräbnis« gelesen, und er zitierte sogar einige Zeilen:

Zur Winterszeit in Engelland,
Versprengte Männer, haben
Wir schweigend in den fremden Sand
Die deutsche Frau begraben...

Am offnen Grabe stand verstört
Das Häuflein ihrer Waisen...

Der Dichter habe also auch das Gefühl gehabt, Johanna Kinkel sei wie eine Mutter der Emigranten und also wie eine Mutter der Revolution gewesen. Doch immer sei er, Greymount, an den vier anderen Zeilen hängen geblieben:

Wir senken in die Gruft dich ein,
Wie einen Kampfgenossen;
Du liegst auf diesem fremden Rain,
Wie jäh vor'm Feind erschossen...

Da sitzt Freiligraths Sohn, habe der Wirt dem Greymount gesagt. So sei ihm der Gedanke gekommen, vielleicht doch noch, wenn auch sehr spät, Genaueres über das dunkle Ende von Johanna Kinkel zu erfahren.

Natürlich hatte er damals auch Johannas Mann, den Herrn Gottfried Kinkel, bewundert. Aber sie sollte ihm über ihr Leben erzählen, damit er in einer Zeitung über sie schreiben könnte. Diese Zeile *Wie jäh vor'm Feind erschossen* hatte ihn wie mit einem Schlage verwandelt. Für seinen Artikel war schon eine Überschrift vorgesehen: »Freiheit, Liebe und Dichtung«. Aber nun? Von da an, so behauptete er, hatte er alles, was mit der Zeit um 1848 zusammenhing, hassen gelernt. Die Revolution betrachtete er seitdem nur als eine Schimäre. Man dürfe sich nicht von den gottgegebenen Strukturen abwenden. Ein Kaiser sei notwendig, einer, der mit starker Hand für Ordnung sorgt, der diesen »zerfahrenen blöden Haufen der Revolutionäre«, wie Greymount es nannte, zur Räson zwingt. Mit Gewalt. Und den Prozess in Leipzig wolle er sich auf keinen Fall entgehen lassen. Zur Urteilsverkündung spätestens müsse er an Ort und Stelle sein. Denn Wilhelm Liebknecht sei ja auch bei den Kinkels ein- und ausgegangen.

Das Ende von Johanna Kinkel sei nun vierzehn Jahre her. Er habe sich dann gewissermassen an die Fersen von Herrn Kinkel geheftet, um herauszubekommen, was dieses jäh bedeuten könnte. Es hiess, sie sei aus dem Fenster ihres Schlafzimmers gestürzt. Er aber, Greymount, habe nur Fragen über Fragen gehabt. Ein Herzkrampf? Sie wollte Luft holen? Sass sie, die Geschwächte, im Rollstuhl? Hat jemand den Rollstuhl zu weit geschoben? War sie im Augenblick des Sturzes allein im Zimmer? War es ein Unfall? War es wirklich Selbstmord? Was hat Gottfried Kinkel vor der Untersuchungskommission ausgesagt? Was hat er verschwiegen? War sie am Ende doch von ihm enttäuscht?

Greymount, habe erleben müssen, wie der Herr Kinkel nach kurzer Zeit sich mit einer neuen Frau tröstete, Minna Werner. Ein Kindlein wurde dann auch bald geboren. Die Welt ging weiter ohne Johanna. Schliesslich sei Herr Gottfried mit Frau und Kind aus London verschwunden. In Zürich habe er nun als Professor für Kunstgeschichte eine Heimstatt gefunden. Er, Greymount, habe gehört, mit einer Abhandlung über »Die Brüsseler Rathausbilder des Rogier van Weyden« sei dem Kinkel ein bedeutender Blick gerade auf diese Arbeit des Malers aus dem 15. Jahrhundert gelungen.

Greymount hat sich dann in Johanna Kinkels »Hans Ibeles in London – ein Roman aus dem Flüchtlingsleben« vertieft, er nimmt an, dass ihr Mann, der ihre Arbeit nach ihrem Tode herausgab, mindestens den versöhnenden Schluss zu seinen Gunsten geändert hat. Und jetzt hat Herr Greymount doch angefangen, über sie zu schreiben. Über die von ihm so verehrte Frau, die fürchtete, sich durch das Erinnern an den poetischen Zauber der alten Liebe zu Gottfried Kinkel lächerlich zu machen. Über ihre Eifersucht. Sie habe in ihrem silbergrauen, bis hoch hinauf an den Hals geschlossenen Seidenkleid wie eine ehrwürdige Nonne ausgesehen.

Er hatte seinen Entwurf sogar bei sich und las mir Stücke daraus vor. Mir schien, er brauchte mich nur als Zuhörer. Was sollte ich auch sagen zu seinen Hassausbrüchen gegen alles und alle im Exilzirkel um Karl Marx, gegen Friedrich Wilhelm Wolff und gegen Ferdinand Freiligrath. Der Dichter allerdings sei auch bei dem anderen Zirkel um Gottfried Kinkel zu sehen gewesen.

Greymount hat sich zu Eigen gemacht, was Johanna Kinkel im Buch über Hans Ibeles einen Spitzfindigen sagen lässt: *Bei der Revolution ist mir immer als das Härteste vorgekommen, dass das Parteiwesen uns als Menschen unleugbar demoralisiert. Vom Par-*

teimann wird eine Form der Ehre und Tugend gefordert, die, genau wie bei der militärischen Ehre, nicht mit dem abstrakten Begriff dieses Wortes übereinstimmt. Es ist eine Schande, die Wahrheit zu bekennen, wenn man Parteiinteressen damit gefährdet. Die Kriegslist wird zur Tugend, das Leugnen zur Pflicht.

Und der Spitzfindige stellt fest: *Seltsam kontrastierte mit der in London herrschenden Sicht der Dinge die Begeisterung jedes frisch vom Kampfplatz anlangenden Vertriebenen, dass nur für einen kurzen Moment die Übermacht gesiegt habe, dass aber das triumphierende deutsche Volk ihn über Nacht zurückrufen werde. Viele der Flüchtlinge stritten schon untereinander um die Stellung, die sie nach ihrem siegreichen Einzug in dem von den Fürsten befreiten Deutschland einnehmen wollten.*

In der Art, wie Greymount diese Passagen aus dem Zusammenhang genommen hatte, verriet er sich. Ich wollte nichts mehr hören und sagte: »Es ist spät geworden, aber bevor wir uns trennen, möchte ich wissen, warum hassen Sie den Wolf?«

Er sah mich lange mit einem seltsamen Blick an, leerte seinen Bierkrug, stand auf und sagte: »Der Wolf ist gottlos. Jesus lebt. Sie zahlen.« Und er verschwand.

Ohne Mühe fand ich »Kleins Gasthof.« Und jetzt haben Sie recht, wenn Sie vermuten, liebe, verehrte Mary, ich ging nicht ins Bett, ich ging in den so genannten Essensraum. Ja, zum Bücherregal. Glauben Sie nicht, ich sei ein Opfer meiner Einbildung. Natürlich stand dort das Buch »Hans Ibeles in London.« So las ich, bis es anfing, hell zu werden, bis zur Kaffeezeit. Ich war noch immer wie betäubt durch Ihren Umgang mit mir, auch unglücklich, weil Greymount nun unser Geheimnis weiss. Darf ich das sagen, unser Geheimnis? Ausserdem war ich betrunken.

Jetzt kann ich es Ihnen gestehen. Ich hatte in diesem Roman den Schlüssel zu Ferdinand Freiligraths »Glaubensbekenntnis« gesucht. Aber ich fand nur das Bild einer unglücklichen Frau, einer Musikerin und Schriftstellerin, die an der Seite eines schönen Mannes unter ihrer Hässlichkeit litt. Sie hatte den Ehrgeiz, ihr Haus zu einem Treffpunkt vieler Leute zu machen. Nicht ohne den Seufzer: *Hausarbeit wird nie fertig oder fängt doch jeden Tag von vorne wieder an. Der Mann sieht nur, was nicht getan ist, denn das Getane fällt nicht in die Augen.* Dabei war sie zu klug, um nicht die Wirkung von anderen Frauen auf ihren Mann zu bemerken und zu beschreiben. Verehrte Mary, ich las von Hausfreundinnen, unbefriedigten Frauen, wie sie von nah und fern kommen und sich als Freundinnen an die Hausfrau hängen, um über diesen Umweg mit dem berühmten Mann intim zu werden. Dabei versichern sie, alles sei nur platonisch. Sie wollen doch nur helfen. Hat denn die Hausfrau Zeit zum Abschreiben, Übersetzen, Zitate-Aufstöbern? Das wollen sie erledigen. So wird zuerst die Seele des Mannes untreu.

Kinkel hat es stehen lassen, dass Hans Ibeles beim Anblick der sich schlafend stellenden Romanheldin Dorothea denkt: Was für ein stumpfes Wesen aus ihr geworden sei, und welch ein Tor er sei, dass er einem Familienleben Opfer bringt, das ebenso heiter ohne ihn bestehen würde. Jedoch zum guten Schluss ist er tränenüberströmt und kniet vor ihr nieder. Der blaue Himmel des Glücks. Eine Rechtfertigung? Weil niemand den Rollstuhl angehalten hat?

Und es wird im Roman die Geschichte von einer Mutter und ihrer Tochter erzählt, die angesichts der Menschen, die Barrikaden errichten, Brote zurechtmacht und Bier hinstellt, weil die Leute so hart arbeiten. Dann, nach der Schiesserei, als die am Ende siegreichen Soldaten die Barrikaden wieder abtragen und die Steine wieder an Ort und Stelle legen, suchen Mutter und Tochter, ob sie noch Brot und Wurst haben und stellen es diesen Soldaten auch hin. Für sie gab es keine Soldaten oder Demokraten, nur müde Menschen.

Aber ich will ja nicht ungerecht sein, Johanna Kinkel hat in ihrem Roman auch geschrieben: *In Gegenwart des Elends kann sich niemand freuen, und alle heiteren Stunden verdankt man nur dem abgewandten Blick, der einen vergessen lässt, dass es unheilbare Not gibt. Der Besitzende sucht sich zu trösten, wenn er sein Möglichstes getan hat, weil er doch nicht den Tisch für alle decken kann. Aber jeder Mittellose sieht in ihm den Grausamen, unwillig Gebenden, und macht ihm aus dem erlaubten Genuss eine Sünde.* Und weiter unten: *Es gibt Momente in der Geschichte, wo ein hoher und edler Rausch die Menschheit treibt, das Unmögliche zu wagen, und ohne den blinden Glauben an die Allmacht des Volkswillens wäre nie eine grosse Tat geschehen. Aber soll man den selber Hilflosen belachen oder beweinen, der inmitten einer nüchternen Zeit die Welt ändern will?*

Damit möchte ich Sie heute am frühen Morgen grüssen.

Ich glaube, ich bin Ihnen diese umständliche Mitteilung schuldig, damit Sie verstehen, dass ich die Liebe der Mary Eastman nicht verletzt habe, als ich, Thomas Koch aus Bad Lausigk, mit Herrn Greymount in die Bierhalle gegangen bin. Wenn Sie mir verzeihen können und mich dennoch an Ihrem Ehrentag sehen wollen, schicken Sie mir eine Botschaft. Ich werde in »Kleins Gasthof« auf Ihre Antwort warten. Sollte ich Ihnen nun aber nicht mehr willkommen sein, so muss ich das hinnehmen.

Ich werde Sie nicht fragen, ob ich von Ihnen träumen darf. Die wirklichen Träume kommen ungerufen. Ich muss morgen in der Frühe abreisen, aber ich möchte hier im Gasthof etwas für Sie hinterlegen. Bitte lassen Sie es gelegentlich abholen.

In aufrichtiger Verbundenheit und mit Dank. Ihr Thomas Koch.

Dritter Teil

Ein Kölner Requiem

Er tauchte an diesem Abend bei »Schatz« wie ein Komet auf. Strahlend, erfolgsgewohnt, verwöhnt von der feinen Gesellschaft. Hans Blum. Rechtsanwalt. Jetzt Prozessbegleiter mit seinen Artikeln für die »Deutsche Allgemeine Zeitung«. Er kam aus seinem Büro, das er sich in bevorzugter Lage am Markt 3 sehr gediegen eingerichtet hatte.

Freudig wurde er vom Kreis um den Präsidenten, den Staatsanwalt und die Geschworenen begrüsst, obwohl eigentlich kein Anlass zur Freude vorlag. Auch heute, am 19. März, dem achten Verhandlungstag, hatte sich gezeigt, wie mühsam es für den Präsidenten des Geschworenengerichts, Ritter von Mücke, war, sich gegen den angeklagten Wilhelm Liebknecht durchzusetzen. Artikel aus dem »Volksstaat« waren verlesen worden.

Niemand erwartete an diesem Dienstagabend von dem vielbeschäftigten Hans Blum eine Begründung, warum er bisher nicht an der allabendlichen Runde teilgenommen hatte. Und niemand unterbrach ihn bei seiner Einschätzung des Ablaufs der Verhandlung. »Das ist bei allen Gerichten in deutschen Landen immer lobenswert: Der pünktliche Anfang. Die Mittagspause ohne Verspätung. Und mit dem drei Uhr Glockenschlag Schluss der Sitzung. Aber mit Verlaub, Ritter von Mücke, war es denn nötig, dass diese Sudelei ›Zur Weltlage‹, dieser Abdruck aus dem Chikagoer Sozialistenblatt im ›Volksstaat‹ verlesen werden musste?«

»Sie wissen genau, Herr Blum, es ging mir um die redaktionelle Anmerkung«, verteidigte sich der Präsident, »und das habe ich ja auch gesagt. Hier ist doch des Pudels Kern, wenn da offensichtlich aus der Feder Liebknechts steht: *Bürgerliche Klassenherrschaft, Korruption und Cäsarismus gehen eben Hand in Hand…*«

Blum unterbrach: »Ja, ja, wir haben die Wortwahl der Angeklagten gehört, die Sozialdemokratie sei dazu berufen, den *Augiasstall moralischer, sozialer und politischer Verderbnis auszufegen*. Aber Ihre Einlassung war dann doch für Liebknecht die Vorlage zu dem Bekenntnis, dass er sich *die Freiheit und Einheit Deutschlands nur in einer Republik denken kann*. Und Sie liessen es zu, dass er sich auch noch auf, wie er erklärte, *ungehindert verbreitet gewesene Verse* von Freiligrath berufen konnte. Diese unsäglichen vier Zeilen:

Dass Deutschland frei und einig sei,
Das ist auch unser Dürsten;
Doch einig wird es nur – wenn frei,
Und frei nur ohne Fürsten.«

Hermann Haessel sass auf seinem Stammplatz, unweit vom grossen Tisch, an dem sich die Prozessbeteiligten zu versammeln pflegten. Er hütete sich davor, den Herrn Rechtsanwalt Hans Blum zu korrigieren. Ja, er lächelte nicht einmal. Freiligrath hatte am 17. März 1848 in London sein Gedicht »Berlin – Lied der Amnestierten im Auslande« geschrieben. Da hiess es im zehnten Vers: *Dass Deutschland stark und einig sei...* Und so stand es auch in allen Ausgaben. Der Buchhändler fand es aufschlussreich, nicht einer der anwesenden Herren hatte bemerkt, wie durch Wilhelm Liebknecht Freiligraths Wort »stark« in »frei« gewandelt wurde. Er wollte sich nicht auf eine Kontroverse mit Hans Blum einlassen. Er nahm sich vor zu schweigen. Die Art, wie Hans Blum die Gesellschaft beherrschte, fand er erdrückend. Aber jetzt aufstehen und vor der üblichen Zeit weggehen, das könnte wohl auch als ein Eingeständnis seiner Schwäche aufgefasst werden.

Der Rechtsanwalt redete noch immer nur zu Herrn von Mücke: »Leider konnten die anderen Angeklagten von Ihnen ungerügt das Stichwort vom Deutschland ohne Fürsten aufnehmen. Der Bebel zog gleich nach, behauptete, sie hätten sich ja immer ganz offen als Menschen bekannt, die eine Republik anstreben. Aus diesem von Ihnen, Herr von Mücke, vorgehaltenen Artikel sei nicht zu entnehmen, wie die Fürsten entthront werden sollten. Also nichts von Gewalt, nichts von Hochverrat. Und dieses Spiel liessen Sie dann den Hepner noch fortsetzen mit der Erinnerung an das Jahr 1866, damals hätten mehrere deutsche Fürsten ihren

Thron verloren, *ohne dass man die Urheber dessen des Hochverrats oder auch nur der Vorbereitung desselben angeklagt hätte.* Natürlich mussten da die Zuhörer lachen, wer dachte denn nicht an den unglückseligen Kurfürsten von Hessen, der im Sommer vor sechs Jahren von den Preussen nach gewaltsamer Einnahme des Landes als Staatsgefangener abgesetzt wurde. Oder an den König Georg, der im gleichen Jahr bis nach Wien floh, weil sein Land mit der Hauptstadt Hannover Preussen einverleibt wurde. Und was sagten Sie, Ritter von Mücke, gegen das aufbrausende Gelächter? Ich habe mir erlaubt, Ihre Worte in meinem Bericht für die ›Deutsche Allgemeine Zeitung‹ niederzulegen: *Es wird noch manches vorkommen und ist schon vieles vorgekommen, was uns darüber kaum eine Täuschung gestattet, wie die Entthronung vor sich gehen sollte.* Hier sehen Sie«, jetzt wandte sich Hans Blum an alle, »meine Herren, den Unterschied zwischen einer Schreibe und einer Rede, das muss man wissen, wenn man mit Erfolg das Geschäft eines Journalisten betreiben will. So wie ich diesen Satz niederschrieb, wirkt er kernig, er betont meine gegen die Angeklagten gerichtete Sicht. Wie aber dieselben Worte in der Verhandlung ausgesprochen wurden, klangen sie schwach, ja, sie zeigten eine gewisse Resignation.«

Herr Hans Blum galt als der Überlegene auf seinen beiden Tätigkeitsfeldern als Anwalt und als Journalist. Und jeder wusste, dieser Mann war nicht nur ein Sohn der Stadt Leipzig, den man 1870 Arm in Arm im vertraulichen Gespräch mit Herrn Bismarck gesehen hatte, er war der Sohn des in Köln geborenen Robert Blum. Niemand brauchte sich zu wundern, warum er nun gerade heute bei Schatz aufgetaucht war. Dieser achte Verhandlungstag hatte noch einmal das Ende seines Vaters heraufbeschworen.

Er betrachtete sich als Wächter über das Gedenken an seinen Vater und hatte begonnen, ein Buch über ihn zu schreiben. In dieser Arbeit, bestätigt durch das enge Einvernehmen mit Fürst Bismarck wird er, wie die beiden Herren es übereinstimmend nannten, die *Lügen der Sozialdemokratie* bekämpfen. So wird der Sohn den Vater nach seinem Bilde formen. Der Vater muss das Geschöpf des Sohnes werden. Hans Blum weiss, er hat sich dabei auch gegen Ferdinand Freiligrath zu wehren. Gegen das grosse Requiem des Dichters für seinen Vater. Er sah es als Sohnespflicht an: Auf den Namen Robert Blum dürfe nicht einmal nur der Schatten einer Nähe zu Sozialisten fallen.

Rechtsanwalt Blum hatte seine geheimen Quellen, die ihm vorab über den geplanten Fortgang des Prozesses Bescheid gaben. So hatte er rechtzeitig erfahren, es sollten Artikel aus dem »Volksstaat« zur Verlesung kommen und dazu gehörte nun auch der Beitrag zur Erinnerung an die standrechtliche Erschiessung von Robert Blum am 9. November 1848 auf der Brigittenau in Wien.

Nein, er war an diesem Tag mit der Verhandlungsführung nicht zufrieden gewesen. Wieder hatte der Präsident ein Zitat von Wilhelm Liebknecht aus dem »Volksstaat« eingebracht. Über die Zeit nach dem Ende von Robert Blum: *Ein neues Geschlecht ist seitdem herangewachsen, ein Geschlecht mit weiteren Zielen, umfassenderen Forderungen; allein was jene erstrebten und wofür sie starben – das haben auch wir zu erstreben, und dafür müssen auch wir bereit sein zu sterben.* Wie unnötig, meinte Hans Blum, dass der Präsident von Mücke sich danach auf ein Wortgefecht mit Wilhelm Liebknecht eingelassen hatte. Nun ging es also um Kämpfen und Sterben für eine Republik. Es war nicht geglückt, den Angeklagten mit kurzen, gezielten Fragen zu diskreditieren, im Gegenteil, Wilhelm Liebknecht bekam für seine beherrscht gegebenen Antworten Beifall. Diese verdammte Bravoruferei hatte den Präsidenten veranlasst, das Publikum zu bedrohen; wenn solche Äusserungen noch einmal vorkämen, müsse er den Saal räumen lassen. Dann war es auch noch zu seinem, Hans Blums, Missvergnügen geschehen, dass der angeklagte Wilhelm Liebknecht erklärte, auch er sei kein Freund solcher Zurufe, sie könnten seine Meinungsfreiheit beeinträchtigen. Darauf wiederum hatte Herr von Mücke erklären müssen, er bedürfe keineswegs seiner Beihilfe zur Aufrechterhaltung von Ruhe und Ordnung. Und schliesslich, als Liebknecht auf die Zusammenhänge bei der Auflösung der Frankfurter Nationalversammlung 1848 eingehen wollte, war es so weit gekommen, dass der Präsident ihn unterbrach und dabei Zuflucht zu dem Satz nehmen musste: *Jene Zeiten und Ereignisse berühren uns hier nicht.*

Auch das war Hans Blum längst zugetragen worden: Diese Worte hatte der Generalstaatsanwalt Dr. Schwarze bei einer der ersten Zusammenkünfte in der »Restauration Schatz« schon einmal ausgesprochen. Ob der Satz, geeignet zum Unterbrechen unliebsamer Äusserungen, hier angebracht war, wo es doch gerade an diesem Verhandlungstag im Zusammenhang mit seinem Vater, Robert Blum, um jene Zeiten und Ereignisse ging, sei dahingestellt. Schliesslich war es auch noch zu einer Kontroverse zwischen dem Verteidiger Freytag II und dem Geschworenen Steiger, dem Rittergutspächter aus Schweta, gekommen, wobei der nun tatsächlich für die Geschworenen erklärte, dass man »uns doch so viel Intelligenz zutrauen möge, uns über den Inhalt der verlesenen Artikel selbst ein Urteil bilden zu können.«

Unnötig auch das lange Hin und Her über die Bedeutung der Farbe Rot, unnötig, dass Staatsanwalt Hoffmann sich darüber ausliess, sie diene als Kennzeichnung der Farbe des Herzblutes, das hingegeben werden solle für die Befreiung der Menschheit. Und darunter sei bei den Angeklagten nichts anderes zu verstehen, als die Überwindung der Monarchie im Kampf.

Es war auch keineswegs glücklich, dass der Präsident bei der Erörterung aufreizender Artikel aus dem »Volksstaat« dem angeklagten Adolf Hepner das Wort abschnitt, als der beim Streit um das Wort »aufreizen« einschlägige Stellen aus den »Sprüchen Salomonis« zitieren wollte. Da kamen also aus dem Munde des Herrn von Mücke zwei höchst anfechtbare Sätze: *Die Bibel gehört keineswegs hierher.* Und: *Es wird ohnedies hier sehr viel gesprochen.* Natürlich gab das dem angeklagten Wilhelm Liebknecht die Gelegenheit zu erklären, dann solle man sie doch nicht noch länger aufhalten und sie gleich verurteilen. Selten war ihm, Hans Blum, die Zeit bis zum Sitzungsschluss drei Uhr nachmittags so lang vorgekommen. Und in ärgerlicher Erinnerung war ihm Liebknechts Satz geblieben: *Das Ziel Blums und der Märtyrer von Baden ist die Einheit und Freiheit Deutschlands gewesen. Das ist auch mein Ziel, und ich hoffe, solches in einer Republik verwirklicht zu sehen.*

Am nächsten Abend beherrschte Rechtsanwalt Hans Blum wieder die Runde bei »Schatz«. Er hatte die allseits beliebte Frage aufgeworfen: Was wäre wenn. Was wäre, wenn Robert Blum noch lebte. Sein Vater.

Zu seinem Bedauern musste Hans Blum feststellen, die Worte aus Freiligraths Gedicht »Blum« hatten doch beim Verlesen vor Gericht auf viele der Anwesenden, eingestanden oder uneingestanden, einen grossen Eindruck hinterlassen. Nachdem in der achten Sitzung des Gerichts der angeklagte Wilhelm Liebknecht sich mit Freiligraths Worten aus dem »Lied der ›Amnestierten‹ im Auslande« glaubte verteidigen zu können, war es notwendig, am neunten Verhandlungstag den drei des versuchten Hochverrats

Beschuldigten diese anderen zum Aufreizen gegen die Staatsordnung geeigneten Freiligrath-Verse entgegenzuhalten, wie sie nun nach Jahrzehnten noch einmal im »Volksstaat« abgedruckt waren. Verabscheuenswert.

Da hatten die Redakteure vom »Volksstaat« also für ihre Nummer 23 gerade in dem schicksalsschweren Jahr 1870 noch einmal das Gedicht »Die Toten an die Lebenden« vom Juli 1848 hervorgeholt. Und es wurde an diesem neunten Verhandlungstag in Leipzig im vollen Wortlaut vorgetragen.

Es war ein bemerkenswerter Vorgang, wie Rechtsanwalt Hans Blum vor den andächtigen Zuhörern bei »Schatz« jetzt seinen Entwurf vom »Waswärewenn» ausbreitete. Er behauptete, wenn Robert Blum heute hier in Leipzig diese vor Gericht verlesenen Gedichte hätte hören müssen, schaudernd hätte er sich abgewendet. »Nehmen Sie, meine Herren, das Beispiel ›Irland‹ von Freiligrath.«

Da die Tischrunde dem Rechtsanwalt Hans Blum wie gebannt zuhörte, gab es im Augenblick für den Wirt nichts zu tun. Er war in die Küche gegangen und hatte sich überzeugt: Frau und Tochter walteten, wie Schiller es in unsterblichen Worten festgehalten hatte, als züchtige Hausfrauen. Sie bereiteten für die Mittagsgäste des kommenden Tages das Essen vor. Der begehrte Nachtisch, die Spezialität des Hauses »Schatz«, der Pflaumenmuskuchen, stand schon im Backofen. So nahm sich der Wirt ein Bierglas und setzte sich, wie es zur Gewohnheit geworden war, eine Weile zu seinem Stammgast Hermann Haessel. Dabei liess er keinen Blick vom grossen Tisch und war bereit, auf einen Wink oder Ruf aufzuspringen und die Gäste zu bedienen.

So entkam der Buchhändler Haessel dem Zwang, Wort für Wort das laute Gerede des Rechtsanwaltes am Nachbartisch mit anhören zu müssen. Sehr leise sagte er: »Immer wieder fallen die Leute auf dieses dumme Gehabe herein, einen Toten als Zeugen zu benennen, was der wohl heute sagen oder tun oder denken würde. Welch eine Anmassung zu behaupten, Robert Blum hätte sich heute abgewendet von seinen Überzeugungen, für die er in den Tod gegangen ist. Mit dem Verlesen aller Verse aus dem Gedicht ›Irland‹, das Freiligrath in London im Februar 1847 geschrieben hat, will das Gericht den Angeklagten ihre Vorbereitung zum Hochverrat nachweisen. Und ich frage Sie, Herr Schatz, darf denn ein solcher Zustand wie in Irland bestehen? Der Fischer verhungert, denn der Fisch ist *Herrenfisch.* Und: *Es füllt des Grundherrn Bauch und Taschen – der bleiche Knecht, des Elends Bild.* Und: *Irisch Land ist Herrenland.* Und der Westwind hat dem Dichter die Kunde gebracht: *Der Schrei der Not, der Hungerschrei, der Sterbeschrei aus Erins Munde!* Erin«, erklärte Haessel dem Wirt, »das ist das alte keltische Wort für Irland, dieses Land, das jetzt durch die Grundherren heruntergewirtschaftet wurde, die in London und Paris am Spieltisch das Geld verschleudern. Blasierte, faule, verfaulte und stumpfsinnige Besitzende.«

Der Wirt meinte: »Sie wissen, ich bin nicht immer Ihrer Meinung, Herr Haessel, aber ich höre Ihnen immer gern zu. Und meine Frau kauft selbstverständlich nur bei Ihnen ihre Bücher. Und nur nach Ihrer Beratung. Sie meint, manchmal glaube sie, dass Sie ihre Gedanken lesen könnten, so genau wüssten Sie, welches Buch Sie ihr empfehlen könnten. – Augenblick, bitte.« Er stand auf. Der Geschworene Steiger aus Schweta hatte als einen Wink an den Wirt das leere Bierglas erhoben.

Hermann Haessel dachte über einen anderen Sohn nach, über den aus London zurückgekehrten Thomas. Schon an zwei Abenden war der Geschworene August Koch aus Bad Lausigk nicht zur abendlichen Runde erschienen. Wollte er nicht zugeben, dass er mit seinem Versuch, gegen Freiligrath vorzugehen nicht weiter gekommen war? Und was wird Thomas wohl seinem Vater als Begründung vorgetragen haben, warum er von seiner Reise auf den Spuren von Freiligrath nichts Brauchbares mitbrachte?

Noch vor seiner Abreise nach London hatte er ihm eine Empfehlung für John Murray den Jüngeren, mitgegeben, den Inhaber der berühmten Verlagsbuchhandlung in London, den Erfinder der »Handbooks for travellers«, dieser Handbücher für Reisende mit brauchbaren Ratschlägen für unterwegs. Eigentlich kam das Verdienst, das erste nützliche Handbuch in dieser Art veröffentlicht zu haben, dem weitgereisten und doch wieder in sein Geburtsland die Schweiz zurückgekehrten Johann Gottfried Ebel zu. Noch immer war sein Werk über die neuen Bergstrassen des Kantons Graubünden für alle, die dorthin reisen wollten, unverzichtbar. Offensichtlich aber hatte Thomas den Weg zu John Murray nicht eingeschlagen. Eigentlich hatte er, Haessel, vorgesehen, ihm die »Reiseschule« von Arthur Michelis mitzugeben, aber das hätte doch wohl wie eine Bevormundung ausgesehen. So hatte er ihn mit Ratschlägen, wie viel Paar Strümpfe, Schuhe und Hemden er mitnehmen, und wie er sich gegen Kälte und Nässe schützen sollte, verschont. Immer wenn er über Thomas nachdachte, diesen weltoffenen Jungen, fühlte er sich auch für ihn verantwortlich, als wäre der sein eigener Sohn. Ja, der junge Mann war aus London verändert zurückgekehrt. Die lange Erzählung von seinen Besuchen im Hause Eastman klang am Ende aus in einer wirklichen Verzweiflung. Die Liebe hatte ihn vielleicht zum ersten Mal gestreift, und es war ihm versagt geblieben, sich wenigstens von dieser schönen Fremden, nun so Fernen, zu verabschieden.

Thomas sass, so hatte er es Hermann Haessel erzählt, nach seiner Anfrage, ob er im Hause Eastman willkommen sei, schliesslich den ganzen Tag in diesem Essensraum. Er wagte es nicht hinauszugehen, vor Angst, er könnte den entscheidenden Augenblick ihrer Antwort verpassen. So vertiefte er sich in den Roman »Hans Ibeles in London«. Diese schreckliche Einsamkeit im Essensraum. Nach dem Kaffee am Morgen waren alle gegangen. Nur die Reinemachefrau schaute noch einmal herein, fragte freundlich, ob er krank sei. Jeder andere schien zu wissen, wohin er in dieser Stadt gehen sollte. Nur er, Thomas, sah keinen Ausweg, er musste hier sitzen und warten.

Spät, es war schon dunkel, erschien ein Mann, gekleidet wie ein Geistlicher. Er redete auf ihn ein: »Worauf warten Sie, was machen Sie den lieben langen Tag hier. Ich habe Sie schon eine Weile beobachtet. Sie verschwenden Ihre Zeit mit nutzlosen Büchern. Sie sollten, wenn Sie schon lesen müssen, dann nur ein einziges Buch lesen. Die Bibel.« Und tatsächlich griff der Mann nach dem Roman und stellte ihn zurück in das Regal. Nun lag vor Thomas nur die Heilige Schrift.

Das Buch war abgegriffen, aber der Ledereinband hielt noch immer stand. Vielleicht, so sah es jetzt der Einsame, wollte der Verlobte von Mary, der Sohn des Dichters Ferdinand Freiligrath, das Handwerk des Gerbers lernen, um schliesslich Leder zum Einband für Bücher vorzubereiten. Die Enttäuschung des Wartenden wuchs. Niemand kam, niemand holte ihn ab. Also war er nicht willkommen. Lustlos schlug er die Bibel auf, ohne Anteilnahme. Er las: *Und suchen deine Augen mich, bin ich nicht mehr.* Und er fühlte sich betroffen. Doch er dachte in diesem Augenblick nicht wie Hiob an die Augen Gottes. War es das Verlangen, ihre Stimme zu hören? Sie zu sehen? Wie konnte es geschehen, dass er so scheiterte. Wer sollte ihm antworten.

Aber er hat ihr die sechs Bände Freiligrath dagelassen. Und an drei Stellen wird sie seine Lesezeichen finden. Im allerletzten Augenblick vor seiner Abreise hat er dann noch ein viertes Lesezeichen eingefügt.

Hermann Haessel wurde durch Hans Blums alles beherrschende Stimme in seinen Gedanken gestört. Ständig erwähnte der seine Berichte in der »Deutschen Allgemeinen Zeitung«.

Der Rechtsanwalt korrigierte den zum Obmann der Geschworenen vorgesehenen Rittergutspächter Steiger: »Sagen Sie doch nicht, dass es gut war, mit Freiligrath gegen Freiligrath zu schiessen. Dann haben Sie ja wirklich nichts verstanden. Das Verlesen seiner Gedichte war notwendig, um Liebknecht zu treffen, den für die Nummer 86 vom ›Volksstaat‹ aus dem Jahre 1870 verantwortlichen Redakteur. Was wollte er mit dem Vorholen des Gedichts ›Brot‹ gerade zu diesem Zeitpunkt?«

Der Buchhändler Haessel sagte nicht allzu leise dem Wirt, der an seinen Tisch zurückgekehrt war: »Wenn Herr Steiger aus Schweta, nicht weit von Oschatz und von der ›Hohen Landstrasse‹ und vom Kolmberg, sich die Welt durch Hans Blum erklären lässt, kann er nie bemerken, was ihm alles vorenthalten wird. Woher soll er dann wissen, dass Freiligrath unter den Titel seines Gedichts ›Brot‹ einen Namen gesetzt hat. Beim Verlesen im Gerichtssaal habe ich die Zeile *Nach Pierre Dupont* nicht gehört. So wird Herrn Steiger sein Leben lang verschlossen bleiben, wie dieser Pierre Dupont, der Sohn eines Hufschmieds, zum Dichter wurde. Und sollte Hans Blum ihm den Namen doch nicht vorenthalten, dann wird er sicherlich nur dazu setzen, der Sohn des Hufschmieds, der bei einem Seidenweber in die Lehre gegangen ist, habe sich ›dem Sozialismus in die Arme geworfen‹. Ja, Herr Schatz, Pierre Dupont hat den ›Gesang der Arbeiter‹ geschrieben, das Lied wird in vielen Sprachen, auch in unserer gesungen. Ja doch, er hatte für sein Gedicht ›Die zwei Engel‹ einen Preis der französischen Akademie erhalten. Aber dann in dem Jahr 1851 soll er für seinen ›Gesang der Nation‹ und seinen ›Gesang der Bauern‹ und seinen ›Gesang der Soldaten‹ zu siebenjähriger Verbannung nach Lambessa verurteilt werden. Doch es gelingt Freunden seiner Dichtkunst, ihn vor der ›grossen Korrekturanstalt‹ in Algerien zu bewahren. Herr Schatz, ich kann Ihnen sagen, die Zuhörer im Gerichtssaal waren sehr still, als aus Freiligraths Versen ›Brot‹ der immer wiederkehrende Schrei vorgetragen wurde:

Ihr dämpft den Zornruf, o Despoten,
Des Volkes nicht, das hungernd droht!
Denn die Natur hat ihn geboten,
Den Schrei: Brot! Brot! Brot thut uns Noth!‹

Freiligrath hat Duponts Bild aufgenommen:

Wir sind des alten Herrgotts Raben:
Was er uns schuldet, ist das Brot.

Aber diese Schuld ist abgetragen, denn: Er gab uns Land zur Ährenzucht. Es muss aufhören mit dem Krieg, das mörderische Eisen soll nun endlich zum Pflug verwandelt werden. Und am Ende kommen die Worte wieder:

Denn die Natur hat ihn geboten,
den Schrei: Brot! Brot! Brot thut uns Noth!‹

Schade, Herr Schatz, dass Sie heute nicht im Gerichtssaal dabei waren, für mich jedenfalls war das Verlesen von Freiligraths ›Brot‹ nach den Worten des Mannes aus Lyon ein Lehrstück von einer Verwandtschaft der Menschen über die Ländergrenzen hinaus. Aber auch ein Lehrstück, was heutzutage als ein Beweismittel für beabsichtigten Hochverrat gilt.« Nun schwieg Haessel, und Carl Friedrich Schatz sass nachdenklich bei seinem Stammgast.

So war jetzt nichts anderes mehr zu hören als die Stimme von Hans Blum, wie er noch einmal vor allem für den Geschworenen Steiger den Ablauf der Verhandlung erklärte: »Haben Sie das mitbekommen? Der Präsident hat gefragt, warum gerade im Jahr 1870 diese Gedichte im ›Volksstaat‹ gebracht wurden. Der angeklagte Wilhelm Liebknecht hat geantwortet: *Ich wollte das Volk an eine grosse Zeit und an seine grossen Männer erinnern.* Und er hat als Begründung für den Zeitpunkt der Veröffentlichung angegeben, dass diese *Gedichte meistens an Gedenktagen mitgeteilt* wurden. Haben Sie den Vorhalt des Herrn Präsidenten von Mücke in seiner Tragweite verstanden, Herr Steiger? *An Gedenktagen der Revolution!* Den Vorwurf hat der angeklagte Wilhelm Liebknecht nicht ungeschickt zurückgewiesen: *Allerdings wollte ich an eine Revolution erinnern, aber an eine gewesene, nicht an eine zu machende – eine Revolution sogar, welcher der heutige Staat manche*

Institution verdankt. Zum Beispiel sässe ohne jene Revolution der hohe Schwurgerichtshof hier nicht beisammen, um in einem politischen Prozess Urteil zu sprechen. Und ich weiss ja nicht«, meinte Hans Blum zum Präsidenten, »was mein Vater zu Ihrer doch wohl etwas matten Antwort gesagt hätte: *Das ist eine Hypothese von Ihnen.* Auch glaube ich nicht, dass meinem Vater der Vortrag des Gedichtes ›Blum‹ zugesagt hätte. Denn, meine Herren, nicht wahr, wir haben es ja gehört, wie der Dichter Freiligrath meinen Vater in diese revolutionären Umtriebe hineinzieht mit seinem gefühlvollen Nachdenken, was dieses besondere Requiem zu Köln sein sollte, nämlich keine Rache und keine Sühne. Aber wie er dann doch hinlenkt zur *dunkelrothen Rächerin,* und damit ist selbstredend auf die Revolution gezielt. Ich als Sohn meine, solche Auslassungen sind eine Herabwürdigung des Toten. Als ich vor zwei Jahren das Glück hatte, Bismarck vorgestellt zu werden, hat er mir, und das war seine Formulierung, *ein Bündnis* angeboten, und das ist mir eine hohe Verpflichtung. Das Bündnis, meinen Vater vor den Sozialisten zu retten. Fürst Bismarck hat wortwörtlich zu mir gesagt: *Ihr Vater war sehr liberal – er würde auch heute, wenn er noch lebte, sehr liberal sein. Aber er war auch gut national.* Ja, meine Herren, das war für mich eine rechte Weihestunde. Und ich habe mir vorgenommen, in diesem Sinne das Buch über meinen Vater zu schreiben. Da kann ich alles ordnen. Und dann soll mein Werk auch an Schulen und Universitäten zum Geschichtsunterricht hinzugezogen werden. Ich wünschte mir nur jetzt, dass durch diesen Prozess gegen die drei Hochverräter hoffentlich ein für alle Mal aufgeräumt wird mit den Illusionen von erlösenden Revolutionen. Mit dem Gefasel von Freiheit und von Gleichheit. Unter uns, meine Herren, der Fürst hat mir gegenüber angedeutet, wenn dieser Prozess gegen die drei Hochverräter einen, sagen wir, angemessenen und ausreichenden Abschluss findet, dann wird etwas Kolossales in Leipzig entstehen. Dann können wir das Provisorium der Georgenhalle verlassen. Es fehlt doch ein für alle deutschen Gebiete würdiger gemeinsamer Oberster Gerichtshof. Zu vieles bleibt im zu unterschiedlichen Ermessen der einzelnen Länder. Die Beurteilung und Verurteilung der gefährlichen linken Tendenzen ist auch dadurch viel zu ungleich. Im Vertrauen, meine Herren, der Ort, wo in erster und letzter Instanz gegen Hochverräter und Landesverräter Gericht gehalten werden soll, könnte, unter den von mir angedeuteten

Umständen, unsere Stadt sein und bleiben. Und das, so hat der Fürst mir gesagt, möchte er noch erleben. Er denkt an einen imposanten, an einen ausserordentlich beeindruckenden Bau im Stile der italienischen Renaissance. Denn das kommende Reichsgericht soll allein schon durch seine exorbitante Fassade den Verbrecher in Schrecken versetzen, den Gerechten aber erheben. Dann, meine Herren, wird Sachsen endgültig heimgekehrt sein ins Reich.«

Hermann Haessel fragte den Rechtsanwalt Hans Blum betont sachlich: »Und was wäre, wenn Robert Blum dann lebte? Nehmen wir an, Sie, Herr Hans Blum fungierten dort als Richter und Ihr Vater wäre der Angeklagte?«

Gelächter der Herren am Biertisch.

Carl Friedrich Schatz war besorgt. Um sich. Um Haessel. Er kannte den Buchhändler zu gut. Jetzt wird er wieder einmal ansetzen zum Agitieren, auch wenn er weiss, diese Herren, an die er sich wendet, sind für ein anderes Denken nicht zugänglich. Er musste eine Auseinandersetzung zwischen diesem übermächtigen Herrn Hans Blum und seinem Stammgast Hermann Haessel verhindern. Was sollte er tun? Am besten rasch aufstehen, dabei das Bierglas umwerfen? Und sich laut entschuldigen? Und schnell ein neues Bier bringen? Gedacht, getan. Beim Hinstellen des Glases auf den Tisch entschuldigte er sich mit vielen Worten. Aber Haessel hatte ihn durchschaut. Und er ging auf das Spiel ein.

»Bitte, bitte«, sagte er, »schon verziehen.« Und weiter, laut, aber nur zu Carl Friedrich Schatz: »Ich mache mir ja doch Gedanken, was ich meinen Käufern, die sicher auch das Jahr 1848 nicht vergessen haben, sagen soll, wenn sie das Buch von Herrn Hans Blum über Robert Blum zur Hand nehmen. Es könnte doch sein, ein aufmerksamer Leser kommt mir dann, wie es so üblich in diesen Tagen ist, mit Wilhelm Liebknechts Worten: *In keinem Lande der Welt ist der Geschichtsunterricht so rücksichtslos in die Dienste der herrschenden Gewalt gepresst worden, wie in Deutschland. Und nächst der Geschichte der französischen Revolution ist die Geschichte der 48er Bewegung bei dieser historischen Falschmünzerei und Wahrheitshinterziehung am schlechtesten weggekommen.* Was soll ich dann dem Kunden antworten?«

»Sie können ihm ja sagen, Herr Haessel«, entgegnete Rechtsanwalt Hans Blum, »Deutsch und Geschichte sind Gesinnungsfächer. Es kommt eben auf den Lehrer an. Aber müssen Sie denn immer kommentieren, was Sie verkaufen?«, fragte er den Buchhändler und wandte sich ab, er wollte keine Antwort hören.

Er aber, Hermann Haessel, der sich auch gern von seinen wirklichen Freunden Adam Haessel nennen liess, wird, so lange er lebt, den Tag im Jahr 1872, an dem die Gedichte in dieser besonderen Öffentlichkeit einer Gerichtsverhandlung vorgelesen wurden, nicht vergessen.

Die Verse mit der Überschrift »Blum«, am 16. November 1848 von Ferdinand Freiligrath aufgeschrieben, werden in voller Länge vorgetragen. Tiefe Stille herrscht im Gerichtssaal. Das Ende von Robert Blum wird noch einmal heraufbeschworen. Wer Ohren hat zu hören, dem verwandeln sich in diesem Augenblick die Worte zu Bildern.

Und die ehrwürdige Stadt Köln am Rhein mit ihren Geheimnissen, mit ihrem Dom und all ihren Kirchen ist in den Leipziger Verhandlungsraum hereingeholt. Und zu Kölns Geheimnissen vom 10. November 1807 gehört die Geburt eines neuen Menschen. Die Mutter hält den kleinen Robert in ihren Armen, den Sohn eines Küfers. Ihre Wiegenlieder und die Geräusche aus der Werkstatt des Vaters begleiten seine ersten Tage. Und das Kind wird gross und geht in die Welt. Sein Lebensweg führt von Köln nach Leipzig, nach Frankfurt am Main ins Parlament als sächsischer Abgeordneter, führt bis nach Wien, entsandt als Redner der Linken. Dort endet sein Weg. Verdächtigt und verurteilt als Aufrührer. Das Urteil des k.k. hohen Militär-Stadtkommandos von Wien ist am 8. November 1848 abends ausgesprochen: Tod durch den Strang. Wenige Stunden später wird es geändert: *Ist kundzumachen und in augenblicklicher Ermangelung eines Freimanns* (Nachrichters) *mit Pulver und Blei durch Erschiessen zu vollziehen.* Der Weg von Robert Blum endet auf der Brigittenaue. Am Tag vor seinem einundvierzigsten Geburtstag. Die dabei waren, haben gehört, was er ihnen laut zurief: *Ich sterbe für die Freiheit. Möge das Vaterland meiner eingedenk sein!* Nun ist aus dem Wiegenlied das Grablied geworden. An diesem 16. November 1848, schon lange vor Beginn der Totenfeier in der Minoritenkirche zu Köln, versammeln sich draussen auf dem Appellhofplatz Tausende. Sie gehen langsam bis zur Minoritenkirche. Innen sind die Wände mit schwarzen Tüchern verhängt. Die Menschen treten still ein und stehen dicht gedrängt im Chor, im Langhaus und in den Nebenschiffen. Und jeder sieht auf die Märtyrerkrone.

Für Ferdinand Freiligrath ist die Stadt zu einem Geschöpf voller Mitgefühl geworden. Sie teilt mit der Mutter das Leid. Sehr feierlich wendet sie sich an die Trauernde:
Auch ich bin seine Mutter.

Bleib du daheim mit deinem Schmerz! Wir wahren seine Ehre –
Des Robert Requiem singt Köln, das revolutionäre!

»Geheimer Vorbehalt«

Auch am elften Verhandlungstag, am 22. März 1872, einem Freitag, verkündete der Präsident wie gewöhnlich um drei Uhr nachmittags den Schluss der Sitzung. Am Gesichtsausdruck des Staatsanwalts Hoffmann konnte er sehen, dass er, der Vorsitzende Richter, beim Wortwechsel mit Liebknechts Verteidiger am Ende dieser Tagung nicht sehr glücklich abgeschnitten hatte. Er hätte es der Verteidigung nicht überlassen dürfen, den Brief eines gewissen August Rüdt zur Verlesung zu bringen. Es war längst bekannt, dass dieser ehemalige Mitredakteur des »Volksstaats« als »Bummler« und »vollständig verlumpt« aus der Redaktion ausgeschlossen wurde. Wie lächerlich und dumm erschienen nun seine Worte: *Liebknecht ist sehr eitel, wie alle Literaten.* Und der Briefschreiber behauptete: *Ich kenne die Arbeiter besser als Bebel und Liebknecht. Sie haben sich bis jetzt noch gar nicht unter den Proletariern bewegt und tragen Glacéhandschuhe. Die haben an den Arbeitern so viel heran- und herumgebildet, dass sie erst wieder umgebildet werden müssten, um revolutionär zu werden.* Das kleine aufkommende Gelächter hatte der Präsident noch mit einer Handbewegung abtun können. Der Verteidiger Freytag I, der Leipziger der Gebrüder, hatte hinzugefügt: *Ich bitte zu konstatieren, dass noch mehr als tausend Briefe vorhanden sind, in welchen nichts Straffälliges gefunden wurde.*

Und er, Richter von Mücke, hatte zugeben müssen: *Dass da noch sehr viele sind, kann ich bestätigen.* Nein, das war kein guter Abgang.

Wohin sind wir hier in Sachsen durch Bismarcks Druck geraten, fragte sich Staatsanwalt Carl Theodor Hoffmann auf dem Weg zu seinem Amtszimmer. Das einzige, worauf er sich wirklich freute, waren die gemeinsamen Abende bei »Schatz«. Er sah keinen

Anlass, dieses gemütliche Zusammensitzen mit den Geschworenen beim Bier verwerflich zu finden. Und werden auch anderswo, wie manche Leute behaupteten, etwa *in England die Geschworenen über Nacht eingeschlossen oder unter Bedeckung in einem Hotel gefangengehalten, damit sie mit niemandem in Berührung kommen; man führt sie in einer Eskorte spazieren und ebenso sonntags in die Kirche, wenn sie hingehen wollen,* hier ist, Gott sei Dank, immer noch Sachsen mit seinem Königlichen Bezirksgericht in Leipzig.

Nun sass er im vertrauten Kreis mit dem Richter, dem Hilfsrichter und einigen der Geschworenen in der Restauration in der Ritterstrasse und konnte das Beisammensein doch nicht so recht geniessen. In Gedanken war er noch in seinem Amtszimmer:

Kaum hat er die Robe abgelegt, kommt nach kurzem Anklopfen unangekündigt ein Besucher. Generalstaatsanwalt Dr. Schwarze. Den kann er ja nicht abweisen und behaupten, er habe Dringliches zu tun. Und nun muss er nach knappen Worten der Begrüssung zu hören bekommen: »Es wäre wirklich besser gewesen, diesen Prozess zu vermeiden.«

Für ihn, Hoffmann, besteht keine Gelegenheit zu einer Erwiderung, der Herr Generalstaatsanwalt redet weiter: »Aber Berlin hat es ja so gewollt.« Den Namen Bismarck spricht er nicht aus. Was er sagt, klingt sachlich, aber doch ist eine gewisse Verbitterung herauszuhören: »Und nun bietet jeder Verhandlungstag vor allem Wilhelm Liebknecht Gelegenheit, sozialistisches Gedankengut unter die Leute zu bringen. Man sollte sich nicht mehr sehr viele Sitzungen in dieser Sache antun.«

Mit dieser Bemerkung hätte sich Dr. Schwarze eigentlich verabschieden können. Wohlgemerkt, eine Bemerkung, keine Weisung. Doch er bittet um ein Glas Wasser. Und setzt sich. Natürlich ist da die Sorge um das Doppelbödige der Materie. Der Generalstaatsanwalt spricht es aus: »Sicher, für Bismarck steht die Aburteilung der Sozialisten im Vordergrund. Das Gespenst einer sozialistischen Republik. Hier aber ist Sachsen. Und hier galten, jedenfalls bis vor kurzem, bis vor der Reichsgründung, sächsische Gesetze von alters her. Wir haben zwar nun einen deutschen Kaiser. Aber hier regiert Johann Nepomuk Maria Joseph aus der Albertinischen Linie, geboren am 12. Dezember 1801 in Dresden, seit dem 11. August 1854 König von Sachsen.

Wir haben doch die Krönung miterlebt, da war er dreiundfünfzig Jahre alt. Wir bewundern noch immer, wie der König von seiner Mutter Karoline von Parma zum Verständnis für Poesie und Musik und die italienische Sprache erzogen wurde. Und früh schon, nicht wahr, Herr Hoffmann, wir wissen das, beschäftigte Majestät sich auch mit Fragen der Justiz. Er war für die öffentliche Ruhe verantwortlich. Und er stand in der ungebrochenen Tradition seines Hauses, in Preussen den Feind zu sehen. Er suchte in Österreich den sicheren Verbündeten gegen Preussen. Und hören Sie zu, Herr Hoffmann, ganz im Vertrauen…«

Der Generalstaatsanwalt Dr. Friedrich Oskar Schwarze beugt sich vor und flüstert, obwohl kein Lauscher zu vermuten ist. Also endlich habe er die Gewissheit, lange könne es nicht mehr dauern, und er wird erhoben werden in den österreichischen erblichen Adelsstand. Das wird für ihn eine Genugtuung sein nach der unerhörten Beleidigung, die ihm der Herr von Bismarck zugefügt hat. Vor einem Jahr in Berlin beim festlichen Empfang zur Feier der Reichseinigung. Dann aber, wenn dieses Vorhaben der vererbbaren Auszeichnung, von befreundeter österreichischer Seite in die Wege geleitet, geglückt sein wird, muss jedermann ihn mit dem Titel Durchlaucht anreden. Dann ist er schon eine beachtliche Stufe auf der Leiter nach oben gestiegen, weit über denen, die nur mit Erlaucht angeredet werden dürfen. Dann auch wird er in seiner Dankrede noch einmal die Erinnerung an einen gemeinsamen Traum heraufbeschwören, den Traum von der nahen und natürlichen Verbindung zwischen Dresden und Wien.

Das Erwachen vor einem Jahr in Berlin sei plötzlich und bitter gewesen. Als ihnen die Plätze bei der Reichstagsfeier zugewiesen wurden, habe jemand gesagt: »Ach, da sind ja die Herren aus einem der Neuen Länder.« Als sei das uralte Sachsen ein Neues Land. Sachsen war schon immer da. Am Anfang, als Gott die Welt erschuf, war Leipzig, die Stadt mit der Leidenschaft für Musik. Als Glanzstern am Himmel dieser Kunst leuchtet das Gewandhaus. Und wir wissen: *Ja, selbst jenseits des Meeres hat in den Ohren aller Kunstkenner unser Gewandhaus-Concert einen guten Klang.* Musik auch über der Thomaskirche, um nur diese eine unter all den ehrwürdigen Gotteshäusern zu nennen. Die Stimmen der Schüler, die mit dem Namen des Heiligen Thomas verbunden sind, waren schon bei der Erschaffung der Welt zu hören.

Und ebenfalls am Anfang, als »der Geist Gottes schwebte auf dem Wasser«, da war schon Dresden, die Königsstadt mit ihren

Kirchen und Palästen und ihren herrlichen Kunstsammlungen, die Perle des Erdkreises. Da war mit der Erhebung des sächsischen Kurfürsten Friedrich August zum König von Polen der alte Glauben wiederhergestellt. Da war schliesslich die Annäherung an Österreich geboten zum Schutz gegen die Preussen, die immer wieder mit Waffengewalt einfielen und Sachsen als ihr Land, gewissermassen ihre Kolonie, betrachteten.

»Wir wissen doch, wie das jetzt gemacht wird, Herr Hoffmann, preussische Geschichtsdeuter wollen manches schwerwiegende Ereignis nur noch als untergeordnete sächsische Frage verstanden wissen. Das war keine Kleinigkeit, als die Lausitz zwischen Preussen und Sachsen geteilt wurde. Und als dann im Jahre 1815 bei Lüttich der Befehl von Marschall Blücher kam, die Regimenter der sächsischen Grenadiere müssten nun nach neuer Staatszugehörigkeit neu geordnet werden, da zeigten die Grenadiere Unverständnis. Es wurde aber behauptet, sie hätten am 2. Mai den Herrn Gebhard Leberecht Blücher, den Träger des Eisernen Kreuzes mit goldenen Strahlen und Träger des Doktorhutes von Oxford, bedroht, weil sie in alter Ordnung zusammenbleiben wollten. Jedenfalls mussten sieben Sachsen, Rädelsführer genannt, auf der Stelle erschossen werden, damit die preussischen Regimenter in Ruhe aufgefüllt werden konnten. Die alten Geschichten vom so genannten Neuen Land.«

Staatsanwalt Hoffmann in seinem Amtszimmer darf es sich nicht anmerken lassen, dass er längst aufbrechen wollte. Er wird dann eben von hier aus direkt zu »Schatz« gehen und nicht wie sonst vorher nach Hause. Auch fühlt er sich mehr und mehr geschmeichelt, dass der Herr Generalstaatsanwalt ihm soviel Zeit schenkt.

»Zu unserer schwierigen Situation zwischen Sachsen und Preussen jetzt in diesen Tagen des Prozesses«, sagt Dr. Schwarze, »möchte ich Sie an den Herrn Friedrich Ferdinand Graf von Beust erinnern, Sie wissen, er war einmal engster Berater unseres Königs und hatte ihn in seiner Vorliebe für Österreich bestärkt. Aber wir wurden auch Zeugen, wie dieser Mann dann im Mai 1849 bei dem Pöbelaufstand die ihm verhassten Preussen zu Hilfe rief. Mir hatte er einmal versichert, er habe dabei seinen *geheimen Vorbehalt*. Aber, erinnern wir uns genau, sein Hin- und Herschwanken führte schliesslich zum Krieg mit Preussen, das ist ja erst sechs Jahre her. Und was war das Resultat seiner unerfreulichen Politik?

Der österreichische Bundesgenosse zog sich zurück, und die Preussen besetzten schliesslich ganz Sachsen. Schade um Herrn von Beust, er ist zwar in Dresden geboren, und ist auch viel unterwegs in Frankreich und England, aber am Ende wird er sich doch auf sein Schloss Altenberg bei Wien zurückziehen. Das mag er als seinen geheimen, ganz persönlichen Vorbehalt, Sie können auch Vorteil sagen, betrachten. Doch aus gut unterrichteten Kreisen habe ich gehört, sollte es aus der Hand von Beust Aufzeichnungen über sein Leben geben, niemand kann glauben, dass sie bei diesem flatterhaften Geist einen geschichtlichen Wert haben werden. Überlegen Sie einmal, Herr Hoffmann, ob uns aber sein Wort vom ›geheimen Vorbehalt‹ vielleicht irgendwie nützlich sein könnte. Natürlich nicht in öffentlichen Berichten, die dann an Berlin gehen. Uns selbst gegenüber, meine ich.«

Und Staatsanwalt Hoffmann in seinem Amtszimmer hat weiter zuzuhören, er kann seinem Gedanken nicht nachgehen, ob denn Herr Dr. Schwarze am Ende doch wohl auf Herrn von Beust neidisch sei.

»Ja, unser armes, geplagtes Sachsen. Wir mussten die von Preussen diktierten Friedensverhandlungen dieses Unglücksjahres 1866 erleben, den Beitritt unseres Landes in den Norddeutschen Bund konnte unser König Johann nicht verhindern. Die Leute vom Bund beherrschen nun ja auch bei uns das Post- und Telegraphenwesen. Und noch einmal ganz im Vertrauen, lieber Herr Hoffmann, vom Finanzminister, dem Herrn von Friesen, hörte ich auf unserer Reise nach Berlin zur Reichstagsgründungsfeier, er habe mitgewirkt bei der Thronrede vom 15. November 1866, in der unser König seine Treue und Ehrlichkeit gegenüber dem zu bildenden Bund versprach. Versöhnung mit den Preussen sollte sein. Anscheinend fand Herr von Friesen die schönen Worte für das Volk: *König Johann von Sachsen, der Vorkämpfer für Wahrheit und Recht.* Und Herr von Friesen gab mir zu verstehen, er habe Majestät daran erinnern müssen, wie es Anfang der fünfziger Jahre mit dem König Friedrich Wilhelm IV. von Preussen doch durchaus Gemeinsames, ja vertrauliche Übereinstimmung gab. Als Beispiel nannte er mir das Nachdenken über die Grenze am Rhein. Von Friesen habe König Johann darauf hingewiesen, dass die alte Reichsgrenze, der Limes, nicht auf dem linken, sondern auf dem rechten Rheinufer lag. Ob das schon damals ein Fingerzeig sein sollte, trotzdem über mögliche Schritte nachzudenken, Elsass und Lothringen mit Gewalt endgültig aus dem französischen Einflussbereich zu lösen, müssen wir dahingestellt sein lassen. Es gab noch ein anderes Anliegen das beide Landesherren vereinte: Vorsicht vor den Leuten, die sich zum Ziel gesetzt haben, die gottgewollte Ordnung zu stürzen, um eine so genannte Volksherrschaft zu errichten. Auf der Reise nach Berlin erzählte mir Herr von Friesen von einer diesbezüglichen Passage in einem Brief unseres Königs aus Dresden an den König von Preussen. Er wusste noch das Datum, es war der 29. Februar 1853, und er hatte es formuliert: *Da heisst es wachsam sein. Ich hoffe, dass man es bei uns ist. Eingeheizt wenigstens habe ich in diesem Sinn; aber solange das Nest in der Schweiz und in England nicht ausgenommen ist, bekommen wir keine Ruhe. Und dann werden sie von Amerika aus tramieren,* ich würde es ganz deutlich sagen, Aufstände anzetteln. *Freilich ist das eine Nest auf einen tieferen Zweig gebaut als das andere.* Übrigens muss damals die Beziehung zwischen den Regierenden von besonderer Herzlichkeit gewesen sein, denn unser König Johann unterzeichnete in diesem Falle *Dein treuer Hansy.*

Ja, so ist die Geschichte über uns hingegangen. Da sind wir nun soweit. Die Geschworenengerichte wurden eingeführt und die Zuziehung von Schöffen angeordnet. Mancherlei, wem sage ich das, musste revidiert werden.«

Nur in diesem Augenblick und nur ein einziges Mal ist er, Hoffmann, zu Worte gekommen, weil jetzt erst der Herr Dr. Schwarze zum Glas Wasser greift und trinkt. Und er fragt: »Hat nicht Napoleon I., als er noch auf den Flügeln der französischen Revolution seinen Siegeszug durch Europa hielt, den Anstoss gegeben, dass von Land zu Land unterschiedlich mehr oder weniger revidiertes Recht gesprochen wird? Und war es nicht nach der für ihn siegreichen Schlacht bei Jena, dass er die Offiziere unserer sechstausend gefangenen Sachsen nach Weimar kommen liess, um ihnen mitzuteilen, sie seien frei, sie sollten nach Dresden zurückkehren? Und wurde ihnen dabei nicht seine Proklamation überreicht, Napoleon ist Sachsens Beschützer?«

Das Glas Wasser ist geleert. Der Generalstaatsanwalt hat das Wort: »Wir wollen aber auch nicht vergessen, wie sich unter Napoleon III. alles gewendet hat. Es gibt keinen Beschützer mehr in dieser Art. Also haben wir uns 1870 dem Feldzug gegen Frankreich angeschlossen. Mit unserem Kronprinzen Albert an der

Spitze der sächsischen Truppen. Unser der Anteil am Sieg von Sedan. Damit auch an der Reichsgründung. Aber wir Juristen sitzen nun durch all diese Windungen der Geschichte in der Tinte.«

Der Herr Generalstaatsanwalt spricht es aus, wie er sich ärgert: »Zu schnell mussten wir nun nach den neuen Reichsgesetzen Gründe für diesen Hochverratsprozess finden. Ich zweifle noch immer, ob es richtig war, dass wir uns gerade in dieser Sache vor Herrn Bismarck so eilig verbeugten. Er wollte nur das Exempel haben, wie gehorsam und eilig Sachsen sich den Preussen unterordnen muss. Dass da aber unter uns keine Missverständnisse auftauchen, ich lehne die Bestrebungen der drei Angeklagten selbstverständlich in aller Konsequenz ab. Und vielleicht sind sie auch, wie manche sagen, moralische Ungeheuer. Gottlose. Ich bin königstreu, und mein Verstand sieht im Kaiser Wilhelm den gottgewollten Herrscher über Deutschland. Obwohl, Ihnen kann ich das unumwunden sagen, mein Herz sich dem Kaiser von Österreich mehr zuneigt. Aber ich bin auch Jurist. Jurist wie Sie, Herr Hoffmann. Und nun wollen wir einmal unsere Situation genau überdenken. Vor einem Jahr, als Bismarck mich fragte, was mit den Hochverrätern geschehen sei, sagte ich mit Recht: Nichts. Denn, Sie wissen das so gut wie ich, das Kriminalgesetzbuch Sachsens mit den Gesetzen und Verordnungen aus dem Jahre 1838 gab hierzu die Handhabe. Im Artikel 81 ist umschrieben: *1.) Wer gegen die persönliche Sicherheit oder das Regierungsrecht des Staatsoberhauptes oder 2.) gegen die Selbständigkeit des Staates, um das ganze Königreich einem fremden Staat einzuverleiben, oder zu unterwerfen, oder auch nur, um einen Teil seines Gebietes von den anderen loszureissen, oder 3.) gegen die Staatsverfassung in der Absicht dieselbe ganz oder teilweise umzustürzen einen gewaltsamen Angriff unternimmt, ist als Hochverräter mit dem Tode zu bestrafen.* Es liegt in dem Wesen des Verbrechens des Hochverrates, dass hier schon die in eine unzweifelhafte Handlung übergegangene Absicht des Hochverräters mit der gesetzlichen Strafe belegt werden muss, ohne zu berücksichtigen, ob ein und welcher Erfolg stattgehabt hat.

Es sind hier die Worte ›gewaltsamer Angriff‹ gewählt worden, um bei der absolut bestimmten Todesstrafe den Begriff des vollendeten Hochverrats nicht auf alle Fälle auszudehnen, wo die hochverräterische Absicht bereits in eine äussere Handlung übergegangen ist, wenn sie auch keine gewalttätige war.

Und damals traf es eben auf diese Sache zu, wie es im Artikel 82 steht: *Ein eigentlicher Hochverrat am deutschen Bunde kann nach der Meinung angesehener Publizisten darum nicht begangen werden, weil die Untertanen der Bundesstaaten mit dem Bunde selbst in gar keiner Staatsverbindung sind, dieser daher über jene eben so wenig eine Art von Staatsgewalt besitzt, als jene gegen den Bund als solchen in Staatspflicht stehen. Die Eigenschaft des Untertans aber ist von jeher als erforderlich angesehen worden, um den Begriff des Hochverrats herzustellen. Nimmt man jedoch die Gefährlichkeit der in diesem Artikel bezeichneten Handlungen an sich und verbindet damit die ausdrückliche Bestimmung der Verfassungsurkunde, Abschnitt I. §. 1., wodurch das Königreich Sachsen für einen Staat des deutschen Bundes, mithin für einen integrierenden Teil des letzteren erklärt worden ist, so scheint es angemessen, die feindseligen Handlungen gegen das Ganze denjenigen gleichzustellen, welche gegen einen Teil desselben begangen worden. Denn des letzteren Verfassung wird verletzt, wenn der Bund feindselig angegriffen würde, dessen Bestandteile die einzelnen Staaten bilden.*

In diesem Zusammenhang erwähne ich immer gern den Professor der Rechte, Johann Ludwig Klüber, der ja leider vor Jahren schon verstorben ist. Aber er war preussischer Geheimer Legationsrat. Und es wird für uns nun nicht unerheblich sein, auf einen preussischen Sachverständigen hinzuweisen. Ich habe schon unseren Präsidenten, Herrn von Mücke, auf Klübers wichtigstes Werk hingewiesen, er soll noch einmal in das Buch hineinschauen: ›Die Selbständigkeit des Richteramtes und die Unabhängigkeit seiner Urteile im Rechtsprechen‹.

Wir haben ja bereits durch die Anklageschrift deutlich gemacht, worum es sich aus unserer Sicht handelt, und Sie haben das sehr gut zum Ausdruck gebracht, Herr Hoffmann, ›Vorbereitung zum Hochverrat‹. Und so werden wir im Sinne des Artikels 84 weiterfahren: *Wer irgendeine Handlung zur Vorbereitung des Verbrechens des Hochverrats begeht, soll mit Gefängnis von Drei Monaten bis zu Drei Jahren oder Arbeitshaus zu Vier Jahren bestraft werden.*

Da wir uns von vornherein so entschieden hatten, sehe ich keinen Grund, endlos zu verhandeln. Mit jedem Tag steigt nur die Auflage dieses monströsen sozialistischen Blattes. Jeder will nun im ›Volksstaat‹ das Neueste aus der Feder von Wilhelm Liebknecht lesen. Das hätte ich schon damals in Berlin Herrn Bismarck prophezeien können. Er wird wohl nicht davon abzubringen sein, dass ein preussischer Adler über unsere sächsischen Löwen, die den königlichen Rautenkranz halten, hoch erhaben ist. Die alte, ewige Raute, der Strauch, der in keinem Garten fehlen sollte. Das Heilmittel gegen Pest und Gift. ›Providentiae memor.‹ An den königlichen Spruch wollen wir uns halten: ›Der Vorsehung eingedenk‹. Wir können es aber auch mit einer gewissen Freiheit die Erinnerung an unsere Voraussicht nennen. Ich weiss, Herr Hoffmann, wie geschickt Sie die Anklage auf das revidierte Strafgesetzbuch für das Königreich Sachsen zugeschnitten haben mit Hinzuziehung des Strafgesetzbuches für das Deutsche Reich. Und es war ein bemerkenswerter Entschluss, zur Anklage gegen die drei auf Vorbereitung zum Hochverrat dem Liebknecht noch die Anklage wegen Beleidigung des Reichsoberhauptes, anzuhängen. Haben Sie im ›Volksstaat‹ Liebknechts Beschimpfung des Deutschen Kaisers als *Kaiser Bomba* herausgefunden, Herr Hoffmann?«

Der Herr Generalstaatsanwalt wartet die Anwort nicht ab. Endlich steht er auf, verabschiedet sich. Und dreht sich noch einmal in der Tür um, sagt: »Also höchstens noch drei Verhandlungstage. Vor Ostern muss alles erledigt sein. Spätestens Dienstag. Bedenken Sie, in einer Woche ist Karfreitag.«

So war Staatsanwalt Carl Theodor Hoffmann doch noch rechtzeitig am Abend bei »Schatz« eingetroffen. Und grübelte über das zutreffende Wort: Vorsehung oder Voraussicht. Das eine umschrieb wohl das Göttliche, das andere beanspruchte ja nun der Herr Generalstaatsanwalt für sich: Er hatte das alles vorausgesehen. Aber die Arbeit lag bei ihm, Hoffmann. Der Generalstaatsanwalt hatte zwar die Paragraphen des alten Strafgesetzbuches von Sachsen genannt, hingegen nicht die des revidierten, auch nicht die Paragraphen aus dem Strafgesetzbuch für das Deutsche Reich, die ja für die Eröffnung des Prozesses schliesslich ausschlaggebend waren. Und es wird nicht ohne Mühe abgehen, die Zahl der Verhandlungstage niedrig zu halten, wie es nun gewünscht wird. Vielleicht sollten einige Zeugen gar nicht erst auftreten. Und auf das Verlesen weiterer Gedichte könnte auch verzichtet werden.

Aber es würde dann doch wohl notwendig sein, am Ende vor der geheimen Beratung und Abstimmung der Geschworenen, dem zu wählenden Obmann, Herrn Steiger aus Schweta, die geeigneten Sätze für das Verkünden des *Wahrspruchs*, des Verdikts, vorzugeben. Übrigens war das eine zu freche Behauptung von dem Buchhändler Haessel, dass die Richter sich nach Herzenslust Jamänner aussuchen. Welch ein Wort: Jamann.

Also zuerst hat Obmann Steiger sich natürlich beim Gericht und der Staatsanwaltschaft im Namen der Geschworenen zu bedanken. Dann muss er erwähnen, dass einhundertundvierzig Beweisstücke vorgelegt wurden. Die Formel zur Einleitung der Bekanntgabe für Strafverhängung oder Freisprechung hat er deutlich auszusprechen: *Auf meine Ehre und Gewissen bezeuge ich ...* und so weiter. Und zum Mitschreiben für die Herren Vertreter der Zeitungen müssen Glanzlichter gesetzt werden, Besinnliches: *Wir haben ergreifende Tage durchgemacht, deren Wiederkehr wir nicht wünschen. Vor Gott erkläre ich, wir nehmen die Überzeugung mit uns, nur dem Gebot unseres Gewissens gefolgt zu sein; und wir können den Wahrspruch getrost dem Richterstuhl der Welt überlassen.* Und dem Obmann, Herrn Steiger aus Schweta, wäre der Satz anzuraten: *Namens der Geschworenen bitte ich um Bewahrung eines freundlichen Angedenkens.*

An einem trüben Tag

Es war ein trüber Tag. Hermann Haessel schloss die Tür zu seinem Geschäft auf. Er wartete auf Appellationsgerichtsrat Carl Otto Müller. Wollte der nicht heute kommen? Hatte er sich nicht nach den neuesten Veröffentlichungen über seine Göttin Minerva erkundigt?

Und es wird auch Zeit, dass er ihm endlich sein Wahrzeichen zeigt, so wie es die Bücher aus seinem Verlag zieren soll. Das Haupt der Medusa. Als einen Halsschmuck auf einer Schleife sind rechts und links die Anfangsbuchstaben seines Vor- und Nachnamens geschrieben. Aber niemand soll behaupten, er, Hermann Haessel, wolle die alte Geschichte verschönen, nein, die Haare sind Schlangen geworden, sie reichen bis unter ihr Kinn. Doch ihr Gesicht mit dem ausdrucksvollen Mund zeigt eine rührende Anmut. Mit den Augen einer Liebenden blickt sie gefasst und traurig in eine unermessliche Tiefe unter ihr. Ahnt sie, dass aus ihrem Leib das Flügelross der Dichter entspringt?

Manchmal denkt Haessel, die Bücher sind wie seine Kinder.

Ungern sieht er, wenn sie sein Haus verlassen. Er gibt es vor sich selber zu, vielleicht ist er in seinen Beurteilungen auch zuweilen ungerecht. Auf einige dieser Kinder ist er besonders stolz, manche kann er gar nicht leiden. Ein paar möchte er schnell vergessen, anderen wendet er seine ganze Sorgfalt zu. Oft wartet er mit Herzklopfen auf eine Neuerscheinung eines von ihm besonders geschätzten Schriftstellers. Er liest dann zuerst den Schluss, begierig nach einem guten oder wenigstens erträglichen Ende. Und wenn er sein zwischen zwei Buchdeckeln eingebundenes Glück gefunden hat, möchte er es mit seinen auserwählten Kunden teilen, und dann beteuert er beschwörend: Das müssen Sie gelesen haben.

Seine Schaufensterauslagen sind Kunstwerke. Natürlich hat er sich schon längst auf den Prozess eingerichtet. Werden doch gerade jetzt die während der Verhandlung erwähnten Schriften verlangt. Und nach der Verlesung von Freiligraths Gedichten setzte geradezu ein Ansturm auf seine Werke ein. So hat er noch einmal ein Bild von Freiligrath aufgetrieben und es deutlich sichtbar neben den verschiedenen Ausgaben von Göschen, Cotta und Zabern ausgestellt. Drinnen auf dem Tisch der Neuheiten hat er broschürte Exemplare vom »Kommunistischen Manifest« ausgelegt. Es ist dies keineswegs eine Tollkühnheit, er sagt, es sei ein Dienst an seinen Kunden, dass sie zu Hause noch einmal überprüfen können, was da während des Prozesses gesagt wurde, denn schliesslich war diese Schrift ja auch Gegenstand der öffentlichen Verhandlung.

Doch sein Herz schlägt für Berthold Auerbach. Ihm gehört seit 1837, dem Erscheinungsjahr des Romans »Spinoza«, ein besonderer Platz in seinen Regalen. Da war der Verfasser gerade fünfundzwanzig Jahre alt geworden. Seitdem betrachtete Haessel sich als einen erwartungsvollen Begleiter der Arbeiten »seines« Dichters. Inzwischen war die Gesamtausgabe aus dem Hause Cotta mit den »Schwarzwälder Dorfgeschichten« auf zwanzig Bände gewachsen. Der Roman »Barfüssele«, das Buch im goldgeprägten roten Leineneinband, die Neuauflage von 1871 mit den fünfundsiebzig Illustrationen von Benjamin Vautier, stand als Glanzstück in der Reihe der »Prachtausgaben für den Weihnachtstisch«.

Um sich selbst und natürlich auch seinen Kunden eine Freude zu machen, hatte er Freiligraths Verse »Dorfgeschichten« eingerahmt und an der Wand neben der Eingangstür angebracht. Jeder sollte lesen können, was der Dichter seinem Freund Auerbach im November 1843 gewidmet hatte:

Aus deines Schwarzwalds tannendunkeln Wiesen
Mit seinen Kindern kommst du froh geschritten…

Das ist ein Buch! Ich kann es dir nicht sagen,
Wie mich's gepackt hat recht in tiefer Seele…

… Mag dir auf weitern Flügen
Indess mein Handschlag und diess Lied genügen!

Nur eingeweihte Freunde des Buchhändlers Hermann Haessel wussten, dass er in einer verschlossenen Schublade etwas Besonderes aufbewahrte, das Mysterium vom Engel des Dichters: Eine Abschrift des Gedichtes von Berthold Auerbach, das er Ferdinand Freiligrath als seinen Gruss aus dem am rechten Ufer des Rheins gelegenen Dorf Assmannshausen nach London geschickt hatte. Aus dem Gasthaus »Krone«, wo das »Glaubensbekenntnis« seinen Anfang nahm. Für Hermann Haessel ist das schon lange ein Ort seiner Sehnsucht, eines Tages wird er dort hinreisen und jenen Raum betreten, in dem Freiligrath gearbeitet hat. Und er wird wie Berthold Auerbach den Hauch des Engels spüren.

Jetzt nahm er die Blätter heraus und las die ersten Strophen.

Zu Assmannshausen in der Kron
Trank ich vom ächten, dunkelrothen,
Da hab ich Dir, vertriebner Sohn,
Des Vaterlandes Gruss entboten!
In Londons Nebeln feucht und kalt,
Mög ihn des Windes Fittich tragen.
Dass er Dir hier am Rhein erschallt,
Sei wie ein Lied, das fernher hallt,
Aus schönen längst verklungnen Tagen!

Ich seh den rothen Feuerschein
Im Kelche wunderleuchtend sprühen.
Fürwahr! Dein Lied war solch ein Wein
Von dunklem Licht, von lichtem Glühen!

Wie Feuer in den Adern brennt
Beim vollen Zug der duftgen Labe,
Goss Deines Liedes Sakrament
Die Gluth, die man Begeistrung nennt,
Ins Herz des Volks am Dornenstabe!

Wie ist's hier still und feierlich,
Geweiht durch Dich ist dieses Zimmer;
Hier bog der Dichtung Engel sich
Zu Dir im rothen Abendschimmer.
Indessen draus der alte Rhein
Im Blut des letzten Lichtes glühte,
Erklang sein Rauschen staunend drein
Wie Du die kühnen Melodei'n
Entlockt dem fiebernden Gemüthe.

Heiss brannten Auge Dir und Stirn,
Und heisser schoss es durch die Adern.
Gewitter grollten im Gehirn,
Ein gramgesättigt stolzes Hadern.
Hier grüssest Du die Loreley:
»Romantik«! mit dem letzten Grusse
Und bei des Morgens Lerchenschrei
Schwang auf der Zinne der Parthei
Des Kampfes Banner Deine Muse...

Er legte die Blätter vorsichtig auf den Tisch neben die Neuerscheinungen, später wird er dieses Dokument einer besonderen Freundschaft wieder in der Schublade verschliessen.

Viele, die Berthold Auerbach kannten und verehrten, nannten das Geheimnis seiner Wirkung auf die Leser eine *siegreiche Gutherzigkeit*. Wenn jemand eine seiner treffsicheren Formulierungen bewunderte, konnte er im Gespräch liebenswürdig sagen: »Das schenke ich Ihnen.« Wo immer er auftauchte und sich niedersetzte und seine Geschichten erzählte, umringten ihn Zuhörer. So war es auch damals gewesen, als er in Dresden wohnte.

Eines Tages war er, Hermann Haessel, mit grosser Erwartung dorthin gereist, ein befreundeter Buchhändler hatte ihn zu einer Lesung im kleinen Kreis eingeladen. Aber spätestens seit diesem Tag in Dresden musste er zur Kenntnis nehmen, wie umstritten der Dichter war. Unfreundliche, ja feindliche Beurteiler behaupteten ihren Platz.

Neben ihm sass ein Zuhörer in eleganter, orangefarbener Jacke, ein Unverträglicher, ein Unerträglicher. Kaum hatte Berthold Auerbach aus seinem Roman über Spinoza einen Abschnitt zu Ende gelesen, drängte der Orangefarbene sich ins Wort. Der Autor habe Spinozas Beziehung zur schönen Olympia überzeichnet. Und im Roman über den Dichter Moses Ephraim Kuh zeige sich besonders krass Auerbachs typische Geschwätzigkeit. So sei das Bild des Vaters völlig unglaubwürdig geraten. Wozu müsse der dauernd den Ausspruch *Auch gut* gebrauchen, das sei überflüssiges Gerede.

Da hatte Hermann Haessel eingegriffen, er wehrte sich gegen das Zerreden des Vorgelesenen: »Also was Sie nicht verstehen oder nicht verstehen wollen, lehnen Sie ab? So simpel gehen Sie mit Literatur um? Oder können Sie gar nicht lesen. Es wird doch deutlich erklärt, warum der Vater von Ephraim Kuh sich mit dem *Auch gut* in sein Schicksal fügt, weil er fromm ist und auch das Unglück als gottgegeben annimmt.«

Berthold Auerbach hatte ihm liebenswürdig gedankt. Und hatte erklärt, wie über Jahrhunderte hinweg mindestens sechs Generationen frommer Gesetzeslehrer die Weisheit vom *Auch das ist zum Guten*, festgeschrieben in die Worte *Gam su letowa*, vorlebten. Sie lehrten nicht den Verzicht, sondern die Einsicht, es müsse möglich sein, im Vertrauen auf Gott einen schweren Schicksalsschlag auszuhalten und zu überwinden.

Der Unverträgliche hatte sich nicht zufrieden gegeben, hatte gefragt: »Haben die Leute aus Nordstätten sich nicht auch darüber beschwert, dass alles in den so genannten Dorfgeschichten entstellt ist? Und ich sage ebenfalls, nichts stimmt, weil Auerbach die germanische Tradition verlassen hat. Es kann ja sein, dass Sie die Leute zum Lachen bringen. Und zum Weinen. Aber im Grunde ist doch jede Figur, die Sie uns da auf dem Papier vorstellen, nichts anderes als eine Selbstbespiegelung. Auerbach beschreibt nur Auerbach, der weint, weil er kein Rabbiner werden konnte.«

Damals in Dresden hatte Hermann Haessel erlebt, wie Berthold Auerbach seine Bücher beiseite legte. Und wie er leise mit einem kleinen Lächeln erklärte: »Also, mein verehrter Zuhörer, Sie haben es selbst heraufbeschworen, jetzt müssen Sie es aushalten, wie Auerbach den Auerbach beschreibt. Ich habe das noch nicht zu Papier gebracht, aber es hat sich in meinem Kopf eingenistet, so wie es eines Morgens ganz in der Frühe geschah: In der Nacht des 23. Juni 1833 um 5 Uhr morgens wird Berthold Auerbach in München vom Brigadier Staringer verhaftet und bei Neuturmpfleger Vogl eingeliefert. Er wird gefragt: ›Geburtsort?‹ Er antwortet: ›Nordstetten.‹ Die nächste Frage: ›Stand und Gewerbe?‹ Er antwortet: ›Studierender.‹ Seine Gestalt wird beurteilt: Klein. Gesichtsfarbe: Gesund. Bart: Braun. Haare: Braun. Augen: Grau. Nase: Gewöhnlich. Zähne: Gut. Mund: Gewöhnlich. So steht es im Protokoll. Zweiunddreissig Fragen werden mir vorgelegt. Ob die Eltern noch leben. Auf die dritte Frage nach der Glaubensrichtung wird die Antwort notiert: Israelitischer Religion. Und jetzt sage ich Ihnen noch einige der Fragen: Ob und mit wem verheiratet? Ob schon einmal verhaftet? Über meine Zeit als Student in Tübingen. Sie wollten wissen, zu welcher Gesellschaft ich mich gehalten hätte. Mit der dreizehnten Frage setzten die ›Specialia‹ ein. Die erste der Sonderfragen zielte auf die Verhaftsursache. Ich habe geantwortet: ›Ich kann mir gar keine denken.‹ Dann wollten sie wissen, ob ich mich in Tübingen zu irgend einer Gesellschaft gehalten und zu welcher gehalten habe. Hier gab ich eine ausführliche Antwort: ›Ich habe mich niemals um Studentensachen bekümmert, hatte nur mit einigen Wenigen meist Glaubensgenossen von mir zum Beispiel dem Doktor der Philosophie Frankfurter aus Oberdorf Umgang gehabt. Da ich sowohl in Tübingen als auch hier mittels eines württembergischen Staats-Stipendiums studiere, so war schon dieses ein Grund, warum ich mich von allen Studentengesellschaften entfernt hielt. Ich kann auch wirklich von dem Bestehen von Studentengesellschaften nicht einmal die Namen angeben, da ich aus rituellen Gründen in dem eine Stunde von Tübingen entfernten Orte Wankheim bei Israeliten Kost nahm.‹ Sie fragten: ›Was haben Sie hier in München für Umgang gehabt?‹ Ich sagte ihnen, meistens ging ich mit meinem Vetter Emil Auerbach, er stammt auch aus Nordstetten. Sie wollten wissen, in welchen Gasthäusern ich gewesen war. Sie fragten: ›Wenn Sie sich auch nicht um Studentenverhältnisse bekümmerten, haben Sie nicht doch die Namen der bestehenden Studentengesellschaften oder die Farben kennen gelernt, welche sie trugen?‹ Ich sagte: ›Namen weiss ich nicht, aber Bänder habe ich von allen Farben gesehen, nämlich schwarz-weiss-rot, grün-rot-gold und andere.‹ Ich wurde gefragt, wo ich während der letzten Weihnachtsferien war. Sie fragten weiter: ›Waren im Dezember vorigen Jahres Studenten fremder Universitäten in Tübingen und welche?‹ Ich gab ihnen die Antwort: ›Ich habe nichts von solchen fremden Studenten gehört oder gesehen.‹ Fast am Ende die Frage: ›Haben Sie sonst nichts mehr anzugeben?‹ ›Nein, nur weiss ich nicht, wie ich zu einem Arrest komme.‹ Das, werter Zuhörer, wurde diesem Berthold Auerbach zur Bestätigung vorgelesen. Er unterschrieb es mit einem Zusatz: ›Ich glaube, dass die Studenten, welche schwarz-weiss-rote Bänder trugen, Schwaben und die mit grün-rot-goldnen Franken genannt wurden. Ich glaube, auch eine Zeitlang schwarz-rot-goldene Bänder gesehen zu haben, ich erinnere mich aber keines Namens, den sie gehabt hätten, sondern man hielt sie nur für die liberalen Studenten.‹ Die dreissigste Frage: ›Können Sie keine Studenten nennen, welche zu den sogenannten Liberalen gehörten?‹ Ich sagte: ›Diejenigen, welche ich kannte, waren meines Wissens nicht darunter, wenigstens trugen sie keine Bänder, ich sah auch nur ganz kurze Zeit im vorjährigen Sommer solche Bänder.‹ ›Haben Sie weiter nichts anzugeben, auch in Beziehung auf Behandlung und Verpflegung?‹ ›Ich habe nichts mehr hinzuzufügen und bitte nur, dass ich Bücher erhalte.‹ So hat er es dann zur Bestätigung unterzeichnet, der Student der Theologie Berthold Auerbach. Und der Schreiber des Königlichen Kreis- u. Stadtgerichts in München gab den Zusatz zu Papier, der Verhaftete sei ihm ganz erschrocken und furchtsam erschienen. ›Er ist sehr klein und unansehnlichen Körperbaues, hat auch gar kein studentenhaftes Aussehen.‹ Ich habe das alles sehr gründlich gelesen, bevor ich es unterschrieb. Und es hat sich in mein Gedächtnis eingegraben. Ich sagte das schon.«

Kaum hatte damals in Dresden Berthold Auerbach sich schweigend zurückgelehnt, meinte der Zuhörer in der orangefarbenen Jacke: »Das ist wieder so eine Erfindung von Ihnen. Wer soll Ihnen das hier in Dresden abnehmen. Sie sind bei uns nicht eingewurzelt.«

»Es ist die Geschichte meiner Verhaftung wegen staatsfeindlicher Umtriebe. Vielleicht, damit Sie mich besser kennenlernen, Herr Zuhörer, noch ein kleiner Zusatz aus meiner Festungshaft auf dem Hohenasperg. Sie sehen, ich bin klein, aber im Gegensatz zur Feststellung des Gerichtsschreibers nicht furchtsam. Vom Vater habe ich gelernt, gerade so kurzgewachsene Leute wie du dürfen die Augen nicht niederschlagen, wenn sie es mit einem grossen Menschen zu tun haben. Es geschah im Gefängnis an der Ausgabe der Wasserkannen in der Frühe. Ein anderer wollte sich vordrängen, er war hochgewachsen, bekannt für seine Rauflust. Gefürchtet. Er musste wegen räuberischer Überfälle seine Strafe verbüssen. ›Jetzt bin ich dran‹, sagte der. ›Warten Sie in Ruhe‹, sagte ich. ›Also du willst mir nicht Platz machen?‹ Er wollte mich beiseite drücken. Niemand griff ein. Alle standen um uns herum und sahen zu. ›Nein‹, sagte ich, ›erst wenn meine Wasserkanne gefüllt ist, mache ich Platz.‹ Und ich blickte ihm gerade in die Augen. Da er zögerte, setzte ich hinzu: ›Dann, wenn ich angezogen bin, stehe ich zur Verfügung.‹ ›Gut‹, sagte der, ›du wirst sehen, was du davon hast, mir nicht den Vortritt zu lassen. Heute abend treffen wir uns hier. Ich werde zur Stelle sein.‹ Und ich sagte einigen, mit denen ich die Zelle teilte: ›Ich weiss, dass ich ihn nicht überwinden kann. Aber ich bin kein Feigling. Ich weiche dem Kampf nicht aus. Eine Bitte habe ich, wenn ich ohnmächtig am Boden liege, sorgt dafür, dass er mein Gesicht nicht zertritt.‹

Dann am Abend kam er auf mich zu. Er musste Erkundigungen über mich eingezogen haben. Auch war ihm sicher gesagt worden, dass ich in meiner Aussage vor dem Untersuchungsrichter keinen verraten habe. ›Du bist Auerbach? Der schreiben kann?‹ ›Ja‹, meinte ich, ›das wird von mir gesagt.‹ Und er fragte: ›Kannst du mir ein Gedicht machen?‹ ›Für wen?‹ ›Für mein Mädchen. Sie soll weinen, wenn sie das liest und warten bis ich wiederkomme.‹ Und ich schrieb ihm das Gedicht. Er befand es für gut und hatte auch jemanden, der es aus dem Gefängnis zum Mädchen brachte. Von da an wurde er mein Beschützer. Und ich sollte schliesslich sein Trauzeuge sein. Aber vorher habe ich ihm noch Lesen und Schreiben beigebracht. Und ich habe ihm gezeigt, wie ich als Gefangener beginne, meine Gedanken über Spinoza dem Papier anzuvertrauen.

Nein«, hatte damals in Dresden Berthold Auerbach dem Unerträglichen gesagt, »ich habe nicht geweint, dass ich kein Rabbiner werden konnte, ich habe gewusst, ein wegen politischer Umtriebe Verurteilter hat auf Staatsanstellung und Rabbinat zu verzichten. Und Sie haben recht, ich bin hier nicht eingewurzelt. Ich weiss nicht, wo ich in der kommenden Zeit meine Wohnung finden werde.«

Haessel war aufgestanden, um Berthold Auerbach Erfreuliches

zu sagen. Doch er hatte eigentlich nur ums Wort gebeten, weil er gegen den Unerträglichen in der orangefarbenen Jacke antreten wollte: »Aber die Leute aus Ihren Dorfgeschichten haben schon überall in Europa eine Wohnung gefunden. Ich habe die Bücher gesehen, die Übersetzungen ins Englische, Französische, Dänische, Schwedische, Russische.«

Jetzt an diesem trüben Tag, da er auf den Appellationsgerichtsrat Müller wartete, nahm Hermann Haessel den Roman »Dichter und Kaufmann« von Berthold Auerbach zur Hand. Las noch einmal die letzten Seiten. Und war wieder zu Tränen gerührt. Der sterbende Dichter Ephraim Kuh wird von seinen Freunden besucht. Einer von ihnen, Nathan, bringt einen Brief aus Paris mit und liest vor: *Das Pariser Volk hat die Bastille gestürmt.* An dieser Stelle war es Haessel, als sei er die beschriebene Romanfigur.

Ich bin es, ich liege und warte nur noch auf den Tod. In das Unglück meiner Tage kommt die erlösende Nachricht über das Ende der lastenden Königsherrschaft. Auch ich bete, wie der Prophet Sacharia gebetet hat: *An jenem Tag wird es geschehen ... um die Abendzeit wird es hell sein.* Und auch ich danke Gott, ... *dass ich den neuen Tag noch schaue, ich sehe die Morgenröte, ich höre Millionen Posaunen, die Erde zittert bis in ihr tiefstes Herz hinab.* Und auch ich wünsche, der Tod soll noch warten: *Nur ein einzig Lied möcht' ich singen, mein Schwanenlied und dann sterben.*

Sehr behutsam stellte Hermann Haessel diesen Band, seine grosse Kostbarkeit, ganz oben ins Regal. Und er wusste gleichzeitig, morgen wird er das Buch von da oben wieder herunter holen und auf den Verkaufstisch legen. Er möchte doch, auch andere sollen es lesen und verstehen. Werden sie es verstehen, das »Lebensgemälde« *von* einem Mann, der sich nicht vor dem Taufwasser gebeugt hatte, der ins Gefängnis geworfen wurde, der nicht aufhörte, über die Welt zu schreiben? Das »Lebensgemälde« *über* einen Mann, der sich nicht vor dem Taufwasser gebeugt hatte, der ins Gefängnis geworfen wurde, der nicht aufhörte, über die Welt zu schreiben. Im Nachlass des Dichters Moses Ephraim Kuh lagen die sieben Zeilen der Begegnung zwischen dem Zöllner und dem Juden:

Zöllner: Du, Jude, musst drei Thaler Zoll erlegen!
Jude: Drei Thaler? so viel Geld? mein Herr, wesswegen?

> Zöllner: Das fragst Du noch! weil Du ein Jude bist.
> Wärst Du ein Türk', ein Heid' ein Atheist,
> So würden wir nicht einen Deut begehren,
> Als einen Juden müssen wir dich scheeren.
> Jude: Hier ist das Geld! – Lehrt euch dies euer Christ?

Ja, er hatte neuerdings alle Bücher von Berthold Auerbach in das oberste Regal gestellt. Neben Heine und Börne. Sicherheitshalber. Es war unter den Leuten eine Dumpfheit aufgekommen. Das grosse Reich verkleinerte die Toleranz. Solche Leute waren zwar noch nie in seine Buchhandlung gekommen. Andrerseits aber ärgerte er sich auch über sich selber. War er nicht zu ängstlich? Hatte denn nicht Auerbach sich überdeutlich für einen Sieg der deutschen Waffen gegen Frankreich ausgesprochen? Vielleicht hatte er es, ähnlich dem Dichter Ferdinand Freiligrath, als seine Pflicht betrachtet nachzuweisen, der Vorwurf vom »Mangel an Vaterlandsliebe« träfe auf ihn nicht zu?

Es war ein wirklich trüber Tag. Buchhändler Haessel setzte sich. Er wollte überlegen, wie er die Bücher neu ordnen wird. Er musste eingeschlafen sein.

Aber was ist denn das? Heute kommt Herr Appellationsgerichtsrat Müller nicht allein? Drei Unbekannte gehen neben ihm. Und jetzt treten sie gemeinsam ein. Gleichzeitig. Der Appellationsgerichtsrat grüsst wie immer mit freundlicher Zurückhaltung.

Nun, Herr Haessel, was gibts Neues?

Doch bevor er antworten kann, schreien die drei jungen Männer auf ihn ein. Und sie duzen ihn. Mit Deinen Büchern verblödest Du die Leute. Adam, du Drecksau.

Sein Name, den er so gern für sich in Anspruch nimmt, in den Schmutz gezogen. Adam, der Mensch, nach dem hebräischen Wort für Erde: *adama*.

Woher wissen die Eingedrungenen vom Geheimnis seines Namens? Und warum greift der Appellationsgerichtsrat Müller nicht ein? Wo ist er denn? Ach so, er ist schon gegangen.

Der erste der jungen Männer trägt eine Stange bei sich. Mit der Stange schlägt er aus den Regalen hoch oben bis unten hin die Bücher heraus. Und beginnt bei Berthold Auerbach.

Der zweite der Männer hat Nägel unter seinen Stiefeln. Mit seinen genagelten Stiefeln zertritt er die Bücher. Zertritt das Lebensgemälde von Spinoza und der schönen Olympia. Zertritt das

Lebensgemälde von Moses Ephraim Kuh und Rosa und Mathilde. Zertritt das Lebensgemälde von Barfüssele und ihrem Johannes. Zertritt das Lebensgemälde vom Pferdeknecht Dominik. Zertritt jedes Leben der Dorfbewohner aus dem Schwarzwald. Und seine Stiefel beschmutzen die herabgefallenen Blätter vom Engel des Dichters.

Der dritte der Männer hat eine Pistole in seiner Jackentasche verborgen. Jetzt holt er die Pistole aus der Jackentasche heraus und schiesst auf den Buchhändler.

Hermann Haessel fällt zu Boden. Der Schmerz im Arm ist unerträglich. Die Kugel hat ihn getroffen. Aber er lebt noch. Und wie er um sich schaut, ist er allein. Allein mit seinen Büchern, die über ihm zusammenstürzten, als wollten sie ihn begraben.

Und draussen? Gelächter. Dann: Beunruhigende Ruhe.

Hermann Haessel schaut sich um. Ach, ja, das Blatt mit dem Engel liegt noch auf dem Tisch und die Bücher stehen noch in den Regalen. Da hat er wohl geträumt. Welch ein Albtraum. So erbarmungslos nahe an der Wirklichkeit.

»Nun ade – doch nicht für immer ade!«

Jetzt ist es leer. Eine grosse Stille in der Gaststube der »Restauration Schatz« in der Ritterstrasse 43. Nur Hermann Haessel kommt wie jeden Tag nach Ladenschluss und bestellt ein Bier. Der Wirt Carl Friedrich Schatz setzt sich zu ihm. Mit dem Seufzer: »Schade, dass der Prozess zu Ende ist. Was war das für ein Leben in meiner Bude. Hier an meinem grossen runden Tisch haben sie gesessen. Die Herren vom Gericht. Ritter von Mücke, Staatsanwalt Hoffmann, und die wichtigsten Geschworenen, Generalstaatsanwalt Dr. Schwarze hat sogar hereingeschaut. Appellationsgerichtsrat Müller versäumte selten einmal einen Abend. Und Hans Blum war da. Jetzt ist es leer.«

»Wundert Sie das?«, fragt Hermann Haessel. »Hier hatten sie endlich einmal etwas, das sie zusammenhielt. Es war ein starkes, vielleicht sogar zwingendes Bedürfnis für die Herren, sich gegenseitig zu versichern, wie sehr sie mit der Führung des Prozesses im Recht sind. Dabei nahmen sie es in Kauf, sich dem Verdacht auszusetzen, es könnte hier bei ›Schatz‹ Absprachen der Beteiligten zwischen Richter, Staatsanwalt und Geschworenen über eine laufende Gerichtsverhandlung geben. Entweder mussten sie ihre Zweifel im Bier ertränken oder sie mussten sich gegenseitig Mut zusprechen. Für Sie, Herr Schatz, dürften ja die Gründe, wer warum nach einem von Ihnen gefüllten Glas oder Krug greift, völlig gleichgültig sein. Hauptsache, es wird gezahlt.«

»Ja, ja, Herr Haessel, man sagt, Gäste, die nichts anschreiben lassen, sind immer noch die besten Gäste. Aber nun sind sie wie Zugvögel davongeflogen. Ja, ja. Und schon wird davon geredet, als Belohnung, weil der Prozess im Sinne der Regierenden in Preussisch Berlin so gut gelaufen ist, sollten eigentlich alle solche grossen Sachen wie Hochverrat hier nach Leipzig gezogen werden. Und ich sage Ihnen, Herr Haessel, dafür werden sie an anderer Stelle ein anderes Haus bauen. Dann werden sie auch an anderer Stelle ein anderes Restaurant bevorzugen.«

Die Tür wird aufgestossen, ein Diener in Livree verbeugt sich, macht Platz, drei Personen treten ein. Eine Dame und zwei Herren. Die Art wie sie sich bewegen und ihre Kleidung weisen aus, sie sind wohlhabend. Sie haben es in diesem Leben geschafft: Die Untertanen sind ihnen untertan.

Wir erkennen sie an ihrer Redeweise: »Graf, sind wir denn nun hier wirklich richtig in der berühmten Restauration, wo sich die Spitzen der Justiz ein Stelldichein geben? Ich sehe nichts und niemanden. Wie heisst es immer: Still ruht der See, und alle Vöglein schlafen.«

»General, es kann kein Irrtum sein. Der Herr Appellationsgerichtsrat Müller hat mir die genaue Adresse genannt: ›Restauration Schatz‹ in der Ritterstrasse.«

Natürlich beeilt sich der Gastwirt mit der Versicherung, er und kein anderer sei der wahrhaftige Schatz. Die Herrschaften sollten doch Platz nehmen und ihre Wünsche äussern. Und er fragt: »Sind Sie vielleicht mit dem Herrn Professor Müller verabredet?«

»Ja, so sollte es wohl sein. Aber ich sehe ihn nicht«, sagt der General, und er wendet sich an die Dame: »Gnädigste, nun wollen wir uns den Abend nicht verderben lassen. Im Grunde haben wir ja alles, was wir über diesen ominösen Prozess wissen wollten, aus den Zeitungen erfahren. Darf ich Sie zum Abendessen einladen. Der Gedanke, hier hereinzuschauen ist ja auf meinem Mist gewachsen. Hier Rast zu machen, noch kurz vor Ostern auf unserer gemeinsamen Reise zu meinen schlesischen Gütern.«

»Ja, warum nicht«, sagt sie, »mein lieber General, dann lassen wir uns doch einmal die Speisekarte geben.«

»Bedaure die Herrschaften, ich habe keine Speisekarte«, sagt Carl Friedrich Schatz.
Dieses arrogante Schweigen, diese amüsierten Blicke.
»Und was können Sie uns empfehlen?«, fragt die Dame nach einer Weile.
»Eisbein mit Sauerkraut und Erbsenpüree.«
»Und gibt es auch eine Suppe?«, fragt sie.
»Eine klare Brühe.«
Sie fragt: »Was ist das?«
»Ich nehme an, meine Liebe«, sagt der Graf, »eine Bouillon.«
Carl Friedrich Schatz deutet eine Verbeugung an. »So kann man das auch nennen. Bei uns gibt es die feine Brühe aus magerem Rindfleisch und Knochen vom Kalb, nur mit gutem Wurzelwerk gekocht. Keine Zwiebeln, keine Nelken, keine Lorbeerblätter. Eine Brühe darf nicht zu scharf sein. Und oben drauf zum Schluss in guter Butter frisch geröstete Semmelbrösel.«
»Der Nachtisch?«, fragt sie.
Na ja, das war zu erwarten: Hermann Haessel kann es nicht mehr aushalten. Hier ist er Stammgast, der Ton, in dem die Eingetretenen mit dem Wirt reden, so fasst er das jedenfalls im Augenblick auf, ist auch gegen ihn gerichtet, denn sie haben ja nichts und niemanden gesehen, ihn also auch nicht. Er steht auf, geht zum Tisch der Herrschaften, stellt sich vor und erklärt: »Den Nachtisch dürfen Sie sich nicht entgehen lassen. Auf der ganzen Welt werden Sie das nie wieder finden. Ich rede von dem berühmten Plaumenmuskuchen. Da wird das selbstgemachte Pflaumenmus noch einmal in Weisswein aufgekocht, und Mandeln gehören dazu und Zimt. Und ein guter Mürbeteig mit frischer Butter. Ach, was soll ich Ihnen viel sagen, das müssen Sie probieren.«
Natürlich nennen die Herren nun auch ihre Namen. Graf von Hatzfeldt mit seiner Gattin Helene und General von Kirchbach.
Und der Graf sagt: »Wenn Sie sich schon einmal eingemischt haben, dann beraten Sie uns doch auch, was sollen wir – hier – trinken.«
»Auf jeden Fall den guten Riesling aus Freiburg, aus der Bergstadt des Königreichs Sachsen.«
»Habe ich richtig gehört, Sie sind Buchhändler?«, fragt Gräfin Helene. Und sie setzt hinzu: »Oder habe ich mich verhört, und Sie sind doch ein Koch oder ein Konditor, weil Sie so gut mit süssen Sachen Bescheid wissen?«

»Gnädige Frau«, erwidert Haessel, »ich verkaufe auch Kochbücher, und ich lese manchmal darin.«

»Ich dachte, das sei nur Frauenlektüre«, sagt der General.

»Ich muss wissen, was ich verkaufe«, antwortet Haessel, »und was mir gefällt, behalte ich.« Er geht zurück an seinen Stammplatz mit einem leisen Bedauern, dass niemand den schönen Doppelsinn vom Behalten bemerkt.

»À propos, Frauenlektüre«, wirft Graf von Hatzfeldt ein. »Mir kommt da gerade in den Sinn, was mir neulich ein Besucher aus Heidelberg erzählte. Dort war ja der Geschichtsprofessor Gustav Häusser in seiner Haltung gegen revolutionäre Umtriebe uns eine rechte Stütze. Ein aufrechter Patriot. Leider ist er tot und kann nun seinen Traum von einem vereinten Reich unter Preussens Adlerfittichen nicht mehr erleben. Aber er hat, wie man mir glaubhaft berichtete, einen würdigen Nachfolger gefunden. Na, was ist denn das, jetzt komme ich nicht gleich auf den Namen. Helene, meine Liebe, erinnerst du dich nicht, du warst doch dabei, wie unser Gast uns damals von dem Heidelberger Professor erzählte.«

»Ach Paul, muss denn das jetzt sein?«

»Ja, weil wir hier nun einen Buchhändler haben, da kann er dem beipflichten, was mir aus Heidelberg überbracht wurde. Und vielleicht weiss er den Namen. Unser Mann also, er ist einer von wirklichem Adel, hat festgestellt, welch schlimmes Zeichen der Zeit die Schreiblust der Frauen ist. Und da kann ich dich nur loben, meine liebe Helene, mir ist nicht bekannt, dass du jemals einen Roman schreiben wolltest. Aber der Wahrheit eine Gasse: Natürlich hast du auch etwas zu Papier gebracht. Deine Buchführung über deine Ausgaben, so wie ich es dir dringend geraten habe, als ich im Felde stand. Das ist keine Dichtung. Das ist nur Wahrheit. Tadellos, auf Heller und Pfennig genau. Das meint der Heidelberger Professor nicht. Er befand über Dichterinnen: Jetzt schwingen sie die Feder statt der Nadel. *Es ist eine soziale Krankheit. Weibliche Dichtung ist unfruchtbar.* Ein wirklich scharfsinniger Beobachter unserer Zeit. Von ihm werden wir sicher noch mancherlei zu hören bekommen. Mein Gott, wie heisst er nur? Dass man aber auch alt und vergesslich wird.«

Hermann Haessel, der die Ansichten dieses Mannes aus der Leipziger Ausgabe von 1865, »Historische und politische Aufsätze«, in ihrer Tendenz kennt, hat keine Lust, den Herrschaften, die jetzt die klare Brühe löffeln, den Namen zu nennen: Heinrich von Treitschke. Und Haessel auch, noch immer befangen in seinem Traum vom vergangenen Tag, ist sicher, dieser Professor, Sohn einer sächsischen Offiziersfamilie, geboren in Dresden, wird bald den Sprung von Heidelberg nach Berlin geschafft haben. In ihm, dem Professor für Staatswissenschaften, wohnen alle Voraussetzungen für den Platz an der Preussischen Akademie der Wissenschaften, denn seine Lehre ruht auf drei für das neue deutsche Reich wichtigen Säulen: Sein unversöhnlicher Hass gegen Juden, die das germanische Wesen stören. Sein ausgeprägter Abscheu gegen alle sozialistischen Bestrebungen. Und seine Forderung nach mehr Raum für das Reich, nach Kolonien.

Aber wen sehen wir denn da? Ja wirklich, er hat noch den Staub von der Reise auf seinen Schuhen. Sonst aber ist sein Mantel neu gewendet. Auch hat er sich rasieren lassen. Und sein Haar ist glatt gekämmt. Er macht es sich an einem Tisch gemütlich, bestellt ein Bier und einen Schnaps, zieht die königlich sächsische »Leipziger Zeitung« aus seiner Tasche und beginnt zu lesen. Er überfliegt den Leitartikel des Chefredakteurs von Witzleben.

Zwischen Brühe und Eisbein ruft der General herüber: »Sagen Sie mal, steht da noch was über den Hochverratsprozess drin?«

Kaum angesprochen, springt der Angeredete auf, reicht schon die Zeitung hin und sagt mit bescheidener Unbescheidenheit: »Sie werden auch einen Artikel von mir finden. Gezeichnet Heinrich von Schwarzhügel. Mein Resümee über die Verhandlung. Leider sind die Strafen für die moralischen Ungeheuer nach meinem Dafürhalten viel zu gering ausgefallen. Nur zwei Jahre Festung unter Anrechnung der Untersuchungshaft für Wilhelm Liebknecht und August Bebel und Freispruch für Adolf Hepner. Und man hätte endlich von hier aus, von Leipzig aus, ein Zeichen setzen müssen, so heisst das heute, ein Signal, auch den Herrn Ferdinand Freiligrath zu fangen und hinter Gitter zu bringen, die Pestbeule der deutschen Literatur. Man hätte sich nicht mit dem Verlesen seiner Gedichte begnügen dürfen.«

Haessel ruft ihm zu: »Sie hätten lieber das Exemplar aus dem ›Volksstaat‹ mitbringen sollen, Herr von Schwarzhügel, dann hätten die Herrschaften, die hier nur auf der Durchreise sind, sehen können, auch andere stellen die Frage, wo denn jetzt hier in der Restauration ›Schatz‹ die bestimmten Gäste geblieben sind.«

»Na, sagen Sie schon«, wünscht der General leutselig.

»Bitte, gerne«, meint Haessel. »Im ›Volksstaat‹ steht eine Anfrage an Herrn Staatsanwalt Hoffmann. Man will von dem Vertreter der Anklage wissen: *Wie kommt es, dass man Sie und andere Mitglieder des Schwurgerichtshofes jetzt, nachdem die Verhandlung zu Ende ist, nicht mehr bei Schatz, Restauration in der Ritterstrasse, wo sich die Geschworenen in der Regel des Abends zusammenfanden, antrifft? Und zwar jetzt ebensowenig wie vor der Verhandlung?*«

»Ach, was wollen Sie denn? Wer sind Sie denn? Was wissen Sie denn?« Die drei Fragen kommen von Heinrich von Schwarzhügel. Der Mann ist wütend.

»Darf ich die letzte Frage zuerst beantworten? Ich weiss ein Lied zu singen von Hanswurstel. Dazu kenne ich noch Arien von Greymount.«

»Wie schön, über Musik könnte ich mich stundenlang unterhalten«, Frau Helene unterbricht temperamentvoll, »Musik verbindet die Menschen, weil sie ohne Worte auskommt.«

Nein, Haessel lacht nicht. Auch nicht, als er sieht, wie blass Dr. Hans Werstel geworden ist. Sehr sachlich sagt er: »Gnädige Frau, Sie haben ja vollkommen recht. Aber es gibt im Leben Glücksmomente, die man nutzen muss, wir haben heute das Glück, einen bekannten Journalisten unter uns zu haben, noch dazu einen Kenner des Prozesses, da geht es dann doch nicht ohne Worte. Vielleicht habe ich mir jetzt über Herrn Heinrich von Schwarzhügel einen Zugang zu seiner königlich sächsischen Zeitung aufgetan? Im Gegensatz zu seiner Verdammung der Angeklagten muss ich doch daran erinnern, verbrecherische Handlungen kann man ihnen nicht nachweisen. Es gibt zu diesem Prozess eine *ungehaltene Rede* des angeklagten Wilhelm Liebknecht. Warum sollte Heinrich von Schwarzhügel«, er spricht den Namen mit schöner Betonung aus, besonders den Vornamen, der ihn an Treitschke erinnert, »nicht noch einmal neu nachdenken und dann seinen Chefredakteur, den Herrn von Witzleben, bitten, einige Passagen davon zu drucken. Zum Beispiel die Stelle über den Schatten. Wer dächte bei diesen Worten in der *ungehaltenen Rede* nicht an Chamissos Eingangsfrage zu Peter Schlemihl: *Und was ist denn der Schatten?*«

»Chamisso! Ich liebe Chamisso!«, ruft Gräfin Helene temperamentvoll. Und niemand wagt es, ihr Einhalt zu gebieten, wie sie jetzt Chamissos »Frisch gesungen« anstimmt:

Hab' oft im Kreise der Lieben
In duftigem Grase geruht
Und mir ein Liedlein gesungen
Und alles war hübsch und gut.«

Sie bricht ab, fragt Haessel: »Ja, bitte, sagen Sie mir, was ist denn der Schatten?«

»Nur auf Ihren ausdrücklichen Wunsch, gnädige Frau, erzähle ich Ihnen davon. Aber Sie wissen, es ist Wilhelm Liebknechts Spiel mit dem Schatten in seiner Abhandlung von ›Hochverrat und Revolution‹. Da bedauert er den Staatsanwalt Hoffmann, weil das ganze Parteiarchiv in seine Hände gefallen ist. Er erklärt, wie gerade die Beschlagnahme des gesamten Archivs die Angeklagten entlastet. *Du hast alles und dieses Alles ist nichts. Entweder du musst aus diesem Nichts den Hochverrat beweisen, oder du musst auf die Anklage verzichten.*«

»Wo bleibt der Schatten«, fragt Gräfin Helene ungeduldig.

Und Heinrich von Schwarzhügel sitzt da mit hochrotem Gesicht. Er schweigt. Denkt angestrengt nach. Denn Haessel hat ja vor diesem Publikum sein Geheimnis nicht gelüftet. Wird er dabei bleiben? Muss er tatsächlich diese Schrift jetzt aus seinen Händen nehmen? Auch wenn er sie nachher in den Papierkorb wirft. Allein die Entgegennahme gerade vor diesen Herrschaften von Adel wäre ja ein Zugeständnis.

»Gnädige Frau«, sagt Haessel, »die Schrift, die ich Heinrich von Schwarzhügel sehr empfehle, gibt uns den Hinweis auf das französische Liedchen über ›jenen Schatten eines Stallknechts, der mit dem Schatten einer Bürste den Schatten einer Karosse rein bürstet. *Die Anklage ist Schatten. Das ›Beweismaterial‹ ist Schatten, unser ›Hochverrat‹ ist Schatten, Schatten, nichts als Schatten – das einzige, was nicht Schatten ist in diesem Schattenbild an der Wand, das ist der Herr Staatsanwalt, und ich bedaure ihn darum aufrichtig.«*

Die adlige Gesellschaft beim »Schatz-Wirt« ist im Zustand zwischen Eisbein und sächsischem Pflaumenmuskuchen. Sie haben auch dem Freiburger Riesling gern zugesprochen. Und unser wackerer Hermann Haessel sagt sich, ist es nicht sinnlos, schon wieder und vor diesen Herrschaften als ein Agitator aufzutreten? Und ausgerechnet Hanswurstel soll Wilhelm Liebknechts »ungehaltene Rede« zur konservativen »Leipziger Zeitung« bringen?

Wenn er das zu Hause seiner Frau erzählt, wird sie ihm nur den Spruch über einen Mann, der beim Kartenspiel verloren hat, entgegenhalten: ›Was setzt du dich mit Leuten zusammen und spielst mit ihnen Karten, die sich mit dir hinsetzen und mit dir Karten spielen.‹ Und dennoch redet er weiter. Er trägt diesem Zufallspublikum die Überlegungen des verurteilten Sozialisten Liebknecht vor: *Unsere Bewegung ist keine Ausnahme von der allgemeinen Regel: verfolgt sie ein falsches Ziel mit falschen Mitteln, so wird sie an ihren eigenen Irrtümern zugrunde gehen; nimmermehr durch eure Verfolgungen.*

Jetzt wird der Pflaumenmuskuchen serviert. Ein Duft von Mandeln und Zimt geht durch den Raum. Haessel wendet sich an Herrn Heinrich von Schwarzhügel: »Sie haben ja davon gehört, als in der Hauptverhandlung das ›Kommunistische Manifest‹ zum Vortrag kam, da fragte die Verteidigung, wozu es vorgetragen wurde. Der Staatsanwalt sagte: ›Es wurde ein historischer Überblick über die Arbeiterbewegung gegeben.‹ Er wolle im Schlussplädoyer darauf weiter eingehen. Und Sie, Herr Heinrich von Schwarzhügel, sassen mit auf der Pressebank, Sie werden sich daran erinnern, was Staatsanwalt Hoffmann dann zum Schluss erklärte: ›Das Manifest ist von Marx verfasst. Liebknecht ist ein Schüler von Marx.‹«

Der Angeredete trinkt hastig sein Bier aus.

Hermann Haessel ist noch nicht zu Ende: *Da aber doch Marx nun in London ist, will man sich an dem Leipziger Schüler rächen.*

»Ich zahle«, sagt Dr. Hans Werstel nervös, »ich habe keine Zeit für solchen Unsinn.« Sein Aufbruch gleicht einer Flucht. Beinahe wäre er in der Tür mit jemandem, der hereinkommen wollte, zusammengestossen.

»Wovor haben Sie Angst?«, ruft Hermann Haessel ihm nach. Und er sieht, wie Gräfin Helene den Kopf schüttelt. In diesem Augenblick muss der Buchhändler an die schöne Sophie Gräfin Hatzfeldt denken, die eines Tages erklärt hatte, sie stehe an der Seite der Proletarier. Das war die Schwiegermutter der Dame Helene, die hier in der »Restauration Schatz«, ausser vom Pflaumenmuskuchen, nicht sehr viel gegessen hat. Und der Wunsch wurde in ihm übermächtig, auf sie, die Schwiegertochter einzuwirken. Nur für sie wird er noch diese eine Passage von Wilhelm Liebknecht vortragen, Worte, die ihm besonders am Herzen liegen. Dabei weiss er, sie wird nichts verstehen.

Und warum, rufen wir den Gegnern zu, warum fürchtet Ihr uns? Wir haben kein Geld, wir haben keine Soldaten, es fehlen uns alle Mittel der äusseren Macht. Und hätten wir Millionen an Geld, Ihr könntet ihnen Milliarden entgegensetzen, hätten wir hunderttausend gedrillter Soldaten, Ihr könntet ihnen Millionen entgegensetzen. Warum also fürchtet Ihr uns? Was fürchtet Ihr in uns? Wir haben nichts als unsere Prinzipien, unsere Ideen, und unsere Ideen fürchtet Ihr, denn Ihr habt ihnen keine Ideen entgegenzusetzen, und darum wollt Ihr sie durch brutale Gewalt ausrotten. Oh, Ihr Herren, was in unserem Kopfe steckt – das könnt Ihr nicht vernichten – nicht weil der Geist unsterblich, sondern weil, was im Kopf steckt, von aussen hineingekommen ist und aussen fortlebt, auch wenn der Kopf abgeschlagen. Man hat noch nie eine Idee guillotiniert oder füsiliert, und Eure Furcht ist die unwillkürliche, Euch selbst unbewusste Anerkennung dieser Wahrheit.

Appellationsgerichtsrat Carl Otto Müller war an der Tür stehen geblieben, umständlich hatte er seinen Regenschirm noch einmal geöffnet, um lästige Tropfen abzuschütteln. Jetzt eilt er zu der adligen Gesellschaft, verbeugt sich und sagt: »Entschuldigen Sie meine Verspätung. Das Wetter. Ich musste umkehren, meinen Schirm holen. Aber welch eine Freude, Sie hier in Leipzig bei uns anzutreffen. Sie werden sich erinnern, zuletzt sahen wir uns vor einem Jahr in Berlin.« Und er verbeugt sich noch einmal vor der Gräfin: »Ich bin Appellationsgerichtsrat Müller. Ich freue mich, Ihre Bekanntschaft zu machen.«

Carl Friedrich Schatz geht auf ihn zu mit einem beschriebenen Blatt in der Hand und will es ihm überreichen: »Das haben Sie vor einigen Tagen hier liegenlassen.«

Der Appellationsgerichtsrat wirft einen Blick auf das Papier und sagt: »Danke, das können Sie wegwerfen.« Er wendet sich an Hermann Haessel: »Ich habe gerade noch ihre letzten Worte gehört, Herr Haessel, ich hätte Sie unterbrechen müssen, aber ich sah, wie vor allem Frau Gräfin Ihnen interessiert zuhörte. Und nun wundere ich mich auch nicht mehr, warum Sie als Geschworener von der Staatsanwaltschaft abgelehnt wurden.«

»Ach, die Herren kennen sich so gut?«, fragt die Gräfin.

»In Leipzig kennt jeder jeden«, erklärt Professor Müller. Und er bittet die adlige Gesellschaft, die Einladung auf einem Sprung zu ihm nach Hause zum Rossplatz anzunehmen. »Und selbstverständlich sind Sie auch hier meine Gäste.« Der Wirt versteht den

Wink, bringt die Rechnung. Der Herr Appellationsgerichtsrat und Meister vom Stuhl der »St. Johannisloge Minerva zu den Drei Palmen im Orient Leipzig« zahlt.

Gegen den kleinen Protest der Gräfin wendet Professor Müller mit angenehm singender Stimme ein: »Hier ist noch immer sächsische Gastfreundschaft angesagt, nehmen Sie es auch, Herr General, als meine Verbeugung vor dem Träger des Eisernen Kreuzes. Wenn ich einmal in Berlin bin, dann sind Sie dran.« Schmales Gelächter.

»Lassen Sie ihren Schirm nicht stehen«, sagt der Wirt.

Der Aufbruch geht gemessen vor sich, der General hilft der Gräfin in den Mantel. Draussen warten die Pferde. »Es ist angespannt«, sagt der Kutscher.

Nur unser Hermann Haessel hat wieder diesen schönen Doppelsinn registriert.

Im Hinausgehen wendet sich Appellationsgerichtsrat Carl Otto Müller doch noch einmal zu Haessel: »Wie ich höre, war der Sohn vom Geschworenen Kaufmann August Koch nach seiner Rückkehr aus England eine Nacht bei Ihnen. Ich wüsste gern, was Thomas Ihnen da erzählt hat. Jedenfalls hat der junge Mann jetzt gegen den Willen des Vaters angefangen, Jura zu studieren. Haben Sie ihn dazu ermuntert? Ja, ja, es bleibt nichts verborgen in Leipzig.« Er wartet die Entgegnung nicht ab.

»Ich glaube, ich habe jetzt alle Ihre Gäste vertrieben«, sagt Hermann Haessel.

Der »Schatz-Wirt« setzt sich zu ihm. Er hat sich und seinem letzten Gast ein neues Glas Bier mitgebracht. Er meint: »Die Herrschaften kamen hinein und sie gingen hinaus. Nicht einmal wie Zugvögel, von denen man erwarten kann, sie kommen wieder. Und sogar hofft, dann bringen sie Neue mit. In diesem Augenblick, Herr Haessel, als Sie Ihre Ansprache hielten, als der Werstel schrie, ich zahle, dabei noch mit dem Fuss aufstampfte, weil ich nicht schnell genug hinter der Theke vorkam, da fragte ich mich: Carl Friedrich Schatz, was hast du eigentlich hier für ein Haus. Was willst du in deinem Leben. Es heisst immer, die Welt ist ein Gasthaus, wir kehren ein, bleiben eine Weile und finden erst heim im Herrn. Aber hier ist die Ritterstrasse 43 und hier herrscht nicht ein höheres Wesen mit unerforschlichen Ratschlüssen, hier bin ich der Wirt und Besitzer. Und ich sagte mir: Es liegt an dir, wenn es jetzt leer ist. Weisst du denn, wie viele Gäste ferngeblieben sind, weil fast das ganze Gericht seit dem 11. März mit einem Male bei mir eingekehrt ist? Ja, ich gebe es zu, ich war stolz darauf. Frau und Tochter in der Küche natürlich auch. Und die Kasse stimmte. Es wurde reichlich getrunken. Dann und wann gab es Trinkgeld, das wurde dann meist mit dem Satz begleitet, ich sei ja der Wirt, und also gäbe man aus Zartgefühl mir nichts extra auf den Teller. Weil ich die Herren nach ihren Wünschen schnell und gewissenhaft bediente, glaubte ich, das ist ein neuer Kreis, es kann lohnend für den Umsatz werden. Dann kamen heute, fast wie gerufen in die Leere nach dem Sturm, wenn ich das mal so sagen darf, die drei Herrschaften. Mein Spruch hiess immer: Bei mir ist jeder Gast willkommen. Und natürlich ist es auch eine Freude, so gut gekleidete Gäste bewirten zu können. Aber wenn ich das sehe, wie einer der Herren sein Taschentuch zieht und damit über den Stuhl der Dame wischt! Herr Haessel, ich frage Sie, ist nicht hier im Hause Schatz immer alles tipptopp? Dann examiniert mich die Gräfin über die Speisen. Und als sie ihre Begleiter fragte, was ist denn das, eine Brühe, da war ihr Tonfall schon wie eine Ohrfeige für mich. All das hätte ich ja noch hingenommen. Man muss manche Marotte von Gästen ertragen können. Wenn ich zu zart besaitet wäre, würde ich es in diesem Gewerbe gar nicht aushalten. Dann habe ich das Eisbein serviert. Und Sie wissen es, Herr Haessel, besser kann das nirgendwo sein. Ich kaufe ja selber ein. Es fängt doch alles mit der Kunst des Einpökelns an. Das muss man beherrschen. Bei Schweinefleisch lässt man besser Gewürze wie Wachholderbeeren, Tymian, Rosmarin und dergleichen weg. Und nach dem Einlegen in die Salzlake kommt eine Portion Zucker zu dem Ganzen. Das gibt den lieblichen Geschmack. Aber was soll ich Ihnen sagen? Haben Sie das gesehen? Als ich der Gnädigen den, wohlgemerkt, vorgewärmten Teller hinstelle, also haben Sie es gesehen? da stochert sie mit der Gabel am Fleisch herum, spiesst endlich ein Stückchen auf. Und ich denke, nun wird sie sich überzeugen können, wie gut es schmeckt. Nein, sie riecht daran. Und legt es zurück. Sie hat nur etwas von den Kartoffeln und der Sosse gegessen. Andere Gäste finden dann wenigstens ein paar Worte der Erklärung, sie hätten sich überschätzt oder so ähnlich. Herr Haessel, ich bitte Sie, machen Sie sich keine Sorge, dass Sie durch Ihr eifriges Agitieren diese Leute wohl tatsächlich vertrieben haben. Wer weiss, ob Sie mich nicht vor einer schlimmen Sache bewahrt haben? Ich war ja drauf und dran, selber die Leute alle hinauszuwerfen. Na, ja, war ich das? Und dann will der Herr Müller auch noch von Ihnen wissen, was Thomas in der Nacht seiner Rückkehr gesagt hat. Was hat er denn gesagt?«

»Ihnen gebe ich Auskunft. Professor Müller hätte darüber nichts erfahren, auch wenn er höflich in Erwartung meiner Antwort stehengeblieben wäre. Wir wissen, Thomas sollte bei dem Versuch nützlich sein, einen Mann für seine Werke von A bis Z, vom ›Abschiedswort der Rheinischen Zeitung‹ bis zu ›Zwei Hochzeitslieder aus dem Exil‹ vor ein irdisches Gericht zu bringen. Thomas hat gesagt, er schämt sich für seinen Vater. Der wollte ihn aus Hass auf die Denkweise eines anderen Menschen als Sammler von Beweisstücken benutzen. Und ich habe Thomas versichert, wenn der alte Herr Koch ihn nicht studieren lassen will, dann kann er sich sein Geld bei mir im Buchladen verdienen. Und eine Kammer habe ich allemal für ihn. Aber es wird spät, ich verabschiede mich. Bis morgen. Wie immer.«

»Warten Sie mal«, sagt Carl Friedrich Schatz«, da habe ich doch noch was. Das fällt mir gerade ein, weil Sie vorhin sagten ›Abschiedswort.‹ Sehen Sie mal, das beschriebene Blatt Papier war vor ein paar Tagen auf dem Platz von Herrn Müller liegen geblieben. Als er von seinem Besuch in London bei Wolfgang Freiligrath erzählt hatte. Ich wollte es ihm jetzt geben, da hat er gesagt, ich soll es wegwerfen. Ein Gedicht in fünf Strophen. Und das soll ich wegwerfen!« In seiner Erregung über die selbstherrliche Art des Herrn Professor Müller liest der »Schatz«-Wirt laut vom Blatt. Aber er springt durch die Zeilen. Hermann Haessel setzt sich wieder und hört zu. Er kennt es, er könnte es auswendig sagen. Ferdinand Freiligraths Gedicht vom 19. Mai 1849:

Abschiedswort der Neuen Rheinischen Zeitung

Nun Ade, nun Ade, du kämpfende Welt,
Nun Ade, ihr ringenden Heere!
Nun Ade, du pulvergeschwärztes Feld,
Nun Ade, ihr Schwerter und Speere!
Nun Ade – doch nicht für immer Ade!
Denn sie tödten den Geist nicht, ihr Brüder!
Bald richt' ich mich rasselnd in die Höh'
Bald kehr' ich reisiger wieder!

Wenn die letzte Krone wie Glas zerbricht,
In den Kampfes Wettern und Flammen,
Wenn das Volk sein letztes ›Schuldig!‹ spricht,
Dann stehn wir wieder zusammen!
Mit dem Wort, mit dem Schwert, an der Donau, am Rhein –
Eine allzeit treue Gesellin
Wird dem Throne zerschmetternden Volke sein
Die Geächtete, die Rebellin!

Und die Frau kommt aus der Küche, die Tochter auch. Sabine. Feierabend der Familie Schatz. Die Frauen haben noch die roten Gesichter von den Arbeiten am heissen Herd. Alles ist schon wieder vorbereitet für den kommenden Tag. Die Brühe, der Pflaumenmuskuchen, das Eisbein. Und die Tochter Sabine will von Hermann Haessel wissen, was das bedeutet, die Anfangsworte:

Kein offner Hieb in offner Schlacht…

Aus dem Hinterhalt fielen die Streiche –
Und so lieg' ich nun da in meiner Kraft,
Eine stolze Rebellenleiche!

Und was es heisst, dass *der arme Mann im zerriss'nen Gewand*, für die Dahingegangene einen Kranz *aus Blumen und Mai'n* bringt, *den haben sein Weib und sein Töchterlein nach der Arbeit für mich gebunden.*«

Sabine ist jung und jeder weiss, sie hat immer wieder einmal ins Gastzimmer hineingeschaut, dann und wann zugehört, um vom Menschen zu lernen, der in diesem Augenblick seines Aufenthalts in der »Restauration Schatz« Gast genannt wird. Aber nie hat sie serviert. Die Eltern wollen das nicht. Sie ist zu unschuldig. Sie soll nicht angetatscht werden. Sie soll es nicht erleben müssen, diesen bierseligen Schlag eines Gastes auf den Hintern. Sie ist so hübsch mit ihrem offnen rundlichen Gesichtchen, den glitzernden neugierigen dunklen Augen. Und zu jedem Geburtstag bekommt sie ein Buch, das sie sich bei Haessel in der Lindenstrasse selbst aussuchen darf. Das ist Tradition, schon aus ihrer Kinderzeit. Das musste auch einmal über den »Schatzwirt« lobend gesagt werden.

»So war es«, beginnt Haessel seine Antwort. »Schon so fern.

Und noch so nah. Dieser 19. Mai 1849. Ein Samstag in Köln. Da erscheint die letzte Nummer der ›Neuen Rheinischen Zeitung‹. Die erste Seite in rotem Druck. An der Spitze steht das Gedicht von Ferdinand Freiligrath. Die *standrechtliche Beseitigung* des Blattes wurde mit der Ausweisung des Chefredakteurs vollzogen. Das *Gastrecht* sei verwirkt, die Zeitung habe Beiträge gebracht mit der Tendenz *zur Verachtung der bestehenden Regierung und zur Einführung der sozialen Republik*, hiess es von königlicher Regierungsseite.«

»Warum in Köln?«, fragt Sabine.

»Alles in dieser Welt hat, wenn du genau hinschaust, seine Zusammenhänge, manchmal sind sie sehr geheimnisvoll, manchmal liegen sie offen zu Tage. *Wir mussten nach Köln gehen und nicht nach Berlin. Erstens war Köln das Zentrum der Rheinprovinz, die die französische Revolution durchgemacht, sich im Code Napoleon moderne Rechtsanschauungen bewahrt, die weitaus bedeutendste grosse Industrie entwickelt hatte und in jeder Beziehung damals der fortgeschrittenste Teil Deutschlands war.* Das wissen wir nun vom Redakteur en chef, Dr. Karl Marx. Die Redaktion wollte, wie wir es von Engels erfahren, *mit klingendem Spiel und mit der fliegenden Fahne der letzten roten Nummer* ihre Festung des rebellischen Wortes verlassen. Der Beste, den sie für dieses Wort wussten, war Ferdinand Freiligrath, Ehrenmitglied des Kölner Arbeitervereins. Und wie er damals in seinem Gedicht für Robert Blum der Stadt Köln das Wort der Trauer gab, so ist unter seiner Feder auch die Zeitung zur Person geworden. Seit den Anfangstagen der ›Neuen Rheinischen Zeitung‹, im Frühjahr 1848, war Freiligrath als Mitarbeiter dabei. Und am 6. Juni erschienen dort die Verse ›Trotz alledem‹, die Variation seiner ersten Übertragung des Gedichts von Robert Burns.

Is there for honest poverty
That hings his head, an' a' that?
The coward slave, we pass him by –
We dare be poor for a' that!
For a' that, an' a' that...

Zwei Tage zuvor, in diesem Juni 1848, hatte Freiligrath auf der Generalversammlung des Kölner Arbeitervereines sein neues ›Trotz alledem‹ vorgetragen, mit den Zeilen *Wie früher fast, trotz alle-*

dem! und: *Wir sind das Volk, die Menschheit wir, sind ewig drum, trotz alledem!* So war es. Schon so fern. Noch so nah.«

Und unser Hermann Haessel möchte jetzt wirklich gehen. Er will aber der lieben, kleinen, wissensdurstigen Sabine noch einen Satz mitgeben. So wie ihn Ferdinand Freiligrath abschliessend in das Vorwort vom »Glaubensbekenntnis« schrieb:

Mein Gesicht ist der Zukunft zugewandt!

Unser nachdenklicher Carl Friedrich Schatz, manchmal geplagt, manchmal erfreut durch seinen Umgang mit den Gästen, meint: »Rückblickend muss man sagen, dass die Zukunft wohl immer wieder einen erheblichen Zick-Zack-Kurs nimmt.«

Nun schliesst sich hinter uns die Tür zur »Restauration Schatz« in der Ritterstrasse. Wir begleiten Hermann Haessel noch ein Stück des Weges nach Hause. Auch er geht an der Nikolaikirche vorüber. In wenigen Tagen werden die Glocken Ostern einläuten. Das Fest der Auferstehung des Herrn. Der Buchhändler denkt nach über Ferdinand Freiligrath. Ist da nicht bei seinen gesammelten Handschriften oder Abschriften noch etwas zu finden? Ein Brief des Dichters aus Zürich an seinen bewährten Freund und Gefährten Karl Buchner. Aus den Februartagen des Jahres 1846. Er, Hermann Haessel, Mensch aus der Erde, immer neugierig und mitteilsam findet die Worte von Ferdinand Freiligrath, die er suchte.

Ich bin nicht Communist, wenigstens nicht Communist von der enragierten Sorte, aber ich bin der Meinung, dass die neue Lehre, wenn sie auch nur einen Übergang vermitteln sollte, ein wesentlicher Fortschritt ist, und dass sie in der Humanität wurzelnd, mehr anregen und fördern und zuletzt zur Entscheidung bringen wird, als eine einseitige politische Anschauung. Ueber die Illusion deutscher Constitutionen und Constitutiönchen sollten wir doch hinaus sein! Der Communismus wird eine Zukunft haben! Alle seine Träume werden nicht verwirklicht werden, aber wenn er auch, gleich dem Columbus, nicht in Indien landet, so wird er doch ein Amerika entdecken.

»In meinen Grenzen und Bereich«

London, Sommer 1873

Lieber Thomas,
vielleicht werden Sie sich wundern, dass ich Ihnen erst heute eine Nachricht von mir sende. Sie waren abgereist, ohne dass wir uns noch einmal sehen konnten. Seit diesem März des vorigen Jahres gingen die Tage zu schnell vorüber. Immer wieder hatte ich mir vorgenommen, Ihnen endlich zu schreiben. Ich hatte auch schon vieles angefangen, aber es blieb unfertig. Ich hoffe, Sie verzeihen Ihrer Begleiterin auf dem Weg zum Verständnis der Werke von Ferdinand Freiligrath das Zögern, wenn Sie erfahren, dass wir, Wolfgang und ich, nun ordentlich und amtlich verbunden sind. Und morgen reisen wir gemeinsam nach Amerika.

Die monatelangen Aufregungen wegen der Vorbereitungen zur Hochzeit raubten die Zeit und unterbrachen die Gedanken für mein Vorhaben, Ihnen ausführlich zu schreiben. Was soll ich Ihnen lange darüber berichten: Alle, Käthe und Luise und ihre Männer, meine Mutter, die Nachbarn und die Freunde, wussten, wie mein Brautkleid aussehen sollte, wer eingeladen werden musste, was an Essbarem aufgetischt werden konnte, ganz zu schweigen von den Vorschlägen für die Getränke. So neigte sich schliesslich das Jahr 1872 dem Ende zu. Und ich wartete auf den Mai, auf den Tag, an dem Wolfgang aus Minnesota kommen wollte.

Aber dann erhielten wir im März dieses Jahres von Vater Freiligrath aus Stuttgart die Schreckensnachricht, dass sein zweiter Sohn, Otto, im Alter von 22 Jahren gestorben ist. Nun mussten alle unsere Freunde hier im Lande nach unserer Sitte die Gedächtniskarte bekommen. Käthe übernahm es, sie zu verteilen.

Und Ferdinand Freiligrath hat es schliesslich doch wahr gemacht, er kam zu uns nach London. Und brachte auch für uns zum 5. Juni, dem Tag unserer Hochzeit, ein Gedicht mit. Es sind schwierige, traurige Gedanken. Wir haben es erst kurz vor unserer Abreise bekommen, weil er uns zum Fest die Herzen nicht noch schwerer machen wollte. Immer wieder vertiefe ich mich in seine Worte, die er in seiner so feinen Schrift für uns aufgezeichnet hat. »Otto zu Wolfgangs Hochzeit«. Von den vierzehn Strophen habe ich Ihnen, lieber Thomas, drei ausgesucht. Ferdinand Freiligrath hat Otto, dem so jung verstorbenen Bruder von Wolfgang, eine Stimme gegeben. Der Tote redet mit uns Lebenden:

*Es fällt ein ernster Schatten,
O Bruder auf dein Fest,
Wie ernst auf sonnige Matten
Gewölk ihn fallen lässt;
Er dunkelt ob deinem Weine,
Er senkt sich auf dein Brot:
Der Schatten, den ich meine,
Der Schatten ist mein Tod.*

*Und könnte die Hand euch geben,
Dir Wolf und dir, Marie!
Nicht, Wolf, das wär' ein Leben
In dieser Junifrüh'?
Doch o, doch o! nicht heb' ich
Zum Wandern mehr den Fuss;
Um euer Fest nur schweb' ich
Mit stillem Geistergruss.*

*O Wolf, in Jugendtagen
Hat mich der Tod geküsst:
Doch will ich's nicht beklagen,
Wenn du nur glücklich bist;
Wenn nur in deinem Westen
Der Himmel und die Au
Hold sind euch lieben Gästen, –
Dir, Wolf, und deiner Frau!*

Mein Schwiegervater hat uns versprochen, *wenn Gott uns allen Leben und Gesundheit schenkt,* wird er für uns noch einmal ein anderes Lied, ein freudiges, singen.

Doch jetzt, kurz vor meinem Abschied von London, gehen meine Gedanken zu Ihnen, lieber Thomas, und ich nehme die Blätter mit den Aufzeichnungen, die ich schon lange für Sie vorbereitet hatte, wieder zur Hand. Sie werden sich vielleicht erinnern, ich sagte Ihnen am Tag, als Sie zu uns kamen, für mich ist der Schlüssel zum Verständnis der Arbeiten von Ferdinand Freiligrath bei Joseph Mallord William Turner zu suchen.

Nun werde ich Sie nicht mehr zu seinen Bildern im Museum begleiten. Ob Sie sich vorstellen können, wie leid es mir getan hat, als ich erfuhr, Sie haben London verlassen? Wie schade, dass unsere Gespräche über Ferdinand Freiligrath nun abgebrochen sind. Und ich muss zugeben, wir waren ja erst am Anfang des Weges zu ihm.

Als meine Mutter mir Ihren Brief viel zu spät gab, hätte ich fast geweint. Und das an meinem Geburtstag im vergangenen Jahr. Glauben Sie mir, ich wäre am liebsten zum »Gasthof Klein« gelaufen, um Sie zu holen. Aber wir wissen, eine gut erzogene Tochter darf das nicht. Und ich schaute mich vergebens um, wen ich schicken könnte. Doch nicht Rose, die Köchin. Sie können nicht ahnen, wie die alte Frau gerade auf Sie wartete. Sie wollte unbedingt erfahren, wie Ihnen der berühmte Plumpudding Queens schmeckt. Seit Ihrem Ausspruch, dass man aus ihrer Suppe, aus Roses berühmter Mulligatawny, die einzelnen Kolonien herausschmecke, hatten Sie einen besonderen Platz in ihrem Herzen gewonnen. Ich musste sie in ihrer Enttäuschung trösten. Nicht schicken wollte ich Greymount, das werden Sie verstehen. Und dann brach der Festtrubel über mir zusammen. Käthe und Luise, Freiligraths Töchter, mit ihren Männern und andere Gäste aus der Nachbarschaft hinderten mich, Ihnen die einzig vernünftige Botschaft zu schicken: Kommen Sie, Thomas.

Als ich dann viel zu spät, ich weiss nicht mehr von wem, erfuhr, dass auch Sie an diesem 15. März fünfundzwanzig Jahre alt geworden sind, da war ich plötzlich sehr unsicher geworden. Und ich fragte mich: Hat Rose vielleicht doch das verhängnisvolle dreizehnte Ei in den Nachtisch gegeben? Und ich fragte mich weiter, wie kommt es, dass mich Ihre Abwesenheit so traurig macht? Ja fast bis zum Rand des Aberglaubens bringt?

Für mich war es irgendwie staunenswert, mit Ihnen noch einmal das Spiel aus den Kindertagen zu versuchen und dann durch die »theologischen Gärten« zu wandern. Sie wollten immer weiter vordringen in Geheimnisse um Ferdinand Freiligrath – und ich weiss bis heute noch nicht, warum. Aber Sie waren uns, meiner Mutter und mir, von Anfang an willkommen, das werden Sie gemerkt haben. Es war nicht nur diese grosse Ähnlichkeit mit Wolf, ach, wie soll ich das ausdrücken, Sie waren uns einfach sympathisch. So etwas gibt es.

Ich möchte Ihnen für Ihre sechs Bände mit den Werken von Ferdinand Freiligrath danken. Es hat mich tief gerührt, wie Sie diese Bücher vom Festland hierher zu mir getragen haben. Und es war mir sehr wichtig, an drei Stellen Lesezeichen zu entdecken.

Ich fand zuerst »Vorgefühl«. Freiligraths Traum über sein Ende, wie er auf der Bahre liegt, niemand kennt ihn. Er betont: *Mein Sterbehemd war rein und weiss.* Und er setzt seltsamerweise hinzu: *Doch war es nicht das Hemd der Waschfrau Chamissos.* Damals, lieber Thomas, als wir beide nachdachten über den Streit um Heines Bild in Chamissos Musen-Almanach und über die Gründe, warum auch Freiligrath seine Beiträge zurückziehen wollte, hatten wir herausgefunden, »Vorgefühl« war schon zum Abdruck ausgesucht. Damals hatte ich Ihnen gesagt, ich weiss nicht, wie Freiligrath den Hinweis auf die Waschfrau meinte. Sollte das ernst sein oder lustig? Und dann kam Greymount an unseren Tisch.

Natürlich dachte ich, dass wir noch ein wenig Zeit gemeinsamen Überlegens hätten. So suchte ich bei Chamisso »Die alte Waschfrau«, vielleicht um Sie zu erfreuen, vielleicht aber wollte ich mich selbst vergewissern, wie die Beziehungen zwischen Freiligrath und Chamisso wirklich gewesen sein könnten. Es gibt zu viele Dinge, nach denen ich meinen Schwiegervater nicht mehr fragen möchte. Jedenfalls schienen die Dichter doch unermüdlich nachzuschauen, was die anderen geschrieben haben. Vieles stand ja in Zeitungsbeilagen und Almanachen. Und oft benutzten sie ein Wort oder einen Gedanken des anderen zum spöttischen Angriff. Manchmal war es aber doch ein achtungsvoller Gruss. Und noch immer weiss ich bei »Vorgefühl« nicht, hat Freiligrath sich vor Chamisso liebevoll verbeugt oder sollte es, noch mitten im Streit um Heines Bild, eine Lossagung vom väterlichen Freund sein.

Chamisso erzählt von einer Waschfrau: *Sie hat in ihren jungen Tagen geliebt, gehofft und sich vermählt...* Dann kamen Sorgen. Der Mann wurde krank, sie hat ihn gepflegt, bis er starb. Drei Kinder mussten grossgezogen werden. Sie war fleissig und ordentlich. Die erwachsenen Kinder schickte sie dann hinaus ins Leben. Aber sie hat alles in Würde bewältigt. Nun ist sie allein. Und sie webt sich mit eigener Hand ihr Sterbehemd.

Jetzt, in der letzten Strophe geschieht die Wandlung. Chamisso denkt nicht ohne Stolz über den Sinn seiner Arbeit nach.

Und ich, an meinem Abend wollte,
Ich hätte, diesem Weibe gleich,
Erfüllt, was ich erfüllen sollte

In meinen Grenzen und Bereich;
Ich wollt', ich hätte so gewusst,
Am Kelch des Lebens mich zu laben,
Und könnt' am Ende gleiche Lust
An meinem Sterbehemde haben.

Dann fand ich Ihr zweites Lesezeichen. *O lieb', so lang du lieben kannst.* So kann ich noch immer bei meinem Nachdenken über Freiligraths Beziehung zu Chamisso bleiben. Erinnern Sie sich, lieber Thomas, noch an unsere Gespräche? Ich vermutete, dass er von Reue erfüllt war, weil er auf drei Briefe nicht geantwortet hatte. War nicht Chamisso wie ein Vater zu ihm gewesen? Bei der Nachricht vom Tod des väterlichen Freundes musste Freiligrath die schwere Last der eigenen Gedanken tragen. Dieses: *Vergib, dass ich gekränkt dich hab'!* Dieses: *Er aber sieht und hört dich nicht.* Dieses: *Doch still – er ruht, er ist am Ziel!* Danke für Ihr Lesezeichen an dieser Stelle.

Und doch muss es ein starkes Gefühl einer Zusammengehörigkeit gegeben haben. Auch über den Tod hinaus. Sechs Jahre nach dem Ende von Chamisso nimmt Freiligrath als Motto für sein »Glaubensbekenntnis« zwei Sätze des bewunderten Mannes, wie sie in einem Brief an de la Foye stehen: *Die Sachen sind, wie sie sind. Ich bin nicht von den Tories zu den Whigs übergegangen, aber ich war, wie ich die Augen über mich öffnete, ein Whig.*

Natürlich renne ich offene Türen ein, wenn ich Ihnen als gutem Freund eines klugen Buchhändlers, beschreibe, wie der Begriff Whig, der Ruf, mit dem schottische Bauern ihre Pferde antrieben, dieses »Whigam«, in die Politik kam. Also Sie wissen, nicht nur im Parlament, auch im Alltag ist bei uns Whig ein Mensch, der für den Fortschritt, für Neuerungen und für den Gleichheitsanspruch aller Menschen eintritt. Und die Tories, gewachsen aus frühen, altgläubigen, adligen Häusern, klammern sich an alles Bestehende, das ihre Vorfahren zusammengeraubt haben. Es soll nichts in ihrer gottgegebenen Ordnung von König und Knecht verändert werden. Wenn Sie, lieber Thomas, zu Hermann Haessel gehen, dann nehmen Sie bitte noch einmal Freiligraths »Glaubensbekenntnis« aus dem Verlag von Victor von Zabern zur Hand. Sie werden breitgedruckt auf der linken Seite die entscheidenden zwölf Worte finden: *… aber ich war, wie ich die Augen über mich öffnete, ein Whig.*

Mit Ihrem dritten Lesezeichen in der Seite »Die Auswanderer« erinnern Sie an unser Spiel von A bis Z. Ja, es war das zweite Gedicht, das ich Ihnen vorhielt. Sie kannten es. Und Sie sprachen von Amsterdam und von den Schiffen. Und von den Menschen, die ihre Heimat verlassen mussten. Und vom Meer und vom Nebel. Einmal war mir sogar, als sagten Sie zu mir – es schien mir aber eher wie ein Selbstgespräch, das ich unbeabsichtigt belauscht hatte: Tochter des Meeres. So hat mich bisher noch niemand genannt.

Ich habe für Sie eine Mappe von Joseph Mallord William Turner aufgetrieben. Beim Anblick der Bilder werden Sie sich den Klang der Verse von Freiligrath vorstellen können. Und sie werden dabei einige Blätter finden, auf denen ich meine Gedanken für Sie festhielt.

Sie sind abgereist, ohne Ihre Adresse zu hinterlassen. Als Absender hatten Sie auf Ihrem Brief nur den Londoner Gasthof »Klein« angegeben.

Aber ich erinnerte mich an einen Menschen, den Sie immer wieder erwähnten. So packe ich das jetzt alles zusammen und schicke es an den Buchhändler Hermann Haessel in Leipzig.

Leben Sie wohl, lieber Thomas, mögen Ihre Wünsche in Erfüllung gehen, dass Sie eines Tages ein erfolgreicher Anwalt der Gerechtigkeit sein werden.

Ihre Mary Freiligrath–Eastman

»Der Nebel senkt sich düster auf das Land«

Nur für Sie, lieber Thomas, sind diese Seiten bestimmt, die ich schon vor einiger Zeit aufschrieb, mein Versuch, einige Stationen auf den Wegen von zwei Menschen zu betrachten. Beide, Joseph Mallord William Turner und Ferdinand Freiligrath, der eine in London, der andere in Detmold geboren, sind in ihrem Leben auf Gewalten gestossen, die sie aus einem geheimnisvollen inneren Antrieb darstellen mussten, der eine mit Farben, der andere mit Worten. Naturgewalt. Menschengewalt. Beide sind Zeugen einschneidender Veränderungen geworden. Sie erleben die Versuche der Menschen, die Natur zu übertreffen, schneller zu sein als Pferde.

Und es war gelungen: Die Locomotion mit Hilfe des Dampfes, die rasche Ortsveränderung. Es wird über William Turner erzählt, er habe während der Fahrt über den Viadukt zwischen Maidenhead und Taplow sich weit aus dem Fenster seines Zugabteils gebeugt, um in den Abgrund zu schauen. Er musste, sollte ein Bild entstehen, möglichst genau beobachten, wie die Great Western Railway durch den Regen, den Nebel, den Dampf über die Brücke rollt. So war er, Joseph Mallord William Turner, Sohn eines Barbiers und Perückenmachers, Gefangener seiner Kunst, bis der Tod 1851 seine Augen schloss. Er hatte das Alter von 76 Jahren erreicht.

Der Anfang seines Lebens ist überschattet von der Gemütskrankheit seiner Mutter. Er versuchte alles, sie zu retten. Wer wusste in England nicht, dass es im Reich der Medizin die weitverzweigte Arztfamilie Monro gab. Der berühmte Doktor John Monro widmete sich im Londoner Hospital Bethlem, das Amt hatte er von seinem Vater James übernommen, vor allem der Behandlung von Geisteskranken. Er kämpfte für eine würdige Behandlung der Menschen, die als gescheitert und verdächtig von der Gesellschaft ausgestossen waren. Seinem jüngsten Sohn, Thomas, übertrug Doktor John Monro nach einer Assistentenzeit die Verantwortung für das Hospital Bethlem.

In der Hoffnung, es könnte vielleicht durch die Behandlung von Doktor Thomas Monro für die Mutter eine Aussicht auf Heilung geben, geht Joseph Mallord William Turner zu ihm und bietet ihm an, was er kann. Er kann malen und zeichnen. Er weiss, der nicht unvermögende Doktor ist ein Sammler von Aquarellen. William Turner soll ihm Kopien anfertigen. Ausdrücklich wird immer wieder vermerkt, der Doktor habe die Arbeiten bezahlt, auch sei das Kopieren der Meisterwerke aus der Sammlung des Arztes für den jungen Mann eine gute Gelegenheit zum Lernen gewesen. Aber zu dieser Zeit hatte er, der als Zehnjähriger bereits Zeichnungen nach Werken anderer Meister anfertigen konnte, schon von der Royal Society of Arts einen Preis für eine Landschaftszeichnung bekommen. Am Ende wird die Mutter aus dem Hospital Bethlem in eine private Pflegeanstalt in Islington gebracht. Als sie dort stirbt, ist ihr Sohn 29 Jahre alt. Und der Schatten der Erinnerung an ihr langes Leiden wird ihn nicht loslassen.

Ich glaube, lieber Thomas, Sie sollten auch etwas über die ersten Schritte von Ferdinand Freiligrath erfahren. Früh beginnen für das feinfühlige, blasse Kind mit den dunklen Augen die schweren

Prüfungen. Noch vor seinem siebenten Geburtstag stirbt die Mutter. Sein Vater, ein Lehrer, heiratet zwei Jahre später die Tochter eines Predigers, Klara Wilhelmine Schwollmann. Von da an greift Tante Lina, Wilhelminens jüngere Schwester, in sein Leben ein. Und was auch immer geschehen wird, und wo auch immer er sich aufhalten wird, Lina muss es erfahren, denn er, Ferdinand, hat seinem Vater auf dem Totenbett versprochen, die treu Sorgende zu ehelichen. Lina ist zehn Jahre älter. Aber sie hat von Anfang an verstanden, seine Versuche, Gedanken in Reime zu zwingen, sind für ihn lebensnotwendig wie das Atmen. Sie war die Erste, die ihm den Mut gegeben hat, mit seinen Arbeiten an die Öffentlichkeit zu gehen. Und der Bruder der Stiefmutter, Onkel Moritz Schwollmann, sorgte nach dem Tod des Vaters für ihn. Der 19jährige Ferdinand Freiligrath durfte sogar Reitunterricht nehmen. Es sollte vielleicht ein Trost sein. Immer hatte der Umgang mit Pferden etwas Verlockendes für ihn. Viel später, in Unkel am Rhein, hat er sich ein Pferd gekauft, »ein tolles, springerisches Aas«, von dem er behauptet, dass es ihn »wahrscheinlich noch den Tod erleben lässt«. Also musste es, so wie auch sein Pegasus, an die Kandare genommen werden.

So darf er aber nun als junger Mann unter den Augen von Onkel Moritz und Tante Lina sich in der Kunst zu reiten und zu schreiben weiter entwickeln. Doch der Weg zu einem Studium bleibt ihm verschlossen. Die Verwandten legen ihm nahe, sich »merkantilische Kenntnisse« anzueignen. Die Kaufmannslehre. Eine Stellung in einem »Grosshandlungshaus« in Amsterdam wird ihm vermittelt. Der junge Mann mit den dunklen Augen geht in der Welt der Zahlen nicht unter. Sein Leben sind nicht die Wertpapiere, er rettet sich vor der Sehnsucht nach einem Zuhause durch die Poesie. Er dichtet und übersetzt Gedichte aus den Sprachen, die er sich selber beigebracht hat, Englisch, Französisch und Italienisch. Doch der Gedanke an das Versprechen, das er Lina gegeben hat, macht ihm manchmal Angst. Belastet sein Gewissen.

Erst spät erscheint »das prächtige Mädchen aus Weimar«. Ida Melos. Tochter eines Lehrers. Es ist der Frühling im Jahr 1840. Und er gewinnt sie »ungeheuer« lieb. Es geschieht in Unkel, da beginnt er, sich sehr langsam aus der unfreiwilligen, freiwilligen Bindung an Lina zu lösen. Der kurze Aufenthalt in der Stadt seiner Geliebten, die seine Frau werden wird, bringt ihm die Bekanntschaft von

Hofrat Riemer, der Goethes Sohn Unterricht gab. Und Weimar wird auch für ihn in Erinnerung bleiben als der Ort des Zwiebelmarktes.

Ich wage die Überlegung, lieber Thomas, seine Gedanken aus der Kriegszeit von 1870/71, vor allem auch über meinen Mann Wolfgang, wie er da zu Felde war, sind den schnellen, zu schnellen Gelegenheitsgedichten zuzuordnen. Ähnlich den Versen zur »zweiten Jahresversammlung des Vereins für Wasserheilkunde«. Ähnlich den freundschaftlichen neun Versen »An Hofrat Riemer in Weimar. Nach Übersendung eingekochter Preisselbeeren.« Er ist verspielt in diesem Jahr 1843, in diesen Tagen des Glücks und der Liebe von St. Goar. Und es gelingt ihm eine kunstvolle Verbeugung vor dem Oberbibliothekar und Lehrer des Sohnes von Goethe. Er teilt mit, wie wichtig für ihn das Nachschlagen im »Griechisch-deutschen Handwörterbuch« von Riemer ist, und wie oft immer wieder beim Verzehr der Preisselbeeren ein Nachschlag gefordert wurde:

Habet Dank und lasst euch sagen:
Nahet bald des Rheines Höhn!
Dass wir Riemern nachgeschlagen,
Mög' es lachend Riemer sehn!

Ich weiss, das Nebeneinanderrücken von patriotischen Gesängen und Preisselbeeren würde mir von manchen klugen Kennern der Poesie mehr als ein Stirnerunzeln eintragen. Aber ich kann ja sicher sein, lieber Thomas, Sie werden meine Zeilen niemandem zeigen. Vielleicht nur Herrn Haessel. Und der wird mich verstehen können.

Und ich weiss auch, so einfach werde ich nicht davonkommen. Manchmal, besonders in der letzten Zeit, als erörtert wurde, ob er ein vaterlandsloser Geselle oder doch ein rechter Patriot sei, fragte ich mich natürlich auch, warum er dieses »Hurrah Germania« geschrieben hat. Aber beklagte er nicht alle Toten des Feldzugs von 1870/71?

Und ich sah Wolfgangs Vater, den Dichter Ferdinand Freiligrath, als einen Gebundenen. Gebunden an das Land seiner Geburt. Und als die Wogen der Begeisterung für den Krieg gegen die so genannten Welschen hochgingen, da konnte er die Stricke, die ihn festhielten, nicht zerreissen.

Ich sehe ihn gebunden ähnlich William Turner, der erzählte, dass er sich auf hoher See bei stürmischem Wetter an den Schiffsmast binden liess, um die Gewalt des Meeres unmittelbar und ungeschützt am eigenen Leib zu spüren. Gebunden und ausgeliefert. Stunden um Stunden. *Ich fühlte mich verpflichtet, die Szene festzuhalten, falls ich überlebte.* Das erklärte der Maler.

Es war in London der Brauch aufgekommen, die in der Royal Academy ausgestellten Bilder mit einem Text zu versehen. William Turner schrieb zu seinem Ölgemälde eines Schiffs im Nebel: *Snow Storm – Steam Boat off a Harbour's Mouth making Signals in shallow water, and going by the lead. The Author was in this Storm in the night the Ariel left Harwich.* In diesem Sturm also, der die Wellen hoch aufwühlte, ist der Autor des Bildes anzutreffen. Seine Farben, das Grünliche und Graue und Weisse und Schwarze, zeigen die Not, in die das Dampfschiff »Ariel« im seichten Wasser vor dem Hafen von Harwich geraten ist. Jetzt soll das Lot die Tiefe des Fahrwassers bestimmen. Leuchtsignale im schwachen gelblichen und rötlichen Schimmer rufen durch die Nacht um Hilfe und finden ihren Widerschein im Meer.

Und einige seiner Schiffe offenbaren noch anderes als das Wissen um die »Schrecken der Finsternis«. Er leidet im Jahr 1803 an seiner Zeit, am sich verändernden Wesen der französischen Revolution, an der neuen Feindseligkeit. Unter einem erbarmungslosen Himmel stellt er sie gegenüber: »Französische Fischerboote, die ausfahren wollen« und die »Ankunft eines englischen Paketbootes«. Der Schauplatz ist die »Mole in Calais«. Was bedeuten ihm im Dunkel der aufgewühlten See die roten Mützen der französischen Fischer? Er lässt sie mit ihren Booten nicht untergehen, er lässt sie aber auch nicht durchkommen.

Drei Jahre später zeigt er der Öffentlichkeit *The Battle of Trafalgar as seen from the Mizzen Starboard Shrouds of the Victory.* Die Schlacht von Trafalgar, vom Kreuzmast aus gesehen. Steuerbord. »Shrouds«, der Hinweis auf die Leichentücher, in die der Admiral gehüllt war. »Shrouds« konnte aber auch als Bezeichnung für die Wanten, die Taue oder Strickleitern verstanden werden, mit deren Hilfe derjenige, der in der Schlacht Ausschau hielt, hoch hinauf in den Kreuzmast gelangte. Die Schlacht vom 21. Oktober 1805 gegen die französisch-spanische Flotte war schon entschieden, als eine Musketenkugel Lord Nelson traf. Der Sieger kehrte nun als Toter zurück. William Turner fühlte sich verpflichtet, mit seiner Kunst das Geschehen zu dokumentieren. Im Dezember, bei der Ankunft der »Victory« im Hafen von Sheernes, erhielt er die Erlaubnis, das Schiff zu betreten. Er muss an Ort und Stelle alles untersuchen, um fähig zu sein, über die Gewalt des Todes Auskunft zu geben. So wie er mitten auf der Teufelsbrücke am Pass über den St. Gotthard gestanden hat, um in den Abgrund zu schauen, so wie er sich im Dampf der Lokomotive über einem Viadukt weit aus dem Fenster beugt, um die Gewalt der Geschwindigkeit zu ergründen, und so, wie er sich bei stürmischer See an einen Schiffsmast binden lässt. Er ist der Beobachter.

Aber wie ein Aufschrei aus zornigem Herzen erscheint sein »Sklavenschiff« von 1840, dem Jahr, in dem in London die Anti-Slavery-League-Conference tagte. Als Gleichnis für die Gegenwart setzt der Maler die Erinnerung an ein Verbrechen, das vor etwa sechzig Jahren geschah. Einhundertzweiunddreissig Sklaven wurden in den Ozean gestossen. Das Schiff stand unter dem Kommando des Kapitäns Collingwood, der behauptete, es habe Mangel an Trinkwasser geherrscht. Der Text zu dem Bild von William Turner lautet: *Sklavenhändler werfen Tote und Sterbende über Bord; ein Taifun kommt auf.* Die Fracht ist für den Handel nicht mehr brauchbar. Seevögel umflattern die Stelle, an der die Menschen mit ihren Ketten ins Meer geworfenen wurden. Schon kommen sie, die dunklen Meeresungeheur, sie wittern ihr Futter. Aus dem von Sturmböen aufgepeitschten Wasser taucht noch einmal ein Bein eines Menschen auf. Die Farbe der Haut ist schwarz.

Lieber Thomas, als ich Ihre sechs Bände mit Werken von Ferdinand Freiligrath für die Reise nach Amerika einpacken wollte, da entdeckte ich bei einem Gedicht aus dem Jahr 1836 ja doch noch ein viertes Lesezeichen von Ihnen.

Nebel

Der Nebel senkt sich düster auf das Land,
Und düster schreit' ich an der Seebucht Strand
Durch das Gefild, das winterliche, kahle;
Sieh', auf dem glatten Wasserspiegel ruht
Die untergeh'nde Sonne rot wie Bluth:
So lag das Haupt des Täufers in der Schale!

Und dieses Haupt ist Alles, was ich seh';
Sonst Nebel nur und eine Handbreit See!
Verborgen steh' ich da vor allem Volke.
Kein Auge, das durch diesen Schleier blickt!
Mit ist, als hätte mich der Herr entrückt
Der Welt in einer finstern Wolke!

In einer Wolke, schwerer Wetter voll;
Mir ist, als zürn' in ihr, wie das Geroll
Des Donners, meines Liedes Dräu'n; – als fahre,
Wie niederfährt der Blitz aus dunkler Luft,
So mein Gedanke zuckend durch den Duft,
Dass zündend er sich draussen offenbare!

O, lasst ihn brechen durch den grauen Flor;
O, schreibt dem glüh'nden keine Wege vor;
Er ist ein Blitz! wohlan, so lasst ihn blitzen! –
Der Nebel senkt sich düster auf das Land;
Ich aber will auf dieser Dün' am Strand,
Aus einer Wolke zu euch redend, sitzen!

Und wir, Wolfgang und ich, sahen an einem sehr fernen Horizont *die untergehende Sonne rot wie Blut.* Wir waren noch einmal zu William Turner gegangen, ja, wir sahen dort diese Sonne. Lange blieben wir bei seinem Gemälde »The Deluge«. Sintflut. Ich las den Text im Buch Genesis:
Als Jahwe sah, dass die Bosheit der Menschen auf Erden gross war und alles Gedankengebilde ihres Herzens allezeit nur auf das Böse gerichtet war, da reute es Jahwe sehr, dass er die Menschen auf Erden gemacht hatte, und er grämte sich in seinem Herzen. Und Jahwe sprach: »Ich will die Menschen, die ich auf Erden geschaffen habe, vom Erdboden hinweg vertilgen, die Menschen samt dem Vieh, dem Gewürm und den Vögeln des Himmels. Denn es reut mich, dass ich sie gemacht habe.«

Und wir sahen auf diesem Bild, gleich wird der letzte rote Schein der sinkenden Sonne von den schwarzen Fluten überwältigt werden. Dann ist alles Leben ausgelöscht. Unter einem dunkel lastenden Himmel geschieht es: Ein Sturm rennt an gegen die grossen Bäume am Ufer, noch wehren sie sich. Aber auch sie sollen unter den Wassermassen begraben werden. Ein stolzer Vogel, einem einsamen Schwan gleich, breitet im Sterben seine Flügel weit aus. Ein Boot schlägt um. Verzweifelte Menschen suchen nach Trümmern, an denen sie sich festklammern könnten. Sie werden ertrinken. Denn es wurde gesagt: *Ich will die Menschen, die ich auf Erden geschaffen habe, vom Erdboden hinweg vertilgen.*

Aber hier ist Joseph Mallord William Turner der Fürsprecher, der Lehrmeister, der Priester. Und seine Predigt zeigt nicht den tröstenden Ausweg mit der rechtzeitig bestellten Arche Noahs. Er lenkt das Licht auf einen anderen Helfer in der Not. Wir sahen auf der rechten Bildseite die Hoffnung. Dort unter den Füssen eines besonderen Menschen soll der Boden nicht versinken. Er ist es, ein Schwarzer, der die weissen Menschenkinder aus den Fluten rettet.

In diese Tage, in denen es noch immer ein gutes Geschäft ist, Menschen mit dunkler Hautfarbe aus anderen Erdteilen als Sklaven für die herrschenden Weissen zu fangen, hat der Schöpfer seiner Welt der Umrisse und Farben seinen Ruf nach Nächstenliebe und Barmherzigkeit für die Unterdrückten und Gequälten geschickt.

Es fand sich jedoch unter den Bewunderern aus wohlhabenden Kreisen niemand, der dieses Gemälde von Joseph Mallord William Turners für seinen Salon geeignet hielt.

Adieu Thomas, bleiben Sie der Ungläubige, der es nach dem Bericht vom Evangelisten Johannes wagt, beim letzten Abendmahl zu fragen:

Herr, wir wissen nicht, wohin du gehst. Wie können wir den Weg wissen?

Bleiben Sie, lieber Thomas, auch der Zweifelnde, der die Wundmale sehen will.

»Vorläufig zum Schluss«

Drei Tage nach seinem Tod, am 21. März 1876, nach der Beerdigung auf dem Friedhof zu Cannstadt, nicht weit von der »Unserer lieben Frau« geweihten Uffkirche, nach den Gesängen des Stuttgarter Liederkranzes in Gemeinschaft mit den Cannstadter Gesangsvereinen, und erst nachdem Diakon Härle den Ausfahrtsegen für den aus dem Leben geschiedenen Hermann Ferdinand Freiligrath gesprochen hatte, konnte und durfte es geschehen:

Gemäss ihrem ewigen Auftrag trugen Engel seine Seele in den Himmel.

Und in jenem Himmel, der den Dichtern vorbehalten ist, sass da ein ernsthafter privilegierter Engel. Und er hielt in der rechten Hand eine Waage, die nach der Vorschrift mit zwei gleich grossen Schalen versehen war.

Nun kamen von allen Seiten aus vielen irdischen und überirdischen Gefilden die Ankläger und die Verteidiger herbei, die Überklugen und die Allwissenden, die Bescheidenen und die Unbescheidenen. Jeder beanspruchte Aufmerksamkeit für sich. Jeder trug ein beschriebenes Blatt in der Hand.

Gewissenhaft nahm der Engel mit seiner linken Hand, welche nach der Tradition die Hand der Gerechtigkeit ist, Seite für Seite entgegen, las die Überschrift laut, bevor er das Blatt auf die eine oder die andere Schale legte. Dem Wissenden war es offenbar, hier handelte es sich um die Überschriften und die Anfänge von Gedichten des Verstorbenen. Denn es sollte mit äusserster Sorgfalt gewogen und entschieden werden, wem das lebende und liebende Herz des Ferdinand Freiligrath gehört hatte. Die Werke sollten es besiegeln, gemäss jenem unsterblichen Wort, wie es vom Apostel Paulus überliefert ist: *An ihren Früchten also werdet ihr sie erkennen.*

Manche von denen, die mit den beschriebenen Seiten gekommen waren, kannten sich, begrüssten sich mehr oder weniger herzlich. Der General von Kirchbach wurde gesehen, wie er, fast gleichzeitig mit Graf Paul von Hatzfeldt zur hohen Wolke zum Engel mit der Waage ging. Der Graf fragte:»General, sagen Sie mir, steht wieder ein neuer Krieg bevor, und wo?« Der General antwortete nur etwas klagend:»Graf, die Waffen sind teurer geworden.«

Ach, unser Buchhändler Hermann Haessel, er kam mit der Originalausgabe»Ein Glaubensbekenntnis« wie sie 1844 in Mainz im Verlag von Victor von Zabern erschienen war. Der Engel machte ihn in seiner liebenswürdigen Art darauf aufmerksam, dass er nur eine Seite annehmen könne. Der Buchhändler blätterte eine Weile, entschied sich für das Blatt »Vorläufig zum Schluss« mit den Versen, die im schönen Doppelsinn verfasst waren, wie er dem Engel erklärend mitteilte:

Zu Assmannshausen in der Kron',
Wo mancher Durst'ge schon gezecht,
*Da macht' ich **gegen** eine Kron'*
Dies Büchlein für den Druck zurecht!...

Hermann Haessel glaubte, dem Geheimnis des Engels auf der Spur zu sein. Er wollte sich vergewissern und fragte verschwörerisch flüsternd: »Sie waren in der Krone zu Assmannshausen?« *Im rothen Abendschimmer?«* Und der Engel antwortete: »Ja.«

Auch Appellationsgerichtsrat Müller brachte ein Blatt. Neben ihm gingen Generalstaatsanwalt Dr. Schwarze und Professor Birnbaum. Und wer könnte die ausdrucksvolle Gestalt des Herrn Ritter von Mücke, des Präsidenten des Geschworenengerichts, übersehen. Fast alle Geschworenen vom grossen Prozess des Jahres 1872 zu Leipzig gegen die drei Hochverräter trafen sich an der Waage des Engels. Sie blieben nach Ablieferung ihres Blattes neugierig stehen.

Und unser Stenograph, Mitglied des Königlichen Stenographischen Instituts zu Dresden, kam. Er, der immer viel mehr an Skandalgeschichten weiss, als er sagt und viel mehr an Schriftlichem hat, als er zugibt, und im übrigen ein grosser Sammler von Handschriften ist, überreichte dem Engel sehr vorsichtig ein Blatt. Einige Zeilen aus einem Brief von Freiligrath an einen Bekannten über den Abdruck seines Gedichtes »An Wolfgang im Felde«. Der Stenograph hätte es gern selbst auf die Waagschale gelegt, aber er musste sich an die Regel halten. »Ich vertraue Ihnen. Sie werden für mein Blatt die richtige Schale nehmen.« *Ich liess das Gedicht an meinen Sohn drucken, weil ich der Sache des roten Kreuzes dadurch nützen zu können hoffte, und höre nun zu meiner Rührung und Freude, von vielen Seiten, dass es die Herzen ergriffen hat. So auch das Ihre.* Und der Stenograph verbeugt sich vor dem Engel, sagte: »Ich danke Ihnen.« Von seiner guten Erziehung macht er überall, also auch im Himmel, Gebrauch.

Aber warum hatte denn dieser Thomas, der Sohn vom Geschworenen August Koch, dem erfolgreichen Kaufmann aus Bad Lausigk, gar nichts in der Hand? Wie konnte er so unvorbereitet zum Engel mit der Waage kommen. Jetzt ging er zum Buchhändler Haessel, lieh sich das »Glaubensbekenntnis« aus. Der Engel nahm das Blatt entgegen: Die Anmerkung von Ferdinand Freiligrath über *Erkenntnisse des königlichen Ober-Censurgerichts* zur

Einführung: *Da ich der Meinung bin, dass für eine künftige Geschichte der Censur nicht genug Einzelfälle zusammengetragen werden können, so hänge ich hier noch zwei Erkenntnisse des Ober-Censurgerichts an... Was würde der edle, ehrliche Burns sagen, wenn er sein herrliches ›A man's a man for a' that‹ mit solcher Elle gemessen sähe!*

Ein Wirklicher Geheimer Ober-Justizrat und zwei Herren mit dem Titel Geheimer Ober-Justizrat, ein Geheimer Ober-Tribunalsrat, ein Wirklicher Legationsrat, ein Professor der Rechte, ein Geheimer Finanzrat hatten nach dem Vortrag zweier Referenten am 13. Februar 1844 beschlossen: Auch das Gedicht »Am Baum der Menschheit drängt sich Blüth' an Blüthe« darf in der »Kölnischen Zeitung« nicht abgedruckt werden. In der Begründung »Von Rechts wegen« hiess es: Im vorliegenden Gedicht sei *eine solche Wendung und Beziehung gegeben, dass damit den gegen die bestehende, soziale und politische Ordnung der Dinge ankämpfenden Tendenzen ... den falschen Freiheits-Ideen ... in aufregender Weise das Wort geredet wird.*

Thomas irrte sich nicht, da er ja aus den irdischen Gefilden heraufgekommen war und wieder zurückkehren durfte, hatte der Engel ihn ermutigend angeblickt.

Und Berthold Auerbach erschien. Natürlich erkannte der Engel sofort, dass der Schriftsteller ein Blatt mit eigenen Worten in der Hand hielt. Und er zögerte, es entgegenzunehmen. Jedoch wusste er sehr wohl, wie sich gerade in diesen Tagen nach der Reichsgründung die alt-neuen Feinde gegen den im Schwarzwald geborenen Mann sammelten. Vormals hatten sie im Namen des dreieinigen Gottes mit Feuer und Schwert gegen Andersgläubige gewütet. Jetzt nehmen sie als weitere Nahrung für den Hass ihren Dünkel einer nordischen Überlegenheit. Und da Berthold Auerbach weiterhin unter den Lebenden weilt, und also dorthin zurückkehren kann, wird der Engel ihn doch hier in den himmlischen Gefilden nicht auch noch kränken. Unbemerkt für alle anderen, dass die Regel nicht eingehalten wurde, nur Worte von Ferdinand Freiligrath entgegenzunehmen, griff der Engel nach diesem Blatt, las, nickte bestätigend, das konnte er mit bestem Gewissen annehmen, das dreimalige Heraufbeschwören des Mutes in den Gedenkworten Berthold Auerbachs an den Freund: *Für Heinrich Heine den Übermut. Für Nikolaus Lenau die Schwermut. Für Freiligrath den – Löwenmut.* »So lese ich es doch richtig?«, fragte der Engel. Und Berthold Auerbach lächelte. Er hatte seinen Engel aus der Krone zu Assmannshausen erkannt.

Bei diesem Lächeln wurde dem Engel weh ums Herz. Und er fürchtete, dem zurück zur Erde Kommenden werden fanatische Anhänger der Lehre von der Überlegenheit der germanischen Herkunft sein Dasein noch zu Lebzeiten zur Hölle werden lassen. Angstvoll ahnte er, Leute, die Auerbach eben noch den Menschenfreudigen nannten, werden abermals seine Feststellung bestätigen, sie haben im Land seiner Geburt *den vaterländischen Bestrebungen den Dämon des Judenhasses beigesellt.* Wie schwer es für ihn als deutscher Dichter unter Deutschen war, hatte er an Freiligrath geschrieben: *Dir, lieber Freund, sag ich es frei ... wer mich einen Fremden heisst, mordet mich zehnfach.*

Der Engel wusste, es hätte seine Kompetenz überschritten, den Mann aus dem Schwarzwald zu warnen. Er musste nach den unergründlichen himmlischen Ratschlüssen die ihm anvertraute Aufgabe erfüllen. Er würde Berthold Auerbach am Ende nicht vor der bittersten Erkenntnis behüten können:

Vergebens gelebt und gearbeitet!

So hielt der Engel mit Tränen in den Augen Ausschau, doch weitere Blätter wurden nicht heran getragen. Und er sagte zu den Umstehenden: »Wir haben jetzt, dem höheren Auftrag gemäss, abzuwägen, welcher Platz Ferdinand Freiligrath zukommt. Den Ausschlag geben seine Arbeiten, wie sie nun hier auf den Schalen liegen. Wenn sich die Schale zur Rechten mit ›Hurrah Germania‹ und den anderen Gesängen aus einer Angstzeit sich senkt, dann werden jene jubilieren, die einem aus himmlischer Sicht überflüssigen, ja gefährlichen Nationalismus anhängen, jene mit ihrem dumpfen Drang zur Überheblichkeit, jene, die gefühllos und abgestumpft sind gegen die wunderbare Vielfalt der Menschen auf Erden.

Wir müssen nun fragen, war er, dessen Blätter wir auf die Waagschale gelegt haben, ein Begnadeter in dem Augenblick, da er die Verse eines schottischen Dichters mit Namen Robert Burns aufnahm und in seine Sprache brachte? Und hätte er nichts anderes getan als aus den entscheidenden Worten – *For all that* – dieses *Trotz alledem* zu gewinnen, dann müsste die Schale zur Linken mit dem ohne Not und Zwang entstandenen Glaubensbekenntnis an Gewicht die andere übertreffen.«

Jedoch gerade in diesem Augenblick, als der zwar privilegierte, also mit Sonderrechten versehe, aber leider manchmal mit zu schwierigen Aufgaben überbeanspruchte Engel das Resultat verkünden wollte – und er hielt den sichtbaren Beweis schon in der Hand, die linke Waagschale begann zu sinken –, als er erklären wollte: »Das Glaubensbekenntnis wiegt schwerer, das Herz des Ferdinand Freiligrath gehörte einzig und allein den nach Gerechtigkeit Strebenden, und viele seiner Mühen waren Umwege auf der Suche nach Wahrhaftigkeit«, gerade in diesem Augenblick hatte ein anderer unter den Engeln, verantwortlich für allfällige Reinigungen der Wolken, ein unaufmerksamer Engel offensichtlich, zu früh ein Gebläse aufheulen lassen. Und alle Blätter von der rechten und der linken Waagschale stoben im Himmel umher.

Nun bemühten sich die aus irdischen und überirdischen Gefilden Gekommenen, die Gelehrten aller Schattierungen, die Geheimen und die wirklich Geheimen Räte, das Material wieder einzufangen. Sie jagten nach den unsterblichen Gesängen von A bis Z, vom »Abschiedswort der Neuen Rheinischen Zeitung« bis zu »Zwei Hochzeitslieder aus dem Exil«.

Der ernsthafte Engel gehörte zu den geduldigen unter seinesgleichen. Er war bereit, die Prozedur noch einmal zu beginnen.

Nur diejenigen, die ganz nahe neben ihm standen, konnten vernehmen, was er, während er die Waagschalen wieder in Ordnung brachte und seine linke Hand nach den zu erwartenden Blättern ausstreckte, beharrlich vor sich hin flüsterte – und da er ja ein Engel war, konnte das nur engelisch geschehen:

A man 's a am for a' that.

Anhang

Ferdinand Freiligrath – Daten zu Leben und Werk

1810, 17. Juni	Hermann Ferdinand Freiligrath als Sohn des Lehrers Wilhelm Freiligrath und seiner Ehefrau Luise geb. Tops in Detmold geboren
1817, 24. Jan.	Mutter Luise Freiligrath stirbt
1819	Zweite Heirat des Vaters mit Wilhelmine Schwollmann
1825	Beginn einer kaufmännischen Lehre im Geschäft von Stiefonkel Moritz Schwollmann in Soest
1826	*Moosthee*, Gedicht
1829, 23. Nov.	Wilhelm Freiligrath stirbt. In Erfüllung des väterlichen Wunsches Verlobung mit Karoline Schwollmann, Schwester der Stiefmutter. *O lieb' so lang du lieben kannst.* Gedicht. Wahrscheinlich beim Tod des Vaters entstanden
1830	Im »Soester Wochenblatt« Jugendgedichte, u. a. *Sommerlied*
27. Juni	Im »Mindener Sonntagsblatt« *Das arabische Ross in der Fremde*
1831	*Wetterleuchten in der Pfingstnacht*, Gedicht
1832	Kaufmännischer Angestellter im Amsterdamer Überseehandlungshaus Sigrist.
4. März	»Mindener Sonntagsblatt« *Der Mohrenfürst*. Gedicht
5. Mai	*Meerfabel; Die Griechin auf der Messe*. Gedichte
1833	»Mindener Sonntagsblatt« *Die Auswanderer*. Gedicht »Gunloda, Westfälisches Taschenbuch«: *Prinz Eugen* und weitere Gedichte
21. Oktober	Im Stuttgarter Literaturblatt zum »Morgenblatt« lobende Erwähnung der Gedichte durch den »ästhetischen Papst« der Literaturkritik, Wolfgang Menzel.
9. Dezember	Brief an Chamisso, Zusendung einiger Gedichte für den »Musenalmanach«
1834	Taschenbuch »Lies mich«, Iserlohn Langewiesche. Sechs Gedichte, darunter *Afrikanische Huldigung; Die Toten im Meere; Des Räubers Begräbnis*
1835	Im »Musenalmanach«, Herausgeber Adelbert Chamisso und Gustav Schwab, vier Gedichte, darunter *Der Löwenritt; Moosthee*
1. März	Briefliche Mitteilung von Gustav Schwab über eine Äusse-

	rung Chamissos zu den Gedichten: *Dem sollte man die Bruderhand reichen, und ihn warnen vor Manier* Anregung von Verleger Cotta in Stuttgart für einen Gedichtband mit eigenen Werken
1836	»Musenalmanach« Gedichte, u.a.: *Am Kongo; Gedicht des Reisenden; Fieber* Beginn des Streites um ein Bild von Heine im »Musenalmanach«. Rückruf von Gedichten
1837	Mai: Barmen. Anstellung als Kommis im Grosshandelshaus J. P. von Eynen & Söhne. Heines Bild erscheint im »Musenalmanach«. Dort schliesslich doch auch Gedichte u.a.: *Nebel; Leviathan; Ein Flüchtling; Vorgefühl*
1838	Gedichte. Erster Sammlband bei Cotta
1839	Kündigung der Anstellung in Barmen Übersiedlung nach Unkel am Rhein Beginn der Freundschaft mit Berthold Auerbach
1840	*Ruhe in der Geliebten.* Gedicht *Rolandseck.* Gedicht. Aufruf zur Wiederherstellung des Rolandsbogens Auflösung der Verlobung mit Lina Schwollmann Reise nach Stuttgart zu Cotta Reise nach Weimar
1841 *20. Mai*	Umzug nach Darmstadt Heirat mit Ida Melos, Tochter des Gymnasialprofessors Melos aus Weimar Ehrenpension des preussischen Königs Friedrich Wilhelm IV. von 300 Talern durch Fürsprache von Alexander von Humboldt
1842	Umzug nach St. Goar am Rhein. Auseinandersetzung mit Georg Herwegh über »Die Partei«
1843 *November*	*An Hofrath Riemer in Weimar – Nach Übersendung eingekochter Preisselbeeren.* Gedicht Für Berthold Auerbach *Dorfgeschichten.* Gedicht.
1844, 11. Feb.	Brief an Karl Buchner *Mein politisches Bändchen »Ein Glaubensbekenntnis« wird – so Gott will, auch bis Ostern fertig. Es wird entscheidend für mein Leben sein. Ich vertraue Ihnen – natürlich ganz und durchaus unter uns – an, dass ich die Pension jedenfalls kündige. Ich will frei und ungehemmt dastehen – die paar hundert Taler sind und bleiben doch ein Maulkorb. Ich kann das nicht mehr ertragen, vollends jetzt nicht, wo fast alles, was der König tut, einem die Brust beklemmt.* Verzicht auf die Ehrenpension

Frühjahr	Aufenthalt in Assmannshausen in der »Krone«
Ende Mai	Abschliessendes Gedicht für das *Glaubensbekenntnis – Vorläufig zum Schluss* mit Hinweis auf den Doppelsinn »Krone«
Ende August	*Ein Glaubensbekenntnis.* Zeitgedichte, Verlag Victor von Zabern, Mainz
August	Flucht nach Belgien
1845	*Englische Gedichte aus neuerer Zeit.* Nachdichtungen, Stuttgart und Tübingen
	Brüssel. Begegnung mit Karl Marx
	Mit Duldung des Kantons St. Gallen Aufnahme im Landhaus Meyenberg bei Rapperswil am Ostufer des Zürcher Sees.
11. September	Katharine Freiligrath, genannt Käthe oder Kato, in Rapperswil geboren
Spätherbst	Umzug nach Hottingen bei Zürich
1846	*Ça ira!* Gedichte, Herisau
Juli	London. Anstellung im Handelshaus Friedrich Huth u. Co.
24. September	Marie Freiligrath geboren
1. November	Marie Freiligrath stirbt 1847
1847, 8. Sept.	Wolfgang Freiligrath in London geboren
1848, 19. April	Beileidsbrief an Berthold Auerbach zum Tod von dessen Frau infolge antijüdischer Ausschreitungen in Heidelberg. Ankündigung der Rückkehr: *Unser Wiedersehen wird ernst sein, aber doch ein freudiges!*
Mai	Aufenthalt in Düsseldorf
Juni	*Trotz alledem.* Gedicht. Variation der ersten Fassung nach Robert Burns
1. August	*Die Toten an die Lebenden.* Gedicht. Als Flugblatt in 9000 Exemplaren verbreitet. Vorgetragen auf der Versammlung des Düsseldorfer Volksklubs.
4. August	Oberprokurator Schnaase verfügt Beschlagnahme des Gedichts
28. August	Verhaftung wegen Aufreizung in öffentlicher Versammlung gegen die »bestehende Staatsverfassung«
3. Oktober	Verhandlung vor dem Düsseldorfer Geschworenengericht. Freispruch. Lorbeerkränze aus den Zuhörerreihen.
21. Oktober	Übersiedlung nach Köln. Auf Wunsch von Karl Marx Mitarbeit bei der »Neuen Rheinischen Zeitung«. Gedichte u. a. Blum
	Mit Wilhelm Wolff im Gefängnis. Dargestellt auf einem Scherenschnitt.
	Neuere politische und soziale Gedichte. 1. Heft, Köln
1849, 19. Mai	*Abschiedswort der Neuen Rheinischen Zeitung.* Gedicht in der letzten roten Nummer auf erster Seite
18. August	Luise Freiligrath in Köln geboren

1850, 10. Aug.	Otto Freiligrath in Bilk, Stadtteil von Düsseldorf, geboren
1851	*Neuere politische und soziale Gedichte.* 2. Heft, Köln
12. Mai	Abreise nach England.
21. Mai	Marx aus London an Engels in Manchester: *Freiligrath ist hier und lässt dich grüssen.*
28. Mai	Marx an Engels: *Freiligrath ist instinktmässig zur rechten Zeit abgereist, um nicht gefasst zu werden. Kaum hier wurden ihm Schlingen von allen Emigrationscliquen, philanthropischen Kinkel-Freunden ... gelegt, um ihn für ihre Kreise einzufangen. Er hat allen solchen Versuchen sehr grob geantwortet, dass er zur »Rheinischen Zeitung« gehöre und mit der kosmopolitischen Brühe nichts zu tun habe und nur mit dem »Dr. Marx und seinen intimsten Freunden« verkehre.*
1852	Bitte an die Freunde vom Kontinent Nachrichten und Briefe unter dem Namen »Mr. Fuhrmann« zu senden Arbeit in einem Bankhaus
1853	*Zwei Hochzeitslieder aus dem Exil.* Gedicht an Freunde in Hamm und Düsseldorf als *Ein diesmal nicht Eingeladener*
1858, 20. Nov.	*Nach Johanna Kinkels Begräbnis.* Gedicht. Beginnende Disharmonie mit Londoner Emigranten-Kreis um Karl Marx
11. Dezember	Marx an Engels: *Freiligrath scheint zu glauben, dass, weil Gattin Kinkel den Hals gebrochen hat, Gatte Kinkel ein grosser Mann geworden ist oder wenigstens ein edler.*
1859, 4. Feb.	Marx an Lassalle in Berlin: *Die Hunde hier sind alle so konservativ geworden, dass sie in der Tat verdienten amnestiert zu werden. Herr Gottfried Kinkel z. B. gibt hier eine Wochenschrift heraus, benamset »Hermann«, wogegen selbst die »Kölnische Zeitung« als ein kühnes und geistreiches Blatt erscheint.*
9. Februar	Marx an Engels: »Klatschgeschichten« mitgeteilt vom »Philister Freiligrath«: Herr Kinkel habe sich nach dem Tod seiner Frau »free and easy« gefühlt.
10. November	*Festlied der Deutschen in London – 1759 – Schiller – Burns – Händel.* Gedicht zur Schillerfeier
10. Dezember	Marx an Engels: Keine Antwort von Freiligrath auf ein Schreiben ... *und ich weiss nicht exactly, wie wir nun zusammenstehen. Gruss an lupus.* (Wilhelm Wolff)
1860, 31. Jan.	Marx an Engels: Er habe gestern Freiligrath einen Moment gesehen. Der habe ihm *die biedere Rechte zum westfälischen Händedruck* gereicht.
9. Februar	Marx an Engels: Freiligrath habe verschiedene Schreiben nicht bestätigt. *Vergisst er, dass ich 100 Briefe von ihm besitze? Meint er, dass ich ihn nicht sehe, weil er mir den Hintern zeigt?*

23. Februar	Marx an Freiligrath: Er würde es für *eine kleinliche Sünde gegen die Geschichte halten, sollten wir uns wegen Lapalien – alle in Missverständnisse auflösbar – entzweien.*
29. Februar	Marx an Freiligrath: *Dein Brief war mir sehr lieb, da ich nur mit sehr wenigen Menschen Freundschaft schliesse... Unter Partei verstand ich die Partei im grossen historischen Sinn. – Mit aufrichtiger Freundschaft.*
1862, 21. Juli	Marx an Engels: *Bei Freiligrath gewesen, war all right.*
1864, 2. Sept.	Marx an Engels: Über einen Brief von Freiligrath mit der Nachricht, dass Lassalle am 30. August zu Genf im Duell *mit einem walachischen Pseudofürsten* (Racowitza) tödlich verwundet sei.
1867, 17. Dez.	Heirat Käthe Freiligrath und Eduard Kroeker. *An Käthe zu ihrer Vermählung mit Eduard,* Gedicht.
1868, 8. Januar	Marx an Engels: Wolfgang und Otto, die beiden Freiligrathsöhne, seien bei ihm zu Hause gewesen und hätten erzählt, dass die neuvermählte Kato sich in einem Schreiben von ihrer Hochzeitsreise nach Paris als Strohwitwe bezeichnet habe. Ehemann Kroeker, *der junge Kornwucherer,* habe sie, *um Geschäfte abzumachen,* zwei bis drei Tage allein im Pariser Hotel gelassen.
24. Juni	Abreise aus London
27. Juni	Rückkehr nach Deutschland. Begeisterter Empfang in Köln. Überreichung eines Pokals mit einer Figur »Germania« auf dem Deckel
November	Übersiedlung nach Stuttgart
1869, 29. Mai	Heirat Luise Freiligrath mit Heinrich Wiens in London. *An Luise zu ihrer Vermählung mit Heinrich.* Gedicht
Dezember	*Barfüssele.* Gedicht für Berthold Auerbach
1870	Gesammelte Dichtungen. G. J. Göschen'sche Verlagshandlung, Stuttgart, 6 Bde.
25. Juli	*Hurrah Germania.* Gedicht
August	*An Wolfgang im Felde; Die Trompete von Gravelotte.* Gedichte
1872, Sommer	Reise in die Schweiz mit Käthe, Luise und Schwiegersohn Kroeker. Feierliche Begrüssungsrede vom Kapitän des Bodenseedampfers
Juli	*In Graubünden.* Gedicht
1873, 1. März	Otto Freiligrath stirbt in Stuttgart im Alter von 22 Jahren Reise nach England
5. Juni	Heirat Mary Eastman mit Wolfgang Freiligrath. *Otto zu Wolfgangs Hochzeit.* Gedicht
1874, 8. April	Aus Stuttgart an Berthold Auerbach über das »Reich«: Ich

	acceptiere die Dinge wie sie sind, als eine zeitweilige Nothwendigkeit, aber ich begeistere mich nicht dafür.
	Umzug nach Cannstadt.
1875, Mai	Verletzung am Schienbein beim Einsteigen in einen Omnibus
Sommer	Aufenthalt zur Kur in Graubünden.
Herbst	Rückkehr nach Cannstadt.
	Mary und Wolfgang Freiligrath aus Amerika zu Besuch
1876	Ferdinand Freiligrath stirbt am 18. März in Cannstadt.
21. März	Beerdigung
1877	*Neue Gedichte.* Stuttgart
1883	*Nachgelassenes.* Gedichte

Übersetzungen von Volksliedern aus Schottland, Irland, Nordamerika, den Shetland-Inseln und Gedichten u. a. von

Thomas Bailey Aldrich, amerikanischer Schriftsteller, 1836–1907
Auguste Barbier, französischer Autor, poetische Satire, 1805–1882
Francis Bret Harte, amerikanische Schriftstellerin, 1839–1902
Robert, Browning, englischer Dichter, verfasste u.a. »ein psychologisches, gegen Napoleon III. gerichtetes Poem, mit Seitenhieben auf den Papst und die Klerisei«, 1812–1889
William Cullen Bryant, nordamerikanischer Dichter, 1794–1878
Robert Buchanan, englischer Dichter, 1841–1901
Robert Burns, schottischer Liederdichter, 1759–1796
William Cowper, englischer Dichter, 1731–1800
Allan Cunningham, schottischer Dichter, 1784–1842
Marcelline Desbordes-Valmore, französische Dichterin 1785–1859
William Drummond of Hawthornden, 1585–1649
Pierre Dupont, französischer Dichter, 1821–1870
Ebenzer Elliot, englischer Dichter, 1871–1849
Delphine Gay de Girardin, französische Dichterin 1804–1855
Felicia Dorothea Hemans, englische Dichterin, 1793–1835
Robert Herrick, englischer Dichter, 1591–1674
Thomas Hood, englischer »Dichter des sozialen Elends« 1799–1845
Mary Howitt, englische Dichterin, verh. mit dem Schriftsteller William Howitt, gemeinsame Gedichtsammlung. – gest. 1888
Victor Hugo, französischer Dichter, 1802–1885
John Keats, englischer Dichter, 1796–1821
Alphonse Marie Louis de Lamartine, französischer Dichter 1790–1869
Charles Lamb, englischer Dichter, 1775–1834
Henry Wadsworth Longfellow, amerikanischer Dichter, 1807–1882
Thomas Babington Macaullay, englischer Geschichtsschreiber, 1800–1859
Alessandro Manzoni, italienischer Dichter, 1785–1873
Thomas Moore, englischer Dichter, 1779–1852

Alfred de Musset, französischer Dichter, 1810–1857
Jean Reboul, französischer Dichter, 1796–1864
Pierre de Ronsard, französischer Dichter, 1524–1585
Walter Scott, schottischer Dichter, 1771–1832
William Shakespeare, berühmtester Dichter Englands, 1564–1616
Sir Philip Sidney englischer Dichter, 1554–1586
Robert Southey, englischer Dichter, 1774–1843
Edmund Spenser, englischer Dichter, 1553–1599
Henry Howard, Earl of Surrey, englischer Dichter, 1515–1547
Alfred Tennyson, englischer Dichter 1809–1892
William Makepeace Thackeray, englischer Dichter, 1811–1863
Walt Withman, amerikanischer Dichter, 1819–1892
John Wilson, englischer Dichter, 1785–1854
William Wordsworth, englischer Dichter, 1770–1850

Weitere Personen

Berthold Auerbach (1812–1882)
August Bebel (1840–1913)
Karl Birnbaum (1829–1877) Professor für Landwirtschaft an der Universität zu Leipzig
Otto von Bismarck (1815–1898)
Robert Blum (1807–1848)
Adelbert Chamisso (1781–1838)
Johann Friedrich Cotta von Cottendorf (1764–1832) Verleger
Johann Georg Cotta (1796–1863)
Carl von Cotta (1835–1888)
Friedrich Engels (1820–1895)
Richard von Friesen (1808–1884), Finanzminister im Königreich Sachsen
Paul Melchior Hubert Gustav Graf von Hatzfeldt (1831–1901), Briefe an seine Frau Helene über den Feldzug 1870/71 gegen Frankreich
Hermann Adolph Haessel (1819–1901)
Sophie von Hatzfeldt (1805–1881), mit Ferdinand Lassalle befreunde
Heinrich Heine (1797–1856)
Georg Herwegh (1817–1875)
Adolf Hepner (1846–1923)
Julius Eduard Hitzig (1780–1849), Verleger, Schriftsteller, Kriminalist. Erste Biographie über Chamisso; mit W. Alexis 12 Bände Neuer Pitaval
Justinus Kerner (1786–1862)
Gottfried Kinkel (1815–1882) Dichter und Kunsthistoriker
Marx in *Herr Vogt – Froschmäulerkrieg*: Gottfried Kinkel sei die *Passionsblume des deutschen Philistertums*. Kinkel meine, es verhalte sich mit der Revolutionsmacherei wie mit der Eisenbahnmacherei, sei das Geld vorhanden, finde sich das eine wie das andere. Die Revolutionsmacher müssten Bares in der Tasche tragen, eine kleine, wohl ausgerüstete Schar, mit reichlich Geld versehen. Dann solle Kinkel eine Aktiengesellschaft »Zur Förderung der Revolution« gründen.

Johanna Kinkel, geborene Mockel (1810–1858), im nachgelassenen Roman »Hans Ibeles in London« Bericht über schlechte Träume der Romanheldin nach dem Betrachten eines Bildes von Joseph Mallord William Turner
Hugo Ewald Graf von Kirchbach (1809–1887), preussischer General
Ferdinand Lassalle (1825–1864)
Lenau, eigt. Nikolaus Franz Niembsch, Edler von Strehlenau (1802–1850)
Wilhelm Liebknecht (1826–1900)
Karl Marx (1818–1883)
Wolfgang Menzel (1798–1873)
John Monro, Arzt in London (1715–1791)
Thomas Monro, jüngster Sohn von Dr. John Monro, Arzt für Psychiatrie, seit 1787 in Bethlem tätig
Gustav Pfitzer (1807–1890)
Georg Andreas Reimer (1776–1842) Verleger
Gustav Schwab (1792–1850)
Friedrich Oskar Schwarze (1816–1886), Generalstaatsanwalt im Königreich Sachsen
Heinrich von Treitschke (1834–1896), Professor für Staatswissenschaften und Geschichte, judenfeindliche Schriften in »Preussische Jahrbücher«
Joseph Mallord William Turner (1775–1851)
Ludwig Uhland (1787–1862)
Benjamin Vautier (1829–1898) Maler
Wilhelm Wolff (1809–1864), genannt Lupus, einer der Redakteure der »Neuen Rheinischen Zeitung«

Zum Leipziger Hochverratsprozess

11. bis 26. März 1872: Verhandlungen des Schwurgerichts gegen Wilhelm Liebknecht, August Bebel und Adolf Hepner wegen Vorbereitung zum Hochverrat
Präsident: Ritter von Mücke
Vertreter der Anklage: Erster Staatsanwalt Carl Theodor Hoffmann
Unter den Geschworenen: Ratsmann und Kaufmann August Koch aus Lausigk
Obmann der Geschworenen: Rittergutspächter Steiger aus Schweta
Als Geschworener von der Staatsanwaltschaft verworfen: Buchhändler Hermann Adolph Haessel
Unter den Prozessinteressierten: Appellationsgerichtsrat Professor Carl Otto Müller, Meister vom Stuhl der »St. Johannisloge Minerva zu den Drei Palmen im Orient Leipzig«
Rechtsanwalt Hans Blum, Sohn von Robert Blum
In der Anklageschrift aus dem »Volksstaat« von 1871 Teil des Gedichtes *Die Revolution* aus dem Jahr 1851
Achter Verhandlungstag: Wilhelm Liebknecht zitiert eine Strophe aus dem Gedicht *Berlin* vom 15. März 1848
Neunter Verhandlungstag: Verlesung von Gedichten, veröffentlicht 1870/71

im »Volksstaat« u. a.: *Die Toten an die Lebenden,* Juli 1848; *Irland,* Februar 1847; *Blum,* 16. November 1848
Urteil: Wilhelm Liebknecht und August Bebel 2 Jahre Festung; Freispruch für Adolf Hepner

Benutzte Werke

Ferdinand Freiligrath: Gesammelte Dichtungen. G. J. Göschen'sche Verlags-Buchhandlung, 1870
Ferdinand Freiligrath: Sämtliche Werke in zehn Bänden. Hrsg. Ludwig Schröder, Leipzig, Max Hesses Verlag
Wilhelm Buchner: Ferdinand Freiligrath. Verlag von Moritz Schauenburg, Lahr 1882
Kurt Roessler und Irene Hufnagel: 1844er Assmannshäuser. Verlag Philipp von Zabern, 1994
Irene Hufnagel und Kurt Roessler: Ferdinand Freiligrath's Schriften und Erinnerungsstücke in der Krone zu Assmannshausen. Eigenverlag Bornheim, Bd. 1 und Bd. 2/1994; Bd. 3/1996

Ausserdem neben allgemeinen Nachschlagewerken

Berthold Auerbach: Gesammelte Schriften. J. G. Cotta'scher Verlag, Stuttgart und Augsburg 1858
Berthold Auerbach: Barfüssele. Mit 75 Illustrationen von B. Vautier. Verlag der J. G. Cotta'schen Buchhandlung, Stuttgart 1871
Berthold Auerbach. Bearbeitet von Thomas Scheuffelen, Marbacher Magazin 36/1985
Beiträge zur Schwäbischen Literaturgeschichte, Bd. 1/1981 und Bd. 2/1982. Verlag des Justinus-Kerner-Vereins, Weinsberg
Otto Fürst von Bismarck: Gedanken und Erinnerungen. J. G. Cotta'sche Buchhandlung Nachf., Stuttgart und Berlin 1913
Adelbert von Chamisso: Sämtliche Werke in vier Bänden. Th. Knaur Nachf. Berlin und Leipzig, o. Jhr.
Cotta und das 19. Jahrhundert. Dorothea Kuhn, Mitarbeit Anneliese Kunz und Margot Pehle.
Schiller Nationalmuseum Marbach am Neckar. Katalog 1980
Das neue Criminal=Gesetzbuch Sachsens. Verlag von C. B. Polet, Leipzig 1803
Der Hochverratsprozess wider Liebknecht, Bebel, Hepner vor dem Schwurgericht zu Leipzig vom 11. bis 26. März 1872. Verlag – Buchhandlung Vorwärts, Paul Singer, Berlin 1911
Der Leipziger Hochverratsprozess vom Jahre 1872. Hrsg. Karl-Heinz Leidigkeit, Rütten & Loening, Berlin 1960
Dichtergarten der Weltpoesie. Hrsg. Richard Zoozmann, Globus Verlag Berlin o. Jhr.
Simon Dubnow: Weltgeschichte des jüdischen Volkes. Jüdischer Verlag, Berlin o. Jhr.

Henry Ellenberger: Die Entdeckung des Unbewussten. Diogenes, Zürich 1985
Evangelisches Gesangbuch. Provinz Brandenburg. Verlag Trowitzsch und Sohn, Berlin 1886
Gesangbuch für die evangelisch=lutherische Landeskirche. Verlag Fr. Aug. Eupel, Sondershausen o. Jhr.
Grabbe Jahrbuch 1997. Hrsg. Werner Broer, Fritz U. Krause und Kurt Roessler, Grabbe Verlag Detmold 1997
H. Graetz: Geschichte der Juden. Bd. 11, Oskar Leiner, Leipzig, o. Jhr.
Hermann Haessel: Reisebriefe aus der Mitte des 19. Jahrhunderts. Hrsg. Theodor Sorgenfrey. H. Haessel Verlag, Leipzig 1904
Joh. Ev. Haselmayer: Neues Aufsatzbuch, gewidmet Prof. Gustav Pumplün. J. Staudingersche Verlagsbuchhandlung, Würzburg, 1896
Hatzfeldt's Feldzugsbriefe. Heinrich Schmidt & Carl Günther, Leipzig 1907
Georg Herwegh: Gedichte eines Lebendigen. Verlag des literarischen Comptoirs, Zürich und Winterthur 1843. Zweiter Band 1844
Heinrich Heine: Sämtliche Werke. Hoffmann und Campe, Hamburg 1873–1876
Heinrich Heine: Säkularausgabe. Werke, Briefwechsel, Lebenszeugnisse. Akademie-Verlag, Berlin 1972
Ignaz Hub: Deutschlands Balladen- und Romanzendichter. Verlag von Wilhelm Kreuzbauer, Karlsruhe 1849
Katalog: Erinnerungsstätte für die Freiheitsbewegungen in der deutschen Geschichte. Bundesarchiv Koblenz 1984
Justinus Kerner: Briefwechsel mit seinen Freunden. Hrsg. Theobald Kerner, Deutsche Verlags Anstalt Stuttgart und Leipzig 1897
E. G. Löhneisen: Neu eröffnete Hof-, Kriegs- und Reitschule. Nürnberg 1729
Karl Marx – Friedrich Engels: Werke. Dietz Verlag Berlin 1972
Richard M. Meyer: Die deutsche Litteratur des Neunzehnten Jahrhunderts. Georg Bondi, Berlin 1900
Chr. Muff: Deutsches Lesebuch für höhere Lehranstalten. G. Grote'sche Verlagsbuchhandlung, Berlin, 1900
Der neue Pitaval. Hrsg. J. E. Hitzig und W. Häring (W. Alexis), F. A. Brockhaus, Leipzig, 1860
Cecilia Powell: Turner und der Rhein, in Vom Zauber des Rheins ergriffen. Stadt Koblenz, Mittelrhein-Museum, Klinkhardt & Biermann 1992
Carl Ramshorn: Leipzig und seine Umgebungen. Verlag Georg Westermann, Braunschweig 1841
Kurt Roessler: Wanderungen am Mittelrhein. Bornheim 1994
Adolf Rosenberg: Vautier. Verlag von Velhagen & Klasing. Bielefeld und Leipzig 1897
Heinrich von Treitschke: Geschichte der deutschen Literatur von Friedrich dem Grossen bis zur Märzrevolution. Verlagsanstalt Hermann Klemm, Berlin 1927
Joseph Mallord William Turner. Hrsg. David B. Brown und Klaus Albrecht Schröder, Prest, München New York, 1997
Uhlands ausgewählte Gedichte. Schulausgabe, Anmerkungen J. W. Schaefer, Verlag der J. G. Cotta'schen Buchhandlung, 1891

Nachweise der Zitate von Gedichten und Prosastellen

Freiligrathausgaben von 1870 und von Ludwig Schröder, o. Jhr.
Chamisso: Werke. Leipzig o. Jhr.
Der Hochverratsprozess, Berlin 1911
Der Leipziger Hochverratsprozess, Berlin 1960
Dichtergarten der Weltpoesie. Berlin o. Jhr.
Die Bibel. Martin Luthers. Leipzig 1873
Die Bibel. Mit den Erläuterungen der Jerusalemer Bibel. Freiburg 1968
Evangelisches Gesangbuch. Berlin 1886
Gesangbuch. Sondershausen o. Jhr.
Heinrich Heine: Werke. Säkularausgabe. Berlin 1972
Uhland: Stuttgart 1891

Danksagung

Mein Dank für das Gelingen dieses Buches gebührt der Verlegerin Brigitte Walz-Richter und dem Verlag edition 8. Herzlich bedanken möchte ich mich bei Dr. Cord Michael Sander, Bassenheim, für die vielfältigen Anregungen und Hinweise vor allem auf die neuesten Werke zur Freiligrath-Forschung von Dr, Kurt Roessler, Bornheim. Mein Dank gilt Katrin Brandel, Museum Friedrichshagener Dichterkreis; Marlene Kaminski, Bibliothek des Museums für Stadtgeschichte im Alten Rathaus Leipzig; Prof. Dr. Wolfgang Mosler, Berlin; Walter Nowojski, Eichwalde; Christine Ann Rupp und Rainer Rupp, Saarburg, Dr. Thomas Scheuffelen, Schiller-Nationalmuseum, Deutsches Literaturarchiv, Marbach am Neckar, den Mitarbeiterinnen und Mitarbeitern der Studienbibliothek zur Geschichte der Arbeiterbewegung, Zürich.

Bücher aus der **edition 8**

Markus Moor
Notizen über einen beiläufigen Mord.
Roman, 344 S., geb., Fadenheftung, Lesebändchen, Fr. 37.–, DM 39.–, ÖS 263.–, ISBN 3-85990-017-x

»Wer einen richtigen Krimi erwartet, sollte lieber die Hände von den Mordnotizen lassen, wer dagegen eine fesselnde Kindheitsbeschreibung und eine einfühlsame Beschreibung einer sich anbahnenden Liebesbeziehung lesen möchte, der ist mit Markus Moors Roman gut bedient. Zwar gibt es ihn, den Mord an der jungen Frau, zwar gibt es den ermittelnden Kommissar, aber Mittelpunkt und Anziehungspunkt des Romans sind die Gedanken zweier Männer. Die Reflexion des Grafikers über seine Beziehung zu der Frau, die er über eine Zeitungsannonce kennen gelernt hat, und die rückschauenden Blicke des Kommissars auf eine von Krankheit und Tod der Mutter geprägte Kindheit. Dazwischen laufen die Ermittlungen, spinnen sich ganz langsam, fast unbemerkt die Fäden zwischen den Protagonisten. Ein Buch, das den Leser ganz langsam gefangen nimmt, sofern er Geduld hat. Den Erinnerungen und Gedanken gilt es zu folgen und wenn man sich darauf einlässt, sind diese Leben ganz spannende Geschichten, die den Mord fast vergessen machen. Ein wenig Leseerfahrung setzt das Buch schon voraus, aber es lohnt sich.«   *ekz-Infodienst*

Elisabeth Jucker   Gestern brennt.
Zwei Erzählungen, 160 Seiten, gebunden, Fadenheftung, Le-sebändchen, Fr. 27,–, DM 28.–, ÖS 204.–, ISBN 3-85990-018-8

»Zwei Erzählungen sind unter dem Titel vereinigt, insgesamt die erste Buchveröffentlichung der Autorin. In der ersten Geschichte, »Gestern brennt«, versucht Veronika, traumatisiert von einem Wohnungsbrand, in einer psychiatrischen Klinik ihre Identität und ihre Vergangenheit wiederzufinden. Sie und ihre Zimmergenossin Ruth quälen, peinigen und pflegen sich gegenseitig, Fetzen ihrer Erinnerungen mischen sich, gehen in Veronikas Gedanken ineinander über. Es dauert lange, bis sie und mit ihr die Leser ihre Vergangenheit ordnen können. Die zweite Erzählung, »Isabella«, beschreibt eine psychisch labile Frau auf der Suche nach dem Glück. Elisabeth Jucker schreibt in einer ausgefeilten, sorgfältigen und treffenden Sprache, lotet die Abgründe der Seele aus. Beide Geschichten drehen sich um Frauen auf der Suche nach sich selbst und nach dem Lebenssinn. Beide enden versöhnlich, lassen Hoffnung. Fesselnd und einfühlsam.«
ekz-Infodienst

Bücher aus der **edition 8**

Ana Lydia Vega
Die Leidenschaft der Geschichte und andere leidenschaftliche Geschichten.

Puertoricanische Erzählungen, herausgegeben, aus dem Spanischen übersetzt und mit einem Nachwort versehen von Wolfgang Binder, 288 S., geb., Fadenheftung, Lesebändchen, Fr. 35.–, DM 36.–, ÖS 263.–, ISBN 3-85990-002-1

»In 15 spannenden Geschichten – erstmalig in deutscher Sprache erschienen – zeigt die puertoricanische, bereits mit verschiedenen Auszeichnungen bedachte Autorin (1946 geboren) ihre unbändige Erzählfreude und ihre überraschend wandlungsfähige Erzählkunst, ihre ›Leidenschaft der Geschichte‹. Erzählgegenstände sind Befindlichkeiten der karibischen urbanen Gesellschaft, die Sehnsüchte, sich aus der eigenen Lage zu befreien, die hohen Emotionen, die in Sexualität, Eifersucht und Rache mit im Spiel sind. Sie werden unnachahmlich einfühlsam, aber auch witzig distanziert gestaltet z.B. als Klatschgeschichte, deren Übertreibung in einer gruseligen Überraschung endet, als Kriminalgeschichte à la Hitchcock, als witzig-nachdenkliche Parabel oder als sentimentale, englische Literatur des 19. Jahrhunderts parodierende Novelle, die in den Wirren der Kolonialzeit spielt. Dieses und die bewundernswerte Lebendigkeit der Geschichten machen den Band zu einem wahren Lesevergnügen.«
ekz-Infodienst

Reiner Kornberger (Hrsg.)
Nachts bin ich dein Pferd.

Erotische Geschichten aus Argentinien, aus dem argentinischen Spanisch übersetzt von Reiner Kornberger, mit einem Vorwort von Mempo Giardinelli, 192 S., geb., Fadenheftung, Lesebändchen, Fr. 30.–, DM 32.–, ÖS 234.–, ISBN 3-85990-015-3

»Erotische Texte im Spanischunterricht kosteten den Herausgeber seine Universitätsstelle in Bremen. Handelte es sich dabei um die hier zusammengestellten, lässt sich dieser Schritt nicht recht nachvollziehen, sind sie doch weit kühler und literarisch ambitionierter als die meisten in vergleichbaren Anthologien. Sie sind böser und düsterer als erotische Geschichten sonst, durchzogen von Momenten der Qual und Grausamkeit, mehr (selbst-)beobachtend und kunstvoll denn geniesserisch oder stimmungsvoll. Kein leichter Titel, kein plakatives Konsumangebot.«
ekz-Infodienst

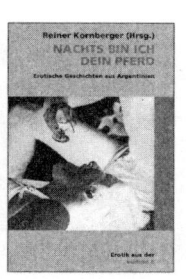

Bücher aus der **edition 8**

Joris van Parys
Masereel. Eine Biografie.

Aus dem Niederländischen übersetzt von Siegfried Theissen, 448 Seiten, mit 124 s/w und 4 vierfarbigen Abbildungen, gebunden, Grossformat, Fadenheftung, Lesebändchen, Fr. 58.–, DM 62.–, ÖS 53.–, ISBN 3-85990-001-3

Vorzugsausgabe: Die Masereel-Biografie mit einem separaten Schutzumschlag, dazu ein zweites, 114-seitiges Buch mit 100 von Joris van Parys ausgewählten Masereel-Holzschnitten, ein Druck von einem Masereel-Druckstock auf Büttenpapier, beide Bücher von Joris van Parys handnummeriert, signiert, im Schuber, limitierte Auflage von 150 Exemplaren, Fr. 150.–, DM 175.–, ÖS 1278.–, ISBN 3-85990-013-7

»Jetzt erst weiss man, wie wenig man von ihm wusste. (...) Der Niederländer van Parys hat dem belgischen Flamen Masereel ein Buch gewidmet, das keine Hagiografie betreibt und vor allem Jugend- und Lehrzeit seines Objekts einer Revision unterzieht. (...) Nachdem Masereel kurz vor Beginn des Ersten Weltkriegs den Holzschnitt für sich entdeckt hatte, blieben ihm noch sechzig Jahre Lebenszeit. Er hat sie vielfältig genutzt, und mittlerweile entdecken Grafiker und vor allem Comiczeichner ihn als Vorläufer. Masereels Kunst verdient also einen intensiven Blick. Nach der längst überfälligen Biografie sind nun die Kunsthistoriker neu gefragt.« *Frankfurter Allgemeine Zeitung*

Dragica Rajčić Post bellum.

Gedichte, 160 Seiten, gebunden, Fadenheftung, Lesebändchen, Fr. 25.–, DM 26.–, ÖS 190.–, ISBN 3-85990-016-1

»Das Unverwechselbare der Stimme von Dragica Rajčić liegt insbesondere in ihrer Fähigkeit, mit Worten, die sich bewusst abheben von unserer Standardsprache, der Traurigkeit Ausdruck zu geben; einer Traurigkeit, die sich im Grunde aus einer einzigen Feststellung ableitet: ›Welt ist nur im Traum schön.‹«

Aus der Laudatio anlässlich der Verleihung des Adalbert-von-Chamisso-Preises 1994 an Dragica Rajčić.